한국 민주주의와 정당정치

김 수 진 지음

2008
백산서당

머리말

이 책은 한국 민주주의와 정당정치에 관한 이론적·경험역사적 분석을 다루고 있다.

민주화 20년을 넘긴 한국 민주주의는 성인의 나이에 걸맞을 만큼 뚜렷한 성장세를 보여주기도 했지만 여전히 적지 않은 한계를 간직하고 있다. 부분적으로는 공고화의 문턱을 이미 넘어섰다는 평가를 들을 만큼 제도적 민주주의는 비록 느리지만 착실하게 성장해 왔다. 대의기제의 이와 같은 진전과 함께 참여민주주의적 요소가 짧은 기간에 폭발적인 성장세를 보인 점 역시 한국 민주주의를 대부분의 다른 신생 민주주의와 구별하게 하는 특징일 것이다. 한국 민주화와 민주주의의 이와 같은 특성과 현황을 이론적·역사경험적 시각에서 분석하고 또 현 단계에서 바람직한 한국 민주주의의 방향을 모색해 보려는 것이 이 책이 추구하는 한 가지 중요한 목표이다.

그러나 이 책은 한국 정당정치에 관한 연구에 더 많은 분량을 할애하고 있다. 그것은 정당정치의 저발전이야말로 한국 민주주의의 견실한 발전을 가로막고 있는 가장 큰 장애물이라는 저자의 인식에 기초하고 있다. 민주화 20년이 경과했음에도 불구하고 한국 정당의 제도화 수준은 지극히 낮고 정당체계 역시 안정성을 보여주지 못하고 있다. 이런 가운데 국민들의 정당에 대한 지지율은 대단히 낮을 뿐 아니라 선거 참여율 역시 극도로 저조하다. 이에 대한 해결책을 모색하려면 민주화 이후뿐 아니라 광복 이후 한국의 정치와 정당정치의 흐름 전반에 대한 천착과 이해가 절실하다.

이 책의 연구는 이러한 학문적 필요성에 기초하여 수행되었다. 한국 정당정치 이해의 폭과 깊이를 더하기 위해 정당과 정당정치 연구의 전반적 흐름에 대한 이해를 먼저 도모하였다. 이를 토대로 민주화 이전 한국 정당정치의 지배적 특성을 연구·분석했으며 또 민주이행 이후 한국 정당정치에 대한 연구 역시 수행했다. 이 모든 연구의 초점은 한국에 맞추어져 있지만, 다른 국가, 특히 선진 민주 국가의 여러 사례와의 비교분석 기법을 폭넓게 활용해 한국 연구의 국지성을 극복하되 그 특수성을 정확하게 포착하려고 노력했다.

이 책은 크게 3부로 나누어져 있다.

제1부에서는 정당정치에 관한 이론적 고찰을 수행하고 있는데, 우선 정당과 정당정치 연구의 전반적인 흐름을 개괄한 다음 권위주의 정권에서 야당이 수행하는 반대의 전략에 관해 이론적으로 탐색해 보고 또 계급정치 성장의 조건과 전망을 제시했다.

제2부에서는 한국 정당정치에 관한 역사적 고찰을 수행한다. 우선 제1공화국부터 현재에 이르기까지 한국 정당정치의 역사적 흐름을 특히 사회정치적 균열구조의 전개과정과 결합시켜 분석해 본 다음, 제2공화국과 박정희 정권 정당정치의 특성을 깊이 있게 분석한다. 이어서 민주이행 이후 한국 정당정치의 특성을 특히 민주화 직후 스페인 정당정치와 비교해서 분석한다.

제3부는 분석의 초점을 한국 민주주의에 맞춘다. 우선 지난 30여 년 동안 진행되어 온 민주화에 관한 세계 정치학자들의 이론적 연

구를 종합적으로 개괄해서 정리하고, 또 오늘날 폭발적으로 퍼져 나가고 있는 민주화 물결에 관한 포괄적인 이해를 시도해 본 다음, 이를 토대로 한국 민주화의 특성에 관해 성찰해 본다. 이어서 한국 민주주의의 현 단계를 비판적으로 진단하고 그 발전 방향을 제시한다. 그리고 한국 민주주의의 진전에 적지 않은 영향을 행사해 온 노동운동과 시민운동의 바람직한 관계 정립의 방향을 서구의 사례에 비추어 모색해 본다. 마지막으로 한국 민주주의에 관한 최장집의 이론적 성찰을 깊이 있게 연구한 서평을 수록했다.

이 책이 한국 민주주의와 정당정치를 체계적으로 분석한 대단히 잘 짜인 연구라고 자신만만하게 단언하고 싶지는 않다. 좀 더 체계적이고 또 충분한 연구가 되려면 이 책의 분량을 훨씬 넘어서는 연구결과를 수록했어야 했다. 한국 민주주의와 정당정치는 현재 대단히 빠른 속도로 변하고 있다. 저자의 시각으로 이를 담아내기 위해 새로운 책이 필요할지, 아니면 이 책의 수정증보판이 필요할지 현재로서는 가늠하기 쉽지 않다. 역사적 중대국면(historical juncture)을 넘어가고 있는 한국 민주주의의 궤적을 계속 추적할 것이며, 그에 대한 저자의 생각을 어떠한 형태로든 제시하겠다는 약속을 드린다.

끝으로 언제나 그렇듯이 어려운 재정 여건에도 불구하고 저자의 변덕스런 출판 제의를 넉넉한 마음으로 받아들여 준 백산서당 김철미, 이범 사장 부부께 마음 깊은 감사의 정을 전한다.

민주화의 도도한 물결을 세밑에 음미하며,
皖山

한국 민주주의와 정당정치

머리말 · 3

제1부 정당정치: 이론적 고찰

제1장 | 정당과 정당정치 연구의 흐름 ·· 15

제1절 개 관 · 15

제2절 고전적 연구 · 19
    1. 듀베르제(Duverger 1964; original 1951) · 19
    2. 립셋과 로칸(Lipset and Rokkan 1966) · 20
    3. 사르토리(Sartori 1976) · 22

제3절 정당조직과 그 변화에 관한 연구 · 24
    1. 정당 제도화론 · 24
    2. 포괄정당론 · 26
    3. 선거전문가 정당론 · 27
    4. 담합정당론 · 28

제4절 정당체계의 동태적 변화에 관한 연구와 논쟁 · 32

제5절 주목할 만한 연구 · 37

제6절 민주이행 이후 한국정당정치 연구의 경향 · 38

제2장 | 권위주의 정권과 반체제정당 ·················· 45

제1절 서 론 · 45

제2절 반체제정당 · 46

제3절 권위주의 정권 · 49

제4절 권위주의 정권의 반체제정당 · 53

제5절 사례연구 · 58
    1. 독일제국의 사회민주당 · 58
    2. 한국 제5공화국의 신한민주당 · 65

제6절 결론 · 70

제3장 | 계급정당 성장의 조건과 전망 ·················· 73

제1절 서 론 · 73

제2절 계급정당의 성장 · 75

제3절 사례연구 · 79
    1. 미국 · 79
    2. 아일랜드 · 81
    3. 일본 · 85

제4절 계급정당의 쇠퇴 · 87

제5절 한국의 계급정당 · 90

제2부   한국 정당정치: 역사적 고찰

제4장 | 한국정치 균열구조의 전개 ·················· 99

제1절 서론 · 99

제2절 분석적 틀 · 101
    1. 국가, 정치사회, 시민사회 · 101
    2. 정당의 조직적 기능적 특성과 그 변화 · 102

제3절 균열구조와 정당정치의 역사적 전개 · 106
    1. 제1공화국 · 106
    2. 제2공화국 · 108
    3. 제3공화국 · 110
    4. 제4공화국 · 113
    5. 제5공화국 · 115
    6. 민주이행기 · 118

제4절 결론 · 122

제5장 | 제2공화국의 정당과 정당정치 ······ 123

제1절 서 론 · 123

제2절 제1공화국의 유산 · 124
    1. 한국전쟁과 이념적 유산 · 124
    2. 사회구조 · 126
    3. 정치사회 · 128

제3절 4·19혁명과 비혁명적 민주이행 · 132

제4절 정당정치의 전개와 그 성격 · 139
    1. 자유당의 붕괴 · 139
    2. 진보적 정치세력의 부침 · 140
    3. 민주당의 분열 · 146

제5절 결 론 · 153

제6장 | 박정희 시대 보수야당 연구 ······ 157

제1절 서 론 · 157

제2절 반대전략의 특성과 유형 · 158

제3절 제3공화국 시기 정당조직의 변천과 반대전략 · 164
   1. 조직적 분열 · 164
   2. 조직 통합과 신민당 출범 · 167
   3. 세대교체와 당권투쟁 · 171

제4절 유신시대 반대전략과 노선투쟁 · 176
   1. 유진산 체제와 체제 수용형 반대 · 177
   2. 김영삼 체제와 체제 타협형 반대 · 180
   3. 이철승 체제와 체제 수용형 반대 · 185
   4. 김영삼 체제와 체제 부정형 반대 · 188

제5절 결 론 · 190

제7장 | 민주이행기 한국 정당정치의 비판적 성찰 ·········· 193

제1절 서 론 · 193

제2절 정당대결 구도의 동태적 변화 · 198
   1. 민주화투쟁기 · 198
   2. 제도개혁과 지역할거 구도의 정립 · 200
   3. 여소야대의 정국과 3당합당 · 203
   4. 김영삼 정부와 정당재편 · 209

제3절 스페인 정당체계의 확립과정 · 212

제4절 결론: 민주적 정당체계 확립을 위한 제언 · 215

제3부 민주주의 이론과 한국 민주주의

제8장 | 민주화 이론에 관한 고찰 ·········· 221

제1절 서론 · 221

제2절 민주화에 관한 연구의 흐름 · 223
    1. 거시 비교사적 연구 · 223
    2. 이행론적 연구 · 227
    3. 공고화론과 결손민주주의론 · 230
    4. 민주화의 세계적 확산에 관한 이해 · 233

제3절 한국 민주화에 관한 성찰 · 236

제9장 | 한국 민주주의의 현황과 과제 ······ 243

제1절 87년체제와 대의민주주의의 파탄 · 244
    1. 기형적 민주이행과 '3김정치' · 244
    2. 대통령과 전근대적 사인통치 · 245
    3. 정쟁의 장 국회 · 246
    4. 보수독점의 지역주의 사당정치 · 247
    5. 지역주의 선거 · 248

제2절 87년체제의 해체 · 249

제3절 참여민주주의의 성장 · 253
    1. 시민사회의 전근대성, 근대성, 탈근대성 · 253
    2. 정치개혁 운동의 주력 운동화 · 254
    3. 시민참여의 확산과 탄핵 저지 · 256
    4. 열린우리당의 좌절과 정당정치의 후퇴 · 257
    5. 각성 혹은 '주술에서 벗어나기' · 259
    6. '제4섹터'의 분출 · 261

제4절 한국 민주주의의 과제 · 262
    1. 대의민주주의의 민주적 재편 · 264
        1) 대통령 · 264
        2) 국 회 · 268
        3) 정 당 · 270
    2. 참여민주주의의 내실화 · 272

제5절 결 론 · 275

제10장 | **정치적 노동운동과 시민운동** ·······················277

　제1절 서 론 · 277

　제2절 서구의 정치적 노동운동과 시민사회 · 279

　제3절 한국의 정치적 노동운동과 시민사회 · 287

　제4절 결 론 · 293

제11장 | **사회정의 실천으로서 민주주의: 그 한국적 가능성의 모색** ······295

　제1절 서론 · 295

　제2절 방법론 · 298

　제3절 국가 · 302

　제4절 시민사회 · 306

　제5절 정치균열 · 314

　제6절 민주주의 · 317

　▷ 참고문헌 · 325

　▷ 찾아보기 · 345

　　사항 찾아보기 · 345
　　인명 찾아보기 · 353

표·그림 차례

<표 2-1> 반체제정당의 유형 ··· 48
<표 2-2> 권위주의 정권과 정당체계 유형 ·· 49
<표 2-3> 1985년 2·12총선 정당별 득표율과 의석수 ······················· 67
<표 4-1> 균열구조와 정당 대결구도의 역사적 전개 ························ 122
<표 5-1> 4·19 전후 정당 및 교섭단체별 의석분포 변화 ················ 140
<표 5-2> 1960년 7·29총선 정파별 입후보자 및 의석, 득표율 분포 ············ 142
<표 6-1> 야당의 반대 전략과 지지 및 협력 관계 ···························· 164
<표 7-1> 1987년 이후 대통령 선거 및 국회의원 선거에 참여한 주요 정당과 지도자 ········ 197
<표 8-1> 자유국가의 증가 추세 ·· 222
<표 9-1> 민주화 이후 대통령 선거와 국회의원 선거 투표율 추이(%) ········ 248
<표 10-1> 정치적 노동운동과 시민사회의 관계 ································· 286

<그림 6-1> 보수야당 조직의 변천, 1945~1980 ································ 160
<그림 9-1> 민주주의 정치과정 모형 ·· 263

제1부

정당정치: 이론적 고찰

제1장 | 정당과 정당정치 연구의 흐름

제1절 개 관

대의민주주의의 제도적 골격이 20세기 초 선진 민주국가에 확립된 이래 줄곧 정당은 민주적 정치과정에서 중추적인 역할을 수행해 왔다. "정당 없는 현대 민주주의는 생각할 수 없다"는 샤츠나이더(Schattschneider 1942, 1)의 단언은 민주화의 물결이 전 세계로 확산되고 있던 20세기 말 당대의 대표적 정당학자에 의해 다음과 같이 반복되고 있다.

> 역사가 오랜 민주국가이든 신생 민주국가이든 현대 민주국가의 정치는 정당정치이다. 달리 표현한다면 20세기는 단지 민주화의 세기, 민주주의의 세기일 뿐 아니라 정당 민주주의의 세기인 것이다 (Mair 1997, 125).

따라서 정당에 관한 연구가 정치학 연구, 특히 비교정치학 연구 분야의 핵심주제가 되어 온 것은 당연하다 할 것이다. 오스트로골스키(Ostrogorski 1902), 미헬스(Michels 1911) 같은 20세기 초의 선구적 연구자를 배출한 이후 비교정치학 연구가 본격화된 제2차 세계대전 이후 정당에 대한 연구 역시 그 황금기를 맞았다.

그러나 마이어(Mair 1997, vii)의 지적처럼 지난 50년 동안 정당에 대한 연구가 항상 활기를 띠었던 것은 아니고, 정치환경의 변화에 따라 상대적으로 부침을 거듭해 왔다. 듀베르제로부터 립셋(Lipset)과 로칸(Rokkan)을 거쳐 사르토리(Sartori)에 이르는 20여 년 동안 정당 연구는 대단히 활성화되었고, 이후 정당과 정당체계 비교연구를 이끌어 갈 핵심개념과 분석모형이 이 시기에 거의 대부분 만들어졌다.

1970년대 중반 이후 1980년대를 거치면서 정당에 대한 연구는 상대적 쇠퇴기를 맞은 것처럼 보였다. 그것은 이 시기에 선진 민주국가를 중심으로 확산되던 신사회운동에 힘입어 시민사회의 공적 기능이 강화되고 또 코포라티즘이라 일컬어지는 이익중재 양식이 성장하자, 정치학 연구의 관심이 이 현상에 폭발적으로 집중된 데 크게 기인했다. 민주적 정치과정이 이루어지는 공간을 국가, 정치사회, 시민사회라는 추상적 공간으로 나누어 볼 때 1970년대와 1980년대는 국가와 시민사회에 관한 연구가 정치사회에 관한 연구를 상대적으로 압도한 시기였다고 할 수 있을 것이다.

시민사회와 시민운동에 관한 연구는 이후 대의민주주의의 퇴조와 참여민주주의의 확산에 관한 연구와 맞물려 지금까지 지속되고 있고, 민주주의 양식에 관한 다양한 이론적 모색으로 이어지고 있다. 그러나 정치학 연구의 이러한 추세가 정당에 대한 관심을 더 약화시키지는 않은 것으로 보인다. 마이어(Mair 1997)의 지적처럼 정당에 관한 연구는 1990년대 이후 다시 활력을 되찾고 있다. 비단 선진 민주국가의 정당정치와 정당체계, 정당조직의 변화에 관한 심층적 연구가 활발해지고 있을 뿐 아니라 민주화 물결의 확산에 따라 출현한 세계 전역 신생 민주국가의 정당정치에 대한 연구 역시 활성화되고 있다. 이런 추세에 힘입어 마침내 1995년에는 정당과 정당체계에 대한 비교연구 성과를 집중적으로 게재할 목적으로 *Party Politics*라는 저널이 출현했다.

정당연구 조류가 이처럼 시대적 부침을 거듭해 온 반면 비교정당 연구는 지난 한 세기 동안 변함없이 서유럽 출신 정치학자들이 주도해 왔다. 이미 앞에 언급했던 정당연구의 선구자들뿐만 아니라 마이어(Peter Mair, 아일랜드), 카츠(Richard Katz: 영국), 파네비앙코(Angelo Panebianco, 이탈리아), 바르톨리니(Stefano Bartolini, 이탈리아), 웨어(Alan Ware, 영국), 다알더(Hans Daalder, 네덜란드), 바이메(Kalus von Beyme, 독일) 등 지난 한 세대 동안 비교정당정치 연구를 주도해 온 핵심 연구자는 거의 모두 서유럽 출신 정치학자들이다. 이것은 무엇보다 정당정치 연구의 비옥한 토양을 제공해 주고 있는 서유럽 의회민주주의의 제도적 특성에 기인한다고 할 것이다.

미국 정치학자들의 정당연구는 상대적으로 활발하지 못하다. 이런 현상은 특히 정당과 밀접한 연관을 맺고 있는 선거에 대한 연구가 미국에서 대단히 활성화되어 온 것과 대조적이다. 미국정치학회(APSA)는 1983년 이후 10년 간격으로 정치학 연구의 동향과 성과에 대한 보고서를 발행해 왔다. 1993년의 보고서에는 비교정당정치 연구의 동향과 성과를 집약하고 분석하는 데 독립된 한 장(chapter)을 할애한 바 있다(Janda 1993). 그러나 지난 2002년 간행된 최신 보고서에서 정당은 대단히 미미하게 취급되고 있다. 이 보고서는 미국 정당에 대한 연구성과를 지극히 제한적으로 취급하고 있을 뿐, 서유럽을 위시한 기타 지역 정당정치에 관한 연구는 일체

다루지 않고 있다(Fiorina 2002).

　미국 정치학의 정당연구에 대한 이와 같은 홀대는 어쩌면 정당과 정당체계에 관한 지난 수십 년 동안의 연구가 이론적으로 심각한 답보상태에 머물러 있는 점에 대한 실망감의 반영인지도 모른다. 잔다의 지적처럼 "국내외를 막론하고 여전히 정당학자들은 정당이론의 부재를 한탄하고 있다"(Janda 1993, 181). 갈수록 과학적으로 보다 정교한 이론을 추구하는 학문적 경향을 강화하고 있는 미국 정치학계로서는 이론적 답보상태를 면치 못하고 있는 정당연구 분야를 애써 무시하고 싶었는지도 모른다.

　그러나 지난 반세기 동안 축적된 정당과 정당정치에 관한 연구 성과들을 이론화 수준이 낮다는 이유만으로 과소평가해서는 안 된다. 정치학과 사회과학의 목표를 과학적 이론의 확립과 그에 입각한 예측이라는 협소한 영역에 국한시키는 학자라면 정당정치 연구 성과에 불만을 가질 수 있을 것이다. 그러나 만약 우리가 정치학과 사회과학 연구의 목적을 사회・정치현상과 그 동태적 변화에 대한 이해(Verstehen)에 둘 경우 정당학자들이 이루어 낸 연구업적을 높이 평가하지 않을 수 없다. 정당과 정당체계에 관한 연구는 예측을 목적으로 한 이론화 작업보다는 정당과 정당정치에 관한 다양한 현상에 대한 이해를 돕기 위한 개념을 만들고 다양한 모델과 유형분류를 발전시키려는 노력을 중심으로 진행되어 왔다.

　따라서 정당정치 연구동향에 관한 이 글의 분석 역시 고전적 연구자들이 확립시킨 핵심개념과 분석틀을 논의의 출발점으로 삼은 다음 그에 뒤이은 연구 경향을 추적해 가는 전략을 취하기로 한다.

제2절 고전적 연구

1. 듀베르제(Duverger 1964; original 1951)

1951년 첫 출간된 듀베르제의 이 저서는 두말할 필요 없이 현대 정당에 관한 연구의 선구적 저작이다. 그는 이 책에서 정당정치 연구의 두 핵심영역을 정당과 정당체계로 나누어서 제시하고 있는데, 이 구분 자체야말로 지금까지 정당연구의 전범이 되고 있다. 듀베르제로부터 25년 후 또 다른 고전을 저술한 사르토리(Sartori 1976) 역시 듀베르제의 이 구분법을 충실히 재현하고 있다.

듀베르제는 또 이 책에서 간부정당(cadre party)과 대중정당(mass party)을 개념화해서 뚜렷이 대비시킴으로써 이후 전개될 정당조직 유형화의 터전을 제공했다. 한편 정당조직의 이와 같은 차이가 우선적으로 정당 기원의 차이(의회 내 정당 혹은 의회 외 정당)에 연유한다는 듀베르제의 관찰은 이후 라팔롬바라와 웨이너(LaPalombara and Weiner 1966)의 보다 상세한 연구로 이어졌다.

듀베르제는 또 대중정당의 조직을 좌파 이데올로기와 연계시키는 한편 권위의 중앙집중화와 정당결속력의 강화 등을 대중정당의 조직 특성으로 파악했다. 듀베르제의 이 연구를 이어받아 바이메(von Beyme 1986)는 대중정당 당원이 되려는 유인을 정치적, 물질적, 이념적 유인 등으로 나누어 분석한 다음 이념적 유인이 대중정당

성장의 결정적 요인이었음을 밝혀낸다. 이로써 대중정당의 성장은 역사적으로 이데올로기의 대립과 밀접하게 연관되어 있음이 분명해졌다. 그렇다면 이념대결의 약화는 자연스럽게 대중정당의 쇠퇴로 이어질 것이라는 추정 역시 가능해진다.

듀베르제는 비록 수량적 기준이라는 단순한 지표에 의거했지만 정당체계를 일당제, 양당제, 다당제로 분류해서 제시함으로써 정당체계 연구의 선구적 기초 역시 제공했다. 이후 다양한 학자들이 여러 가지 정성적(qualitative) 기준을 정당체계 유형분류를 위해 도입했지만 정당의 수는 정당체계 구분의 일차적 기준으로 남게 된다.

듀베르제의 선구적 연구는 다알더의 표현처럼 많은 오류와 약점을 지닌 '훼손된 고전'(battered classic)(Daalder 1983, 10)일지도 모른다. 그러나 그의 이 저술은 이처럼 여러 면에서 이후 정당정치 연구의 전범을 제공한 선구적 연구였다.

2. 립셋과 로칸(Lipset and Rokkan 1966)

지난 수십 년간의 정당정치 연구에 지대한 영향을 끼친 또 하나의 고전은 균열구조와 정당체계, 그리고 유권자 결속의 다양한 유형에 관한 모형을 제시한 립셋과 로칸의 이 논문이다. 이 논문은 서유럽 국가들이 20세기 초 다양한 정당체계를 발전시킨 사회적, 제도적 요인을 규명하고 있을 뿐 아니라 정당체계 확립과 동태적 변화를 연구하는 데 대단히 유용한 분석도구를 제공해 줌으로써 향후 이 분야에서 이루어진 방대한 연구 성과의 기틀을 마련했다.

이들은 서양 역사가 발전시킨 네 가지 핵심 균열을 각국의 정당체계와 연계시키지만 사회균열이 자동적으로 정당체계로 전환된다고 보지는 않는다. 사회균열이 정당체계로 전환하기 위해 반드시 거쳐야 할 제도적 관문(thresholds)을 설정함으로써 자신들의 논의가 사회구조 결정론으로 환원되는 것을 방지한다. 사르토리(Sartori 1968, 175)는 이 제도적 관문이야말로 이들의 연구에서 사회구조가 아니라 정치를 독립변인으로 자리 잡게 만든 주요소라고 지적한다.

정당체계에 관한 이들의 고전적 저작에서 또 주목해야 할 것은 소위 결빙(freezing) 명제이다. 즉 서구의 정당체계는 1920년대에 확립되어 그대로 결빙되었으며, 그 결과 1960년대 중반의 정당체계는 본질적으로 1920년대의 그것과 다름이 없다는 것이다. 이처럼 놀라운 정당체계의 지속성에 관해 이 논문이 심층적인 해명을 시도하지는 않는다. 다만 1920년대 의회민주주의 제도와 정당체계의 확립과 더불어 정치시장이 기존 정당에 의해 완전히 장악됨에 따라 신생정당이 새로 침투할 공간이 사실상 없어졌다고 이들은 보고 있다.

립셋과 로칸의 선구적 연구를 본받아 균열구조의 특성과 그 동태적 변화, 그리고 그에 따른 정당체계의 확립과 변화에 대한 수많은 연구가 그 후 쏟아졌다. 비교에 관한 한 비교를 불허하는 학자라는 최고의 헌사와 함께 로칸에게 헌정되었던 로즈(Rose 1974)의 편서는 그 대표적인 사례일 것이다. 카르보넨과 쿠늘(Karvonen and Kuhnle 2001)의 최근 저작은 로칸과 립셋의 선구적 연구가 후기산업사회 국면에서도 여전히 유용한 분석틀이 되어 주고 있음을 입증한다.

이 논문에서 주장된 계급균열의 보편성은 립셋의 다른 연구에서 보다 심층적으로 또 다양한 각도에서 다루어지게 된다. 립셋은 그의 다른 대표 저술에서 "현대 민주국가의 정당은 기본적으로 민주적 방식으로 전환된 계급투쟁을 대표한다"(Lipset 1981, 230)고 단언함으로써 계급균열의 일차적 규정성을 재삼 강조한다. 이것은 다른 한편 노동자 혹은 좌파정당이 부재한 미국 정당정치의 '예외적 현상'에 대한 립셋의 또 다른 탐색으로 이어진다(Lipset 1983). 립셋과 마크스(Lipset and Marks 2000)의 최신 저술은 사회주의 정당이 미국에 성공적으로 자리 잡지 못한 까닭에 대한 보다 심층적이고 포괄적인 해명을 시도하고 있다. 1983년의 논문이 단순히 봉건유제 영향의 유무에 과도하게 경도되어 있었던 반면, 최근의 저술은 정치문화, 정치제도와 구조, 노동조직, 전략적 선택 등 포괄적인 요인 분석을 통해 미국에서 사회주의 정당이 뿌리내리는 데 실패한 원인을 규명하고 있다.

3. 사르토리(Sartori 1976)

정당과 정당체계에 관한 사르토리의 이 책은 출판과 함께 그때까지 듀베르제의 책이 차지하고 있던 고전적 지위를 이어받아 지금까지의 모든 정당 관련 연구를 대표하는 최고의 저작으로 남아 있다.

사르토리는 현대정당의 출현을 의회에 책임을 지는 정부(responsible government)로부터 민의에 부응하는 정부(responsive government)로의 역사적 이행과 연결시켜 파악한다. 그는 또 정당을 편협한 사익에 봉사하는 분파(faction)와 달리 공동체 전체의 공익에 봉사하는 조직으로 간주함으로써 정당의 근본 기능을 명확히 하는 한편 그 존재의 정당성을 부여한다.

사르토리에 의하면 정당체계는 복수의 정당으로 구성되지만 단순히 정당의 숫자만으로 특성화되지는 않는다. 즉 "정당체계는 구체적으로 정당 간 경쟁이 초래하는 상호작용의 체계(system of interactions)를 뜻한다"(Sartori 1976, 44). 바로 이 상호작용의 유형과 방식이 특정 정당체계를 다른 정당체계와 구분지어 주는 핵심요소가 된다.

정당의 개념과 기능, 정당체계의 특성에 관해 치밀하게 분석한 다음 사르토리는 정당체계 유형의 분류를 시도한다. 그는 일단 듀베르제 이후 정당체계 분류의 일차적 기준이 되어 온 수량적 기준을 받아들이지만, 여기에 이념적 분극화(polarization) 수준과 반체제 정당(anti-system party)의 존재라는 정성적(qualitative) 기준을 추가해서 포괄적이고 분석적으로 유용한 정당체계 유형을 확립했다. 그의 체계유형은 달(Dahl 1966)과 라팔롬바라와 웨이너(LaPalombara and Weiner 1966)가 제시한 정성적 분류, 그리고 블론델(Blonden 1968)이 제시한 융합적 분류방식을 크게 능가하는 분류로 평가받아 왔다. 그 결과 선진 민주국가 정당체계 변화에 관한 이후의 논의는 대체로 사르토리의 유형분류를 중심으로 전개되게 된다.

한편 사르토리의 체계유형 중 주목할 만한 것 중 하나가 지배정당 체계(predominant party system)이다. 민주적 경쟁이 제도화되어 있는 국가 중 한 정당이 장기간 권력을 독점하는 경우가 이에 해당된다. 이 유형을 확정짓는 데는 어쩔 수 없이 수량적 기준이 동원되어야 하고 또 그 기준은 주관적이고 자의적일 수밖에 없다. 사르토리는 한 정당이 세 차례 연속 선거에서 절대다수 의석을 획득하면 지배정당 체계가 확립되었다고 간주하지만 그 기준은 논쟁적일 수밖에 없다. 민주국가에 이와 같은 사례가 존재하는 한 따로 분류할 수밖에 없겠지만 보다 세련된 분류 기준이 요청되는 연구 영역이다. 펨펠(Pempel 1990)이 편집한 책은 이처럼 '흔치 않은 민주국가' 사례를 집중적으로 다루고 있는 흔치 않은 정당 연구서이지만, 사르토리의 짧은 분석을 크게 능가하는 연구 결실을 보여주지는 못하고 있다.

제3절 정당조직과 그 변화에 관한 연구

1. 정당 제도화론

듀베르제를 비롯한 현대 정당연구의 선구자들은 대체로 현대 정당의 출현을 대의민주주의의 확립, 특히 선거권 확대와 밀접히 연관되어 있다고 본다(Duverger 1964; LaPalombara and Weiner 1966). 일단 출현한 정당이 그 존재가치와 안정성을 획득하는 과정을 제도화라고 할 수 있다(Huntington 1965, 394). 잔다(Janda 1980, 19)에 의하면 한 정당이 대중으로부터 한시적인 지도자와 구별되는 사회조직으로서의 가치를 부여받는 수준이 곧 정당 제도화의 수준이다.

정당 제도화(party institutionalization)의 의미와 그 수준에 관한 연구는 이 외에도 다양하게 이루어졌다. 로즈와 마키(Rose and Mackie 1988)는 한 정당의 제도화 여부를 전국 규모 선거에 3회 이상 참가했느냐를 기준으로 결정한다. 그들은 또 신생정당의 제도화 가능성을 높여 주는 요인으로 민주적이고 경쟁적인 선거제도 확립과 정당조직 시기의 근접성, 비례대표제 도입의 정도, 조직된 사회집단과의 연계 여부, 최초 선거에서의 득표력 등 네 가지를 제시한다.

정당 제도화는 정당조직에 관한 파네비앙코(Panebianco 1988)의 연구에도 핵심개념이 되고 있다. 정당은 우선 제도화의 수준에 따라 구분해 볼 수 있다고 주장하는 파네비앙코는 정당 생성 방식의 차이가 제도화의 수준을 결정하고, 그에 따라 정당유형을 구분해 준다고 본다. 그에 의하면 정당 생성 초기에 강력한 중앙세력이 먼저 존재한 후 이들이 조직을 전국적으로 침투시킨 경우(penetration)가 지방의 여러 세력이 연합해서 궁극적으로 전국적 리더십을 확립한 경우(diffusion)에 비해 강력한 제도화를 성취할 수 있다고 보았다. 또 정당 생성 당시 외부세력에 기대 조직을 정당화한 유형(external legitimation)보다 스스로의 힘으로 조직을 정당화한 유형(internal legitimation)이 보다 강력하게 제도화를 이룰 수 있다고 보았다. 파네비앙코는 이 두 지표를 기준으로 정당조직을 네 유형으로 나누어 제시하고 있다(Panebianco 1988, 49-68).

정당 제도화와 관련해서 우리의 흥미를 끄는 파네비앙코의 또 다른 지표는 카리스마적 지도자의 존재 여부이다. 카리스마적 지도자의 힘에 의해 생성된 카리스마 정당은 강력한 중앙집권력을 과시하지만, 정당조직은 지극히 불안정하고 또 제도화의 수준도 극히 낮다. 그 결과 카리스마 정당은 카리스마적 지도자와 정치생명을 같이하는 경향을 강하게 띤다(Panebianco 1988, 65-67).

선진 민주국가 정당 제도화와 관련한 이런 논의는 1980년대 이후 신생 민주국가 정당정치 연구에 중요한 지침을 제공하고 있다. 이들 중 가장 주목할 만한 연구가 남미 신생 민주국가의 정당체계를 비교 연구한 메인웨어링과 스컬리(Mainwaring and Scully 1995)의 연구다. 이들은 서론에서 남미 정당체계를 비교할 개념적 도구로 제도화 수준을 제시하고 각국 정당 제도화의 다양한 수준을 분석한 다음, 정당 제도화 수준을 민주주의 공고화 수준에 직접 연계시킨다. 아래에 간략히 언급하겠지만 정당 제도화 개념은 최근 민주화 이후 한국의 정당정치를 분석하는 데도 활용되고 있다.

2. 포괄정당론

정당정치에 관한 고전적 연구에 힘입어 광범위하게 대중정당은 대의민주주의 정치과정을 대표하는 정당조직 양태로 인식되었다. 키르흐하이머(Kirchheimer 1966)의 포괄정당(catch-all party)론은 대중정당의 수명이 대의민주주의의 수명과 결코 같을 수 없음을 가장 먼저 일깨워 주었다.

키르흐하이머는 서구의 주요 정당이 대중정당과 이념적, 조직적 특성을 본질적으로 달리하는 새로운 정당으로 바뀌고 있음을 일찍감치 간파하고, 이처럼 새롭게 성장하는 정당 유형에 포괄정당(catch-all party)이라는 명칭을 부여했다. 그의 이 선구적 연구는 이후 본격화될 정당조직의 동태적 변화에 관한 다양한 연구의 서막을 알리는 것이었다.

그는 대중정당과 구별되는 포괄정당의 다섯 가지 특징으로 이념성의 현저한 약화, 상층 지도부의 리더십 강화, 개별 당원의 당내 비중과 역할의 약화, 특정 사회세력에 대한 의존도 감소, 그리고 다양한 이익집단과 정당의 유대 강화 등을 들었다. 이렇게 볼 때 서구 주요 정당의 포괄정당으로의 변신은 단순히 이념적 변신이나 지지기반의 확충만을 의미하는 것이 아니었다. 오히려 정당의 조직적 특성이 근본적으로 변하고 있음을 뜻했던 것이다.

서구 정당이 1950년대 후반 이후 이와 같은 특징을 갖는 포괄정당으로 바뀌고 있다는 키르흐하이머의 주장을 경험적으로 입증하는 데는 디트리히(Dittrich 1983)가 주장하듯 적지 않은 분석적 어려움이 존재한다. 또 1970년대 서구 정당정치의 변화 양상을 분석한 다음 이것이 키르흐하이머의 예측과 일치하지 않는다고 제시한 월리네츠(Wolinetz 1979)의 비판 역시 부분적으로 타당하다.

그러나 키르흐하이머의 포괄정당론은 궁극적으로 담합정당으로 이어지는 서구 정당조직 변화의 방향을 일찌감치 제시한 선도 연구로서 명백한 가치를 지닌다. 이와 관련해 주목할 만한 최근 연구는 아마 크루웰(Krouwel 2003)의 논문일 것이다. 키르흐하이머의 포괄정당 개념 출현의 배경과 그 이론적, 경험적 함의에 관해 아마도 가장 심층적인 분석을 행한 이 논문에서 그는 현대 민주정치 과정에서 원칙에 입각한 반대와 경쟁의 실종, 정치의 국가경영 차원으로의 축소, 현실정치 담당자의 전문가집단화, 정당조직과 시민사회의 연계 단절, 정치 무관심과 냉소주의 증대라는 오늘날 대의정치가 직면하고 있는 심각한 도전을 키르흐하이머의 포괄정당론이 이미 불길하게 예견하고 있었다고 지적한다.

3. 선거전문가 정당론

파네비앙코(Panebianco 1988)는 키르흐하이머와 조금 다른 각도에서 정당조직의 변화를 파악하고 있다. 그는 키르흐하이머의 분석이 무엇보다 정당조직의 전문가집단화(professionalization) 경향을 간과하고 있다고 지적한 다음 정당조직의 변화 방향을 관료적 대중정당(mass bureaucratic parties)으로부터 선거전문가 정당(electoral-professional parties)으로의 변화로 규정한다. 대중정당에 대한 고전적 연구자들이 정당 내부의 관료조직에 주목했던 반면, 오늘날 정당조직은 선거 승리를 목표로 한 전문인들이 이끌고 있다는 것이다. 또 정당의 조직적 양태 역시 강력한 위계질서를 갖춘 당원 중심의 조직으로부터 수직적 연계가 느슨한 선거정당으로 바뀌었다는 것이다. 파네비앙코에 의하면 이러한 변화는 사회계층의 장기적 변화와 기술 발전에 따른 정치 커뮤니케이션 체제의 재편 등이 초래한 결과이다.

키르흐하이머의 포괄정당론과 마찬가지로 선거전문가 정당론 역시 정당조직의 이와 같은 변화를 부정적으로 평가한다. 선거전문가 정당으로의 조직 변화는 무엇보다 민주적 정치과정의 중심조직으로서 정당의 지위를 약화시킨다. 사회의 이익을 집약해서 표출하거나 정책대안을 형성하는 정당의 중심 기능은 현저히 약화되고, 이에 따라 시민들의 집합적 정체성 역시 약화된다. 파네비앙코에 의하면 정당은 위기에 처하게 된다는 것이다.

4. 담합정당론

정당조직 변화의 내용과 성격에 관한 연구는 1990년대에 마이어와 카츠가 주도한 담합정당(cartel party)론으로 이어졌다(Mair 1994; Katz and Mair 1995; Mair 1997). 이들은 정당조직에 관한 고전적 연구로부터 키르흐하이머에 이르는 연구성과를 종합한 다음, 정당조직의 새로운 변화 양상에 대한 자신들의 분석을 추가해서 지난 한 세기 동안 서구 정당조직의 변화 흐름을 시계열별로 개념적으로 구분해서 제시한다. 즉 정당조직은 지난 한 세기 동안 간부(혹은 엘리트)정당으로부터 대중정당으로 변했다가, 다시 포괄정당을 거쳐 담합정당으로 변해 왔다는 것이다.

이들은 이 네 가지 정당 조직의 유형을 각각 국가와 시민사회라는 추상화된 공간 속에 자리매김하는 한편 그 핵심기능을 대조적으로 제시하고 있다. 1970년대 이후 출현한 담합정당은 시민사회와의 거리를 더욱 멀리 하되 그 대신 국가와는 보다 긴밀하게 결합해 국가의 대리인(agent) 역할을 수행한다. 담합정당에서 당원의 비중은 현저히 축소되고 당 지도부의 자율적 지도력은 더욱 강화되며, 정당활동 경비의 당비 의존도는 현저히 감소하는 반면 국고보조금을 비롯한 국가 지원에 대한 정당의 의존도는 커진다.

마이어와 카츠의 담합정당론은 분명히 포괄정당론과 선거전문가 정당론이 제시하는 정당조직 변화 방향의 연장선 위에 서 있다. 그러나 이들과의 차이점 역시 두드러진다. 포괄정당과 선거전문가 정당의 우선적인 관심과 목표는 선거에서의 승리이다. 반면 담합정당의 경우 선거 승리보다 정부 구성에 참여하는 데 더 큰 비중을 둔다. 따라서 담합정당 간의 관계는 경쟁적이라기보다 담합적이다.

마이어와 카츠는 또 대중정당으로부터 담합정당에 이르는 정당조직의 변화를 정당의 쇠퇴로 평가하려는 경향에 동의하지 않는다. 이들에 의하면 대중정당에서 포괄정당으로 변함으로써 정당은 더 이상 특수한 지지층의 특별한 요구에 얽매이지 않게 되었으며, 정당 지도자들은 그들의 목표인 선거 승리와 집권을 위해 보다 유연한 전술을 동원할 수 있게 되었다. 그 결과 정당의 환경에 대한 적응력과 대중에 대한 통제력은 갈수록 강화되었다고 이들은 주장한다(Mair 1997, 13).

보다 구체적으로 이들은 정당조직을 시민사회와 연계된 풀뿌리조직(parties on the ground), 중앙조직(parties in central office), 그리고 정부조직(parties in public office)의 세 수준으로 나누어서 파악할 것을 제안한 다음, 정당의 쇠퇴는 오직 풀뿌리조직 수준에서 일어났을 뿐 중앙조직과 정부조직의 수준에서 정당의 위상은 오히려 강화되었다고 주장한다. 즉 정당 쇠퇴의 근거로 일반적으로 지적되어 온 정당일체감(party identity) 약화, 투표유동성(electoral volatility) 증대, 투표율과 유권자에 대한 당원비율의 지속적 감소 등은 분명 정당의 대의기능 약화를 반영한다. 그러나 정당은 그 대신 정부기구와 정부자원에 대한 접근성을 더욱 강화시켰다. 마이어와 카츠는 정당조직의 이와 같은 변화는 정당의 쇠퇴라기보다는 변화하는 정치환경에 대한 정당조직의 적극적인 적응의 결과로 보아야 한다고 주장한다.

이들의 이와 같은 주장은 달톤과 와텐버그(Dalton and Wattenberg 2000)의 최근 연구에 의해 그대로 뒷받침되고 있다. 이들 역시 정당을 세 수준으로 나누어서 분석한 다음, 정당 쇠퇴의 징후는 유권자와의 관계에서만 강력할 뿐 정당조직 자체, 그리고 정부와 정당 수준에서 정당은 여전히 강력하다고 결론짓는다.

그러나 카츠와 마이어가 비록 정당의 일반적 쇠퇴론에 동의하지는 않지만 담합정당으로의 변모를 결코 긍정적으로 평가하지는 않는다. 이와 관련해 마이어의 다음과 같은 언급에 주목할 필요가 있다.

금세기가 끝이 나는 시점에 특히 역사가 오랜 많은 정당 민주국가들이 눈에 띄게 건강하지 못한 증세를 보이기 시작한다는 것은 갈수록 분명해지고 있다. 현대 민주국가에서 정당의 중요성은 여전하지만 정당민주주의 자체가 갈수록 말썽 많은 민주주의의 모습을 띠어 가고 있다(Mair 1997, 126).

담합정당론은 서구 정당조직의 특징과 그 변화에 대한 새로운 논쟁거리(예컨대 Koole 1996)를 제공하고 또 그에 입각한 많은 후속 연구를 촉발시켰다(예컨대 Kitschelt 2000; Blyth and Katz 2005).

그런데 담합정당론이 신생 민주국가 정치학자들에게 특히 주목 받는 것은 이것이 신생 민주국가 정당조직의 특성을 분석하는 데 잠재적으로 유용한 개념일 수 있기 때문이다. 많은 신생 민주국가의 정당은 시민사회의 미성숙으로 인해 대체로 대중정당의 사회적 기초가 빈약하고, 그 결과 새 정당은 주로 정치 엘리트들의 주도로 조직된다. 따라서 신생 민주국가에서 대중정당의 성장은 억제되는 반면, 정당조직은 포괄정당 혹은 나아가 담합정당의 특성을 강하게 띠게 된다(Mackie 1995). 이와 같은 현상은 민주화 이후 한국 정당정치에서도 전형적으로 발견된다. 따라서 담합정당이라는 개념을 활용해서 한국의 정당과 정당체제의 특성을 분석하려는 시도가 최근 증가하는 것은 자연스러운 일이다.

제4절 정당체계의 동태적 변화에 관한 연구와 논쟁

사실 립셋과 로칸이 서구 정당체계의 결빙을 주장하고 있을 때 정당체계의 안정성을 위협하는 중요한 사회적, 문화적 변화가 이미 선진 민주국가에서 일어나고 있었다. 그 결과 사르토리가 정당체계의 유형을 제시했던 1970년대 중반에는 이미 서구 여러 나라에서 새로운 성격의 군소정당이 속속 출현하기 시작했다. 무엇이 이러한 변화를 초래했는가?

우선 전후 케인즈주의에 입각한 경제운용의 확산과 그에 따른 계급타협의 확대는 좌우 계급갈등을 대폭 약화시켰다. 또 1950년대와 1960년대에 그 절정에 달했던 선진 자본주의의 황금기는 전반적인 풍요를 가져왔고 또 사회복지의 보편적 확산에 물적 토대를 제공해 주었다. 이와 같은 경제적 풍요와 복지의 확산은 대중의 가치관에 중요한 변화를 일으켜 소위 탈물질주의의 가치관을 확산시켰다. 이 새로운 가치관은 1960년대 말 선진 자본주의 국가를 휩쓸었던 학생운동과 저항운동으로 폭발적으로 분출되더니, 급기야 신사회운동으로 조직되고 확산됨으로써 선진 민주국가 정치과정에 중요한 변화를 초래했다.

이와 같은 변화의 성격과 원인에 대한 연구와 분석은 이 시기 정치학과 사회과학의 핵심 연구대상이 되었다. 그리고 이러한 변화가 정당정치를 어떻게 변화시키고 있는지에 대한 연구와 논쟁이

1970년대 이후 정당 관련 연구의 큰 흐름을 형성하게 되었다.

이 시기 선진국에 확산되었던 가치관의 변화를 '탈물질주의의 조용한 혁명'으로 파악한 잉글하트(Inglehart 1971)는 이후 이 분야 연구를 주도하면서 이 가치관의 변화가 심화되고 또 공간적으로 범세계적으로 확산되는 과정을 추적해 왔다(Inglehart 1977, 1997).

이와 같은 사회·경제·문화적 변화가 초래한 정치적 결과는 투표유동성(electoral volatility)의 증가, 정당결속력의 약화(dealignment) 혹은 재편(realignment), 새로운 균열의 확산에 따른 정당체계의 파편화 등으로 집약되었다. 이에 관한 다양한 경험적 분석이 이 시기 진행되었는데, 그 두드러진 성과물들이 달톤과 플라나간(Dalton and Flanagan 1984)에 의해 집약되었다.

한편 키트쉘트(Kitschelt 1994)는 탈물질주의 대 물질주의의 균열보다 탈산업시대의 새로운 균열로 좌파 자유지상주의(left-libertarianism) 대 우파 권위주의(right-authoritarianism)의 대립을 제시한다. 그는 이 새로운 균열이 어떻게 정당 간의 이념적 대립을 다변화시키고 또 정당체계의 파편화를 증대시키는지 분석한다.

이와 같은 사회·경제·문화·정치적 변화가 정당체계에 미치는 영향에 관해 실로 다양한 주장과 논쟁이 전개되었다. 그리고 그 논쟁의 중심에 자리 잡은 것은 정당체계 결빙의 지속 여부였다. 과연 1970년대 이후 서구 정당체계는 본질적으로 변모했는가?

로즈와 어윈(Rose and Urwin 1970)은 1945년부터 1969년까지 서구 국가들이 치른 선거자료를 토대로 결빙 명제의 타당성을 입증하려고 한 바 있다. 반면 매기어(Maguire 1983)와 페데르센(Pedersen 1979; Pedersen 1983)은 1970년 이후 투표 유동성의 현저한 증가로 인해 정당체계의 안정성이 현저히 약화되었다고 주장했다. 샤미르(Shamir

1984)는 한 발 더 나아가 정당체계가 애초부터 결빙된 적이 없다고 주장하며 립셋과 로칸의 주장을 근본적으로 부정했다.

이처럼 정당체계가 근본적으로 바뀌고 있다는 주장에서 한 발 더 나아가 서구 정당이 쇠퇴의 과정에 들어섰다는 주장 역시 제기되었다. 로슨과 머클(Lawson and Merkl 1988)은 모든 민주국가에서 단일 이슈 운동이 성장하고 특수한 이익집단이 정당과 유사한 지위를 획득하고 또 군소정당이 기존 주요 정당에 대항해 급작스럽게 약진함으로써 정당체계가 근본적으로 변모하고 있을 뿐 아니라 정당 자체가 쇠퇴하고 있다고 주장했다. 레이터(Reiter 1989)는 경제적 풍요, 코포라티즘, 매스미디어의 발달, 탈산업주의, 새로운 정치이슈와 균열, 포괄정당화 등이 정당의 쇠퇴를 초래하는 독립변인들이라고 주장했다.

이와 같은 변화론과 쇠퇴론에 대항해 정당체계의 지속성을 강조하는 연구 역시 같은 시기에 많이 나왔다. 바르톨리니와 마이어(Bartolini and Mair 1990)는 1885년부터 1985년 사이 13개 서구 국가에서 치러진 303차례의 선거결과를 분석한 다음, 유동성보다 안정성이 보다 일반적인 흐름이었다고 결론지으며 결빙 명제를 옹호했다. 이와 별도로 마이어(Mair 1997, 52)는 녹색당이나 신파시스트 정당 등 수많은 군소정당이 1970년대 이후 서구 각국에 출현했음에도 불구하고 정당체계는 근본적으로 변하지 않았다는 주장의 근거로 정당체계에 대한 사르토리의 고전적 정의를 다시 상기시킨다. 즉 한 정당의 단순한 출현이나 소멸이 정당체계의 변동을 의미하지는 않는다는 것이다. 특정 정당의 출현이나 소멸에 의해 체계 전체의 경쟁양상 혹은 정부구성의 패턴이 근본적으로 바뀌었다면 정당체계가 바뀌었다고 얘기할 수 있지만, 군소정당의 부침이나 정당 지지 양상의 재편에 의해 정당체계는 바뀌지 않는다는 것이다. 그에 따르면 변화하는 환경에 적응해서 조직을 변모시키고 또 유권자를 새로이 통제하는 수단을 발전시켜 온 정당의 능력에 의해 선진 민주국가의 정당체계는 놀라운 지속력을 보여주고 있다고 한다.

비슷한 시기에 정당체계에 관한 저서를 낸 웨어(Ware 1996, 12-13) 역시 조심스럽게 정당체계의 상대적 안정성을 강조하고 있다. 그는 미래의 정당정치가 과거의 정당정치와 본질적으로 다를 바 없으리라고 정치학자들이 자신 있게 예측하기는 힘든 상황이 되었음을 인정한다. 그럼에도 불구하고 그는 정당과 정당체계의 지속성이 여태까지의 특징이었으며 앞으로도 상당 기간 그러하리라고 예견하고 있다. 그리고 이 예측은 그로부터 6년 후 웹(Webb 2002)의 관찰에 의해 대체로 그대로 수용되고 있다. 그에 의하면 서구 정당체계의 파편화와 분극화는 급진 좌·우 정당의 출현 등으로 분명히 진행되어 왔다. 그러나 정당체계의 전반적인 안정성은 변함이 없다고 웹은 결론짓는다.

종합적으로 볼 때 서구 정당체계의 근본적 변화론이라든가 정당 쇠퇴론은 경험 현상을 다소 부풀려서 제기한 주장인 것으로 보인다. 그러나 서구 정당체계의 안정성과 지속성을 지나치게 강조할 경우 또한 지난 수십 년 동안 서구 정당정치가 보여 온 중요한 변화를 간과할 위험이 있다.

첫째, 균열구조의 다변화가 정당체계를 파편화시키고 정치의제와 이념경쟁의 축을 다양화·다변화시켰다는 것은 명백한 사실이다. 녹색당의 조직과 성장, 또 다른 한편으로 신우익 정당의 성장이 비록 정당체계에 근본적인 변화를 초래하지는 않았더라도 이들의 출현이 서구 정당정치에 끼친 충격과 영향을 무시할 수는 없다. 이들 정당에 대한 수많은 최근 연구야말로 그 충격과 영향을 실증하고 있다고 할 것이다.

둘째, 웹(Webb 2002)의 지적처럼 좌·우 주요 정당 간의 이념적 거리는 최근 현저히 줄어들었다. 그런데 그 근본 원인은 좌파 사회민주정당의 쇠퇴에서 찾아야 할 것이다. 1970년대 말 자본주의의 위기와 그에 이은 자본주의 생산양식과 생산조직의 급격한 변모, 그리고 세계화로 표상되는 교환양식의 격변은 보수우파 정당에게는 신자유주의라는 정책대안을 발전시킬 계기를 제공해 주었지만, 사회민주주의 정당은 상당 기간 동안 케인즈주의를 대체할 이념적, 정책적 대안 마련에 골몰했으나 그 결과는 신통치 않았다. 사회민주주의 정당의 정체성 위기와 부인할 수 없는 쇠퇴가 그 뒤를 이었다. 사회민주주의의 위기와 쇠퇴에 관한 많은 연구가 1990년대 이후 쏟아져 나왔다(예컨대 Piven 1991; Kitschelt 1994; Glyn 2001). 사회민주주의가 궁극적 대안으로 제시한 제3의 길과 이를 둘러싼 논쟁이 그 뒤를 이었다(Giddens 1998; Giddens 2000; Panitch and Leys 1997). 또 이 논쟁과 더불어 탈산업사회 국면에서 좌·우 이념적 구별이 과연 어떤 의미를 갖느냐는 보다 근본적인 논쟁 역시 같은 시기에 불거졌다(Giddens 1994; Bobbio 1996).

셋째, 웹을 위시한 정당학자들의 지적처럼 서구 정당체계가 현저히 사르토리의 온건 다원주의(moderate pluralism) 체계로 수렴하고 있다면, 사르토리 분류의 분석적 가치(heuristic value)는 전에 비해 현저히 축소될 수밖에 없다. 이탈리아, 독일, 스웨덴의 정당체계를 같은 유형으로 묶어 놓는 유형분류가 어떤 분석적 효용이 있는지 묻지 않을 수 없다. 이것은 서구 정당체계가 근본적으로 바뀌었든 안 바뀌었든 사르토리를 뛰어넘는 새로운 정당체계 분류기준이 필요해졌다는 것을 암시한다.

제5절 주목할 만한 연구

　미국 정당과 정당정치에 관한 최근 연구 중 서구 정당정치 변화에 관한 연구 경향과 대조적인 연구가 발견되는 점은 매우 흥미롭다. 계급정치의 퇴조와 사회민주주의의 쇠퇴를 서구 정당학자들이 분석하고 있음에 반해 최근 미국의 정당 연구자들은 계급정치의 강화와 정당의 부활을 주장하고 있다.

　우선 헤더링턴(Hetherington 2000)은 1990년대 들어 특히 정치 엘리트들 사이에 분극화가 심해졌고, 그 결과 정당 간의 이념적 차별성에 대한 대중의 인지도가 커졌다고 분석한다. 그에 따라 유권자들의 선택에서 인물보다 정당이 차지하는 비중이 상대적으로 커졌다는 것이다. 폴슨(Paulson 2000) 역시 1990년대 말 미국정치에서 정당이 부활하는 징후가 확연하다는 연구결과를 내놓았다. 또 스톤캐쉬(Stonecash 2000)는 1990년대의 미국 빈곤층이 1950~60년대의 빈곤층보다 더 강력하게 민주당을 지지하고 있다고 분석한 다음, 계급이 미국정치에 행사하는 영향력이 그만큼 더 커졌다고 결론을 내린다. 이러한 연구와 더불어 사회균열과 정당체계에 관한 립셋-로칸의 고전적 분석을 적용한 본격 연구서가 출간되었다.

　맨자와 브룩스(Manza and Brooks 2000)의 연구는 사회균열과 정당체계에 관한 무려 30년 만의 연구서이다. 이들 역시 미국정치에서 최근 계급균열이 퇴조하기는커녕 오히려 지속적으로 강화되고 있다는 결론을 내리고 있다.

신생 민주국가 정당정치에 대한 연구 역시 착실히 진행되고 있고 그 연구성과는 충실히 축적되고 있다. 메인웨어링과 스컬리(Mainwaring and Scully 1995), 키트쉘트(Kitschelt, et al. 1999), 그리고 디아만두로스와 군터(Diamandouros and Gunther 2001)의 연구는 각각 남미, 동유럽, 그리고 남유럽 신생 민주국가들의 정당정치에 관한 대표적인 연구서이다. 이들 연구가 특정 지역 테두리 내에서 행해진 비교연구인 반면 다이아몬드와 군터(Diamond and Gunther 2001)가 편집한 최근 연구서는 이와 같은 지역의 경계를 뛰어넘어 유럽, 남미, 아시아 지역 정당정치와 민주주의를 비교 연구한 보기 드문 저작으로서 비교정당정치 연구의 새로운 지평을 열어 주고 있다.

제6절 민주이행 이후 한국 정당정치 연구의 경향

정당과 정당정치에 대한 한국 정치학계의 연구는 민주화가 지체된 만큼 활발하지 못했던 것이 사실이다. 1987년 민주화는 정치학 연구를 활성화시키는 계기를 마련해 주었고, 이때 이후 정당과 정당정치에 관한 연구 역시 양적으로나 질적으로 주목할 만한 발전을 거듭해 왔다.

그러나 정치학의 다른 분야와 비교해 정당과 정당정치에 관한 순수 학술적인 연구는 상대적으로 저조했다고 보는 것이 냉정한 평가일 것이다. 예컨대 1988년부터 2005년까지 『한국정치학회보』에 실린 1,182편에 달하는 논문(서평은 제외) 중 정당과 정당정치에 관한 논문은 모두 40편에 불과하다. 이 중 거의 절반에 달하는 19편은 외국 정당에 관한 논문이었고 한 편은 사례분석이 아닌 순수 이론 연구였다. 이 19편의 논문은 한 편을 제외하고 모두 한 국가의 정당정치 혹은 한 국가의 단일정당에 관한 연구를 수행했다.

유일하게 외국 사례에 관해 비교연구를 수행한 진영재(1997)는 정당 제도화와 체제 선택의 연관관계를 밝혀 보기 위해 선진 민주국가 중 15개 국가에 대한 비교분석을 수행했다. 또 다른 순수 이론적 논문에서 진영재(1999)는 정당체계 결정을 위해 활용되는 유효정당수 계산법이 함축하고 있는 이론적 문제점을 끄집어내기 위한 분석을 시도했다.

한국 정당정치를 다룬 나머지 20편의 논문 중 외국 사례와 비교연구를 수행한 논문은 단 두 편이다. 곽진영(1998)은 한국, 미국, 일본의 정당체제를 사회이익 반영 유형을 중심으로 비교·분석해서 각 정당체제의 특이성을 제시했다. 한편 권순미(2004)는 한국과 일본의 노동정치가 각각 최근 상이한 발전 패턴을 보이는 현상을 비교·분석해서 그 원인을 규명하려고 시도했다.

한국 정당정치에 관한 나머지 논문 중 연구가 가장 많이 행해진 것은 지역주의에 관한 것(6편)이었고, 그 뒤를 정당 민주화 혹은 후보자 선출방식에 관한 연구(4편)가 이었으며, 진보정당에 관한 2편의 연구가 또한 그 뒤를 이었다.

물론 『한국정치학회보』에 실린 논문이 국내 정치학 연구의 경향과 수준을 완전히 대표한다고 할 수는 없으며 정당정치에 관한 연구 역시 그러하다. 그러나 위에 제시한 자료를 통해 정당정치 연구에 대한 우리 학계 연구의 수준과 관심 영역을 미루어 짐작할 수 있으리라 사료된다.

사실 지역주의, 정당개혁, 진보정당에 관한 연구는 민주이행 이후 정당학자들이 가장 많이 다루어 온 주제이다. 이는 정당정치 연구동향에 관한 다른 논문의 개괄에서도 드러난다. 예컨대 곽진영(2001)은 민주화 이후 한국 정당정치 연구의 큰 흐름을 시민사회 균열구조, 특히 지역균열과 관련한 연구동향, 그리고 정당의 조직과 운영방식의 전근대성과 비민주성에 초점을 맞추고 분석한 연구동향 등 두 개의 큰 흐름으로 나누어서 파악하고 있다. 이 두 커다란 연구동향 외에 두드러진 연구 주제는 정당정치 불안정성의 원인과 특성을 규명하려는 시도, 그리고 보수독점의 정치지형이 안고 있는 정당정치의 문제와 진보정당 부재의 원인 규명 및 그 성장 조건에 관한 연구를 들 수 있다.

이들 연구 주제에 관한 많은 연구가 한국 정당정치의 발전과 민주주의 공고화에 대한 진지한 열망과 문제의식을 가지고 대체로 수준 높은 연구성과를 축적해 왔다. 그러나 한국 정당정치에 관한 국내 연구가 가장 소홀히 하고 있는 부분은 다른 나라 사례와의 비교연구이다. 비교 전망의 부재는 한국 정당정치 연구의 국지성(parochialism)을 심화시킬 소지가 매우 크다. 이 점과 관련해서 우리가 새겨보아야 할 것은 미국 정당학자들에 대한 잔다의 다음과 같은 고언(苦言)이다.

> 미국 정당의 독특성을 가장 잘 이해할 수 있는 방법은 이들을 비교분석적 틀 속에서 연구하는 것이며, 이를 위해 무엇보다 요구되는 것은 이와 같은 분석을 수행하는 외국 학자들의 저작을 보다 많

이 읽는 것이다(Janda 1993, 163).

위에서 살펴본 서구 정당정치 연구가 발전시킨 개념을 적극 활용한 대표적인 논문을 몇 편 살펴보도록 하겠다.

우선 장훈(1997)의 논문은 정당 제도화(party institutionalization) 개념을 한국 정당정치 분석에 활용하고 있다. 그러나 그는 헌팅턴의 다소 진부한 개념을 분석에 활용할 뿐 최근의 연구가 발전시킨 개념틀을 활용하지 못하는 한계를 보인다.

정당조직과 그 변화에 관한 연구는 국내 연구가 상대적으로 많이 부족한 연구영역이다. 정당조직의 이합집산이 극도로 심하고 또 최근 바람직한 정당조직의 유형과 관련해서 대중정당 혹은 원내정당에 대한 논란이 뜨거운 점을 감안하면, 이에 관한 연구가 절실한 실정이다.

이런 가운데 담합정당 개념을 한국 정당정치에 적용하려는 시도가 증가하는 것은 주목할 만한 현상이다. 김수진(1999)의 연구를 필두로 곽진영(2001, Kwak 2003)과 장훈(2003)으로 이어진 국내의 연구는 담합정당 체제라는 상이한 개념을 공통적으로 활용하는 특이성을 보여준다.

이 외에 주목할 만한 국내 연구성과를 간략히 언급해 보겠다.

한국 정당과 관련해 가장 방대한 연구성과를 축적한 학자는 심지연이다. 해방정국부터 민주이행 이후의 시기까지 다양한 정당에 대해 수행한 그의 많은 연구업적은 매 연구서마다 수록된 방대한 자료와 함께 한국 정당과 정당정치 연구의 귀중한 자산이 되어 주었다. 그의 최신 연구(심지연 2004)는 그 동안의 연구를 총결산해서 한국 현대 정당정치의 역정을 포괄적으로 정리하고 분석한 역작이다. 그의 연구를 일관해서 드러나는 가장 뼈아픈 약점인 분석의 국지성(parochialism)을 완전히 불식시키지 못한 아쉬움은 여전히 남지만, 그의 이 연구는 현대 한국 정당의 역사에 관한 가장 탁월한 기술서이다.

김용호(2001)의 연구는 한국 정당정치의 특성과 한계, 그리고 개혁의 방향에 대한 날카로운 분석을 담고 있다. 이 연구서가 다루는 주 분석의 대상은 박정희 시대 공화당을 필두로 한 한국 여당이다. 따라서 이 책은 장훈(Juang 2000)의 공화당 연구와 더불어 여당 연구의 대표적인 업적으로 평가할 수 있다.

한편 김수진(1996a; Kim 1986, 2000)은 이들과 달리 제2공화국 민주당, 제3공화국 야당, 그리고 제5공화국 시기 야당 등 전통 야당에 대한 연구를 축적해 왔다.

정진민은 미국 정당정치의 동태적 변화에 대한 집중연구(1996, 1998b, 2000)와 더불어 선진 민주국가 정당정치의 변화에 관해 포괄적인 분석을 행한 다음, 민주화 이후 한국 정당정치의 문제를 진단하고 바람직한 발전방향을 제시하고 있다(1998a).

영국 노동당에 관한 고세훈(1999)의 저작은 외국의 단일 정당에 관해 국내에서 출간된 유일한 학술 연구서로서 독보적일 뿐만 아니라 영국 정당정치와 노동운동사에 대한 저자의 오랜 연구와 폭넓은 2차 자료에 대한 섭렵을 토대로 완성한 탁월한 연구서이다.

위의 개관은 물론 한국 정당정치 연구동향과 방대한 업적의 극히 일부분에 국한된 것이다. 이에 관한 보다 포괄적이고 심층적인 분석은 독립된 논문을 필요로 하리라고 본다. 비젠(van Biezen 2003a)은 정당에 관한 연구의 이론적 수준이 여전히 낮음을 비판하고 있다. 특히 민주주의 공고화에서 정당이 차지하는 역할에 관한 연구의 이론적 수준이 낮다는 것이다. 이와 같은 언급은 한국 정당 연구자들에게는 채찍이면서 동시에 위안이다. 신생 민주국가 정당정치에 관한 탁월한 분석틀이나 이론이 한국 정당정치 연구를 기반으로 발전하기를 기대한다.

제2장 | 권위주의 정권과 반체제정당

제1절 서 론

이 장에서는 권위주의 국가에서 정당이 담당하는 반대의 기능과 그 전략에 관한 이론적 탐색을 시도해 보고자 한다. 민주국가 정당의 일반적 역할과 반대의 기능에 관해서는 많은 연구결과가 축적되어 있다(Dahl 1966, 1973). 권위주의 정권 변동의 동학에 관한 연구 역시 풍부하다(Herz 1982; O'Donnell, Schmitter, and Whitehead 1986; Linz and Stepan 1996). 그러나 권위주의 정권에서 야당의 반대가 정권의 향배에 미치는 영향은 미미한 것으로 평가되어 왔고, 따라서 학문적 관심을 크게 끌지 못한 편이다. 이 장의 연구를 통해 이와 같은 경향에 정면으로 맞설 생각은 없다. 그러나 지구상에 존재해 온 수많은 권위주의 정권들 내에 야당은 존립해 왔고, 또 나름대로 다양한 방식의 반대 기능을 수행해 온 것도 사실이다. 이 장에서는 권위주의 정권 내에서 소위 '반체제정당'(anti-system party)이 취하는 반대의 기능과 전략을 비교연구 기법을 활용해서 분석하고 이에 관해 간단한 가설을 정립해 보고자 한다.

이 목표를 달성하기 위해 우선 반체제정당에 관한 개념정의를 시도하고, 또 그 정당이 설정한 목표를 달성하기 위해 선택할 수 있는 전략적 대안을 제시한다. 이어서 권위주의 정권에 대한 유형 분류를 통해 반체제정당이 권위주의 정권 내에 존립할 수 있는 상황과 조건을 제시하고자 한다. 다음으로 이 연구는 반체제정당의 세력과 전략이 권위주의 정권 내의 다른 반대세력과 어떻게 상호작용할 수 있는지 고찰할 것이다. 끝으로 이 연구는 한국과 독일에 관한 사례연구를 거쳐 반체제정당 반대전략의 특성과 그 전개에 관한 가설을 제시할 것이다.

제2절 반체제정당

정치적 반대의 유형에 관한 달(Dahl)의 분류(Dahl 1966, 341-344)를 활용할 경우 사르토리(Sartori 1974, 132-134)가 만든 반체제정당 개념을 변형 혹은 확장시켜 이 개념이 비단 민주국가뿐 아니라 다양한 유형의 정치체제에 적용될 수 있도록 할 수 있다. 정당이 행사하는 반대의 성격은 그 정당의 목표가 본질적으로 반체제적인지 아닌지 판단할 수 있는 유용한 기준이 될 수 있다. 만약 특정 정당의 반대가 일관되게 구조적 반대의 특성을 띨 경우 그 정당을 반체제정당으로 간주할 수 있다. 달에 의하면 한 정당의 구조적 반대는 정치구조, 사회경제적 구조, 혹은 양자 모두를 대상으로 할 수 있다. 이 책은 반체제정당을 "현존하는 정치적 혹은 사회경제적 구조의 변환을 정당 활동의 근본적이며 일관된 목표로 설정한 정당"이라고 정의한다.

반체제정당의 유형은 그 정당이 채택하는 반대의 전략(급진 혹은 개량), 그리고 그 정당의 조직적 정향(통제 혹은 성장)에 따라 분류할 수 있다.

급진적 반체제정당은 선거와 의회정치 과정에 참여하기도 하고 혹은 참여 자체를 거부하기도 한다. 어떤 급진적 반체제정당은 선거와 의회정치 과정에 대한 참여가 제도적으로 거부되거나 혹은 그렇지 않더라도 스스로 참여를 거부하기도 한다. 이 유형의 정당은 '음모적 전략'(conspiratorial strategy)을 구사한다. 또 그 조직의 기본요소는 세포(cell)이며 정당의 조직은 이들에 대한 조직적 '통제'를 목표로 이루어지고 또 작동한다(von Beyme 1985, 190-191). 러시아혁명을 이끌었던 레닌의 볼셰비키당은 이 정당 유형의 역사적 전형이다. 한국의 경우 해방공간에서 암약한 남로당이 이 정당 유형에 해당한다.

급진적 반체제정당은 선거와 의회정치 과정에 참여하기도 한다. 그러나 이 정당은 결코 의회정치 과정을 통해서 자신이 목표로 하는 구조적 변환을 성취할 수 있다고 믿지 않는다. 이 정당은 그러나 선거와 의회의 수단 가치에 주목한다. 즉 이 정당은 선거와 의회를 대중을 선동하고 동원하기 위해 대단히 유용하고 효과적인 수단 혹은 통로로 간주한다. 이 유형의 급진적 반체제정당은 대중의 지지와 동원에 기반을 둔 반체제정당을 지향하며 정당조직의 정향을 '통제'보다는 '성장'에 둔다.

개량적 반체제정당은 의회정치 과정을 통해서 구조적 변혁을 추구한다. 이 정당 역시 '조직 성장'에 조직의 정향을 둔다.

위 논의에 입각해서 반체제정당의 유형을 그 전략과 조직 정향에 입각해 다음과 같이 분류할 수 있다.

〈표 2-1〉 반체제정당의 유형

		전략	
		급진	개량
조직 정향	성장	Ⅰ. 선동적	Ⅱ. 절차적
	통제	Ⅲ. 음모적	(없음)[1]

　선동적 반체제정당과 절차적 반체제정당이 동일한 조직 정향을 취한다는 것은 동일한 정당조직 내에 두 개의 상이한 전략을 추구하는 세력이 공존할 수 있다는 것을 암시한다. 사실 대부분의 반체제정당은 선동적 전략과 절차적 전략 사이에서 모호한 전략적 입장을 취하곤 한다. 제2차 세계대전 이후 서유럽의 공산당이 보여준 전략적 모호성은 아마 그 전형적 사례일 것이다. 제5공화국 후반부에 조직된 한국의 신한민주당 역시 그 전형을 보여준 바 있다. 권위주의 집권세력이 신한민주당이 체제전복을 추구하는 혁명정당이냐는 반복된 질문에 대해 신한민주당은 침묵으로 일관한 바 있다.

　전략적 모호성은 따라서 조직 성장을 지향하는 대중적 반체제정당의 보편적 특성이다. 이 전략적 모호성을 부추기는 것은 회의와 두려움이다. 즉 대중적 반체제정당은 절차적 전략을 통해 구조적 변혁을 성취하는 데 대해 강한 회의심을 가지고 있다. 그러나 그렇다고 강력한 대중선동을 통해 급진적 구조변혁을 강행할 경우 정당조직의 존립마저 위태로울 수 있다는 인식 역시 정당 내부에 폭넓게 퍼져 있다. 결국 회의와 두려움이 전략적 모호성을 부추기고, 또 이 전략적 모호성은 대중적 반체제정당 내부에 전략선택을 둘

---

1) 영국의 휘그(Whig)당처럼 의회 민주주의가 확립되기 이전 유럽 국가에 조직되었던 자유주의 개혁정당이 여기에 해당할 수 있다.

러싼 갈등과 분파투쟁을 심화시키는 주요인이 된다.

제3절 권위주의 정권

린쯔(Linz 1970, 225)의 개념정의에 따르면 권위주의 정권은 전체주의 정권도 민주주의 정권도 아니며, 제한적인 다원주의를 허용하고, 정치동원의 능력과 의도가 결여되어 있고, 그 한계가 명확하게 규정되어 있지는 않지만 예측 가능한 정치권력을 행사하는 정권이다. 권위주의 정권의 일반적 특성으로는 헌법 절차를 통한 권력교체는 법률적으로 혹은 사실상 불가능하다는 점, 입법부의 요구에 대한 집행부의 반응성은 극도로 제한적이거나 사실상 결여되어 있다는 점, 제한된 수준의 저항과 반대를 용인해 준다는 점 등을 들 수 있다. 권위주의 정권은 일당체계(single party system)를 유지하기도 하지만 다당제(multi-party system)를 용인하기도 한다. 정당체계의 유형과 그 작동의 양식은 대체로 정권의 반대세력에 대한 관용(tolerance)의 수준에 달려 있다. 이와 같은 논의에 입각해서 권위주의 정권을 정당체계의 유형에 따라 다음과 같이 분류한다.

〈표 2-2〉 권위주의 정권과 정당체계 유형

정당체계 유형	사례
배제적 일당제	프랑코 스페인, 포르투갈(1973까지)
배제적 패권정당제	멕시코, 폴란드, 한국(1980~1984)
포섭적 패권정당제	한국(1985~1987)
다당제적 권위주의 군주정	독일제국(1871~1918)

배제적 일당제는 명료한 사례이다. 린쯔(Linz 1970; Linz 1973)와 사르토리(Sartori 1976, 221-230)를 참조하는 것으로 충분할 것이다.

배제적 패권정당제 하에서 권위주의 세력은 형식적이든 실질적이든 정치권력에 대한 도전세력을 용인하지 않는다. 집권당 외의 정당은 권위주의 세력의 조종과 통제를 받는 '면허정당'(licenced party) 혹은 '위성정당'(satellite party)으로 존재할 수 있을 뿐이다. 사르토리는 제2차 세계대전 이후 폴란드에서 이념적 패권정당제가 구축되었고 1946년 이후 멕시코에서는 제도혁명당(PRI)을 중심으로 실용적 패권정당제가 구축되었다고 본다(Sartori 1976, 230-236). 이들 사례가 배제적 패권정당제의 전형이다.

배제적 일당제와 배제적 패권정당제는 배제적 권위주의(exclusionary authoritarianism) 정권에서 볼 수 있는 정당체계 유형이다. 한국의 제5공화국은 1980년 출범하면서 배제적 패권정당제를 구축했다. 즉 민주정의당이라는 하나의 패권정당과, 민주한국당과 국민당이라는 두 개의 위성정당으로 정당체계를 구축했던 것이다. 1984년 제5공화국 정권은 정치활동 규제에 관한 법률을 폐지함으로써 정당체계가 포섭적 패권정당제로 전환할 수 있는 계기를 마련해 주었다.

포섭적 패권정당제는 배제적 권위주의 정권이 반대세력에 대한 관용의 수위를 낮추어 줄 때 출현한다. '배제'로부터 '포섭'으로의 전환은 정당의 조직을 선별적으로 허용해 오던 정책을 권위주의 정권이 포기함으로써 비롯된다. 이와 같은 정책 변화는 정권에 대한 잠재적인 구조적 반대세력의 조직과 동원을 가능하게 하고, 그 결과 대중지지에 기반을 둔 반체제정당의 출현을 부추긴다(Dahl 1973, 12-18). 그 전형적인 사례로 1890년 독일제국의 반사회주의법

폐지와 1984년 한국 제5공화국 정권의 정치활동 규제에 관한 법률 폐지를 들 수 있을 것이다. 따라서 이 연구는 "권위주의 정권에서 대중지지에 기반을 둔 반체제정당은 반대세력에 대한 정권의 대응이 배제로부터 포섭으로 전환된 후에 출현할 수 있다"고 가정한다.

권위주의 정권이 배제적 대응을 포기하고 포섭전략으로 전환하는 이유는 다양하다. 린쯔의 지적처럼 "권위주의 정권의 산고(産苦)가 끝나면 정권은 억압을 완화할 수도 있다"(Linz 1970, 267). 지배집단의 통치역량, 제도의 안정성, 국제관계, 경제상황 등 다양한 요인이 권위주의 정권의 통제능력을 약화시킬 수 있다. 그밖에 정권이 권력을 잡으며 했던 약속을 지키지 못한 데 대한 불만, 집권세력의 부정부패에 대한 불만, 사회경제적 정체상태에 대한 불만, 시민사회 내에 확산되는 입헌민주주의에 대한 열망 등 다양한 도전 요소가 정권으로 하여금 억압의 강도를 대폭 낮추게 할 수도 있다. 정권의 과도한 자신감 혹은 사회정치 상황에 대한 그릇된 판단이 유화국면으로의 정책 전환을 이끌 수도 있다.

정책 전환의 이유에 대한 논의는 이 정도로 충분하리라고 본다. 그러나 이 논의와 관련해서 결코 간과하지 말아야 할 사실은 정권의 정책 전환 동기가 무엇이든 포섭적 권위주의 정권은 여전히 권위주의적 특성을 견지하고 있다는 점이다. 따라서 제도적 절차에 의한 체제변동의 가능성은 법률적으로, 그리고 실질적으로 여전히 요원하다. 포섭적 권위주의 정권은 비민주적 선거제도를 유지하거나 선거과정에 대한 불법적 개입을 통해서 체제에 대한 안정장치를 굳건하게 유지한다. 따라서 야당이 행사할 수 있는 정치적 힘은 극도로 제한적일 수밖에 없다.

권위주의 군주정을 위의 체계분류에 포함시킨 것은 무엇보다 독일제국(1871~1918) 정당정치가 이 연구가 규명하려는 과제에 대단히 시사적인 사례를 제공해 주기 때문이지만, 그 정당성은 독일제국 정치체제의 특성에 대한 로스(Roth 1963, 8-10)의 논의를 통해 강화될 수 있다고 본다. 로스는 이 시기의 독일제국을 군주제적 권위주의(monarchical authoritarianism)로 규정하고 이와 같은 체제 유형은 결코 과도기적 체제가 아니며, 빅토리아 영국의 입헌군주정이나 같은 시대 러시아의 전제주의 정권과 대비되는 독자적 특성을 지닌 체제로 간주한다. 독일제국의 집행부는 선거를 통해 구성된 의회에 책임을 지지 않고 주권자인 군주에 봉사하는 기구였다. 제국 헌법은 보통선거에 입각한 의회제도를 도입했으나, 제국의회(Reichstag)의 집행부에 대한 견제능력은 극도로 제한해 놓았다. 군주에게만 책임을 지는 관료와 군대의 통제력을 독점함으로써 독일 황제는 보통선거와 정치사회적 결사권을 포함해서 비교적 포괄적인 정치적 권리를 허용하면서도 그의 주권적 지위를 확고히 할 수 있었다. 그 결과 반사회주의법이 효력을 발휘했던 기간(1878~1890)을 제외하고 정당은 자유롭게 조직될 수 있었고 또 선거를 통해 제국의회에 진출할 수 있었다. 그러나 당시 정당의 기능적 특성은 사실상 사회경제적 혹은 종교적 압력단체와 유사했다(Roth 1963, 63; Nettl 1965, 65). 독일제국의 정치체제는 따라서 현대 권위주의 정권의 핵심적 특성을 모두 지니고 있었다.

제4절 권위주의 정권의 반체제정당

음모적 전략을 추구하는 반체제정당은 모든 유형의 권위주의 정권에 출현할 수 있다. 이 정당은 단순히 정치구조의 전환을 목표로 삼을 수도 있지만 정치뿐 아니라 사회경제 구조 전반의 근본적 혁파를 목표로 할 수도 있다. 반면 대중적 지지를 조직 기반으로 하는 선동적 반체제정당과 절차적 반체제정당은 오직 포섭적 권위주의 정권에서만 존재할 수 있다. 이 정당의 존립 기반은 권위주의 정권이 경쟁 정당의 조직을 허용하는 방향으로 정책 전환을 단행함으로써 제공된다. 달(Dahl 1973, 16-17)이 언급한 바 있듯이 권위주의 정권의 이와 같은 정책 전환은 정권의 정통성에 정면으로 도전할 반체제정당의 출현을 촉진한다. 때로는 배제적 권위주의 상황에서 강력한 음모적 전략을 추구하던 정당이 새로이 조성된 포섭적 국면에서 대중적 반체제정당으로 거듭나기도 한다.

이미 언급한 바 있듯이 반체제정당이 제도를 바꿀 역량은 포섭적 권위주의 정권에서도 대단히 미미하다. 헌법 절차에 따라 구조개혁을 실현할 가능성은 법률적으로 혹은 실질적으로 봉쇄되어 있다. 따라서 권위주의 정권 하에서 대중적 반체제정당은 많은 취약점을 지니고 있다. 첫째, 대중적 반체제정당은 정권이 부과한 제도적 통제뿐 아니라 공개적·비공개적 억압과 이에 대한 위협에 노출되어 있다. 둘째, 시민사회에 조직된 체제저항 집단은 의회 내에서 대중적 반체제정당이 추구하는 반대의 기능적 중요성을 감소시킨다. 셋째, 대중적 반체제정당 내부의 전략적 혼선은 당 노선을 둘러싼 갈등을 심화시키고 당 조직을 파편화시키며, 나아가 조직 자체의 분열을 가져올 수도 있다.

민주국가의 정치적 반대는 대의적 기제와 참여적 기제를 통해 표출된다. 선거와 의회라는 대의적 기제를 활용한 반대는 대의민주적 반대에 해당한다. 시민단체나 시민운동을 통한 시위와 저항, 청원활동 등은 참여민주적 반대에 속한다. 선진 민주국가에서 정치적 반대를 표출하는 전통적인 통로는 물론 의회와 선거 등 대의민주적 기제였다(Dahl 1970, 338-340). 그러나 1970년대 이후 오늘에 이르기까지 대의기제에 대한 시민들의 신뢰는 저하한 반면, 참여민주주의 기제를 통한 시민적 저항과 반대가 강화되어 왔다(Jenkins and Klandermans 1995; Edelman 2001).

선거와 의회를 통한 반대 기능에 대한 제도적 통제가 강력한 권위주의 체제의 경우 제도권 바깥의 반대 통로 혹은 저항 공간의 기능적 중요성이 커지게 된다. 권위주의 체제의 안정과 통치력에 대한 위협 세력은 많은 경우 제도권 바깥의 저항 공간에서 성장하게 되는 것이다(Dix 1973, 278-284). 배제적 권위주의 체제에서 반대 기능은 주로 집권당 내부의 반대세력이 담당한다. 프랑코 독재 시절의 스페인과 제도혁명당(PRI)이 이끈 멕시코가 그 대표적인 사례이다(Linz, 1973; Sartori 1976, 232-235). 포섭적 권위주의 체제의 경우 정권의 반대와 저항에 대한 정권의 관용 수준에 맞추어 시민사회의 다양한 부문에 반대 공간이 형성된다. 이 경우 정권의 실질적 권력 기반, 체제의 사회문화적 특성, 혹은 산업발전 수준이나 경제여건 등 다양한 요인이 시민사회 저항세력의 규모와 강도와 결속력에 영향을 미친다.

권위주의 정권 하 반체제정당의 힘은 노동운동, 학생운동, 종교운동 등 시민사회의 다양한 영역에서 조직되고 성장한 저항세력과의 관계에 크게 좌우된다. 즉 시민사회 저항세력의 성장 수준, 그리고 이들과 반체제정당의 연계 수준이 결정적으로 반체제정당의 힘을 좌우한다. 1960년대와 1970년대 많은 중남미 권위주의 국가에서 반대정당의 기능이 극도로 위축되었던 원인은 이를 통해 설명이 가능하다. 이 시기 많은 중남미 국가들의 사회역사적·문화적·지리적·경제적 조건은 이들 국가에 지극히 분산되고 취약한 사회정치적 반대세력을 배태함으로써 시민사회에 강력하게 결속한 저항 공간의 형성을 가로막았다(Scott, 1966; Dix, 1973). 또 중남미 주요 권위주의 국가들이 발전시켰던 국가조합주의 정책은 그 효과적인 유인과 통제의 결합을 통해서 시민사회 저항세력을 크게 위축시켰을 뿐만 아니라 이들과 반대정당과의 연계 또한 효율적으로 차단했다(Kaufman, 1977, 111-116; Dix 1973, 295). 이런 이유로 많은 중남미 권위주의 체제에서 강력한 반체제정당이 성장하지 못했다.

반면 아르헨티나의 페론당, 칠레의 공산당과 기민당, 그리고 베네수엘라의 민주행동당 등 카우프만이 '사회집단에 기반을 둔 정당'(Kaufman, 1977, 118-119)으로 분류한 정당은 시민사회에 비교적 잘 조직되어 있던 반대집단과의 강력한 연계를 통해 세력을 강화할 수 있었다. 한편 19세기 말과 20세기 초 독일제국의 경우 급격한 산업화와 더불어 자율적인 조직노동의 활동을 권위주의 정권이 허용해 줌에 따라 노동계급은 강력한 노동조합 조직을 체제에 대한 가장 강력한 저항세력으로 시민사회에 형성할 수 있었다. 이 시기 독일사민당의 성장은 바로 이 노동조합과 강력한 연대를 맺음으로써 가능했다(Schorske 1955). 한국 제5공화국 권위주의 체제에서 1985년 2월 치렀던 총선거에서 갓 조직된 반체제정당인 신한민주당이 놀라운 득표력을 과시했던 것 역시 학생운동 세력 및 민주화운동추진협의회라는 재야 조직과의 강력한 결속 덕분이었다.

따라서 권위주의 정권 하 반체제정당의 세력은 우선적으로 제도권 외곽에 구축된 반대세력의 규모, 그리고 이 반대세력과 반체제정당의 결속도에 좌우된다고 가정할 수 있다. 제도권 외곽 반대세력의 규모와 결속력은 권위주의 체제의 사회역사적·문화적·경제적 조건 및 저항에 대한 정권의 관용 정도 등에 영향을 받는다. 정권의 시민사회 반대세력에 대한 효과적인 회유나 통제 전술은 이들의 세력을 약화시키는 한편 이들과 반대정당의 결속력 또한 약화시킬 수 있다. 중남미 권위주의 체제가 발전시켰던 국가조합주의 정책은 그 전형적 사례였다. 독일제국이 펼쳤던 포섭적 대 노동정책과 복지정책 역시 노동조합의 체제에 대한 저항의 강도를 현저히 약화시킴으로써 상당한 효과를 거두었다. 반면 독일제국은 노동조합과 독일 사민당이 결속력을 강화하는 것을 막지는 못했다. 한국의 전두환 정권이 집권 전반기에 펼쳤던 노동, 학원, 재야에 대한 강력한 탄압정책은 오히려 이들 저항세력의 규모를 키우고 급진화시키고 또 결속력을 강화시켰다. 이들의 이와 같은 세력화는 신한민주당 급성장의 토대가 되어 주었다.

앞에서 언급한 것처럼 전략적 모호성은 권위주의 정권 하 반체제정당의 공통된 특성이다. 절차적 전략을 통한 권위주의 체제의 변혁은 사실상 불가능하다. 그렇다고 보다 급진적인 전략을 추구할 경우 정권의 탄압을 감수해야 하고, 심지어 정당조직의 붕괴까지 각오해야 한다는 것이 반체제정당이 직면해야 하는 전략적 딜레마 상황이다. 사실 반체제정당의 행동은 모순적이다. 반체제정당은 현존 정치질서의 정통성을 공개적으로 부인하면서도 체제 내의 제도와 정치과정에 참여해야 한다.[2] 그리고 반체제정당의 조직적 특성과 행동 목표 역시 잠재적인 충돌 요인을 안고 있다. 당 조직의 외연을 확대하려면 여러 정치과정에 대한 적극적 참여가 요구된다. 반면 체제에 대한 저항을 위해서 요구되는 것은 제도권과의 상대적인 고립이다.[3] 당의 세력을 제도권 외부 반대세력의 지원에 의존해야 한다는 점 역시 반체제정당 내부의 전략적 혼선을 가중시킬 수 있다. 따라서 반체제정당의 전략은 혼란스럽고 모호하고 또 흔히 일관성을 결여하고 있다. 더구나 이와 같은 전략적 혼선은 당내에 당 노선을 둘러싼 파벌을 형성시키고 파벌 간의 대립과 투쟁에 의해 당 조직의 안정성 자체가 크게 흔들리는 요인이 되기도 한다.

따라서 궁극적으로 전략적 혼선과 이를 둘러싼 당내 노선투쟁의 전개 양상, 당과 제도권 외곽 반대세력의 결속 정도와 그 추이, 그리고 이 두 요인의 상호작용에 의해 반체제정당의 진로와 운명이 좌우된다. 나아가 이들 요인은 권위주의 정권의 향배에도 적지 않은 영향을 행사하게 된다.

이제 이와 같은 분석적 관점을 염두에 두고 전략적 선택을 서로 달리 했던 두 반체제정당의 사례를 분석해 보자.

---

[2] 신한민주당의 국회 참석 자체가 5공화국 질서의 정통성을 인정하는 행위가 아니냐는 집권 민정당의 추궁에 대해 신한민주당은 침묵으로 일관해야 했다.

[3] 참여와 고립을 둘러싼 독일 사민당의 딜레마에 관해서는 특히 Nettl (1963, 65-95) 참조.

제5절 사례연구

1. 독일제국의 사회민주당

독일제국 초기 비스마르크 시대(1871~1890)는 대체로 배제적 권위주의 시대로 간주할 수 있다. 이제 막 통일을 이룬 새 제국에 대한 프로이센과 황제의 통치력을 굳건히 하기 위한 비스마르크의 강경한 정책 노선이 이 시대를 이끌었다. 특히 제국의회(Reichstag)와 정당에 대한 비스마르크의 책략은 제국의 정치질서에 대해 이들이 도전할 수 있는 잠재력을 제거하는 데 초점을 맞추었다. 이 책략은 두 개의 전술로 구체화되어 성공적으로 추진되었다. 첫째 자유주의 세력을 약화시키기 위해 비스마르크는 이들을 분열시켜 그 중 온건한 분파를 '철과 보리의 연합'이라는 보수적 지배연합으로 끌어들였다. 둘째, 사회주의자들을 정치권에서 제거하기 위해 이들의 조직과 활동을 불법화했다. 비스마르크의 이 두 전술로 인해 자유주의 정당은 반체제정당이 될 수 있는 잠재력을 상실했고, 사회민주당은 대중정당 조직을 유지·발전시킬 법적 근거를 잃었다(Roth 1963, 71-84; Pinson 1966, 156-172).

반사회주의법 시기(1878~1890)에 사회민주당은 급진적·혁명적 잠재력을 쌓아 갔다. 이 배제적 권위주의 시기에 사회민주당이 추구한 '음모적'(conspiratorial) 노선은 1883년 덴마크 코펜하겐에서 열린 전당대회에서 명료하게 드러났다. 이 전당대회에서 사회민주당은 "의회를 통해 당의 목표를 달성하고자 하는 일체의 환상을 거부하는 혁명노선"(Schorske 1955, 7)을 채택했다. 그러나 1890년 비스마르크가 재상(宰相)을 사임하고 정치 일선에서 퇴진한 후 독일 황제 빌헬름 2세는 반사회주의법을 철폐하고 제국의 정책노선을 배제적 권위주의에서 포섭적 권위주의로 전환시켰다. 그 결과 사회민주당이 합법적 정당조직의 자격으로 선거에 참여하고 제국의회에 진출할 수 있게 되었다. 사회민주당은 전투적이며 대중적인 반체제정당의 면모를 갖추고 이 새로운 시대를 맞이했다.

1891년 사회민주당이 채택한 에르푸르트 강령은 당의 목표를 '사회의 완전한 변혁'(Schorske 1955, 3)으로 명시함으로써 당 노선의 반체제적 성향을 뚜렷이 했다. 그러나 강령은 체제변혁 목표를 달성할 전략을 구체적으로 제시하지 않았다. 이를 통해 사회민주당은 급진적 혁명세력과 온건한 개량주의 세력을 모두 포용할 수 있었다. 그러나 개량주의와 급진주의에 대한 당 노선의 모호한 침묵은 사회민주당의 지속적인 전략적 혼선과 당내 노선투쟁의 불씨가 되었다(Schorske 1955, 5-6; Marks 1939, 334-356). 1898년부터 1903년 사이 사회민주당은 격렬한 수정주의(revisionism) 논쟁을 치러야 했다. 이 논쟁은 1903년 드레스덴(Dresden) 전당대회에서 수정주의 노선을 비판하는 결의안을 정식 채택함으로써 급진파의 일시적인 승리로 일단락되었다. 사회민주당은 의회를 "입법기관이라기보다는 선동을 위한 연단"(Schrske 1955, 7)이라고 규정했다.

독일제국이 포섭적 권위주의 체제로 전환한 후 사회민주당은 이처럼 선동적 반체제정당의 면모를 뚜렷이 했다. 동시에 사회민주당은 대중적 반체제정당이 지니는 치명적 약점인 전략적 혼선과 심각한 노선투쟁 양상을 모두 드러냈다.

당시 독일제국의 사회는 급속한 산업화와 도시화에 따른 격변을 치르고 있었다. 그럼에도 불구하고 전통적인 신분적 서열은 여전히 뚜렷했고 상류계층은 사회의 평준화 흐름에 강력하게 저항하고 있었다(Berghahn 1982, 6-12). 급속한 산업화를 통해 양산되고 있던 노동자들은 이러한 사회문화적 분위기 속에서 계급의식과 계급 단합력을 강화시킬 수 있었다. 독일제국의 포섭정책은 노동자들의 단결권을 허용했고 그 결과 노동조합은 양적 팽창과 조직적 성장을 거듭해 갔다. 이처럼 급증하는 조직력과 함께 파업이라는 무기를 갖춘 노동조합은 독일제국의 의회 바깥에 존재하는 가장 강력한 반대세력으로 성장했다. 노동조합은 또 사회민주당의 조직과 득표력의 지속적인 기반이 되어 주었다.

배제적 권위주의 시기 함께 겪어야 했던 탄압은 사회민주당과 노동조합의 계급적 유대를 대폭 강화시켜 주었다(Berghahn 1982, 15-16). 따라서 사회민주당과 노동조합의 결속은 대단히 강력했다. 당 조직과 득표력의 노동조합에 대한 의존도는 갈수록 커져 갔다. 예컨대 사회민주당의 득표율이 35%에 달했던 1903년 총선거에서 사회민주당 당원의 규모는 전체 득표의 15.9%였다. 또 사회민주당 득표의 약 25%가 노동자 이외의 계급으로부터 온 것으로 추정되었다. 당시 사회민주당 득표력은 압도적으로 노동조합과 노동자들의 지지에 의존하고 있었음을 추정할 수 있다(Marks 1939, 345; Berghahn 1982, 283).

결국 노동조합과의 강력한 결속이 사회민주당 조직력과 득표력의 핵심 기반이었다. 그러나 득표력이나 의석수가 실질적인 정치세력으로 치환될 수 없었던 정치체제 하에서 당과 노동조합의 결속은 자칫 정당의 기능을 이익집단 기능으로 축소시킬 개연성을 키웠다. 또 정치체제와 정치상황에 대한 노동조합의 평가와 대응이 당의 전략과 기능에 갈수록 강력한 영향을 행사하게 되었다.

독일제국 노동조합의 체제에 대한 태도는 갈수록 온건해지고 또 협조적 경향을 강하게 띠어 갔다. 조직 활동의 자유가 보장되는 가운데 노동조합 조직은 순조롭게 성장하고 있었고, 독일제국은 유럽의 다른 어떤 국가보다 앞장서서 노동자 보호를 위한 사회적 법률을 제정했다. 이런 환경에서 노동조합은 노동자들의 삶이 갈수록 나아지고 있다는 확신을 갖게 되었고 제국의 정치질서에 대해 갈수록 순응적·협조적 태도를 강화시켰다(Berghahn 1982, 17; Marks 1939, 339-356). 그 결과 노동조합 지도자들은 노동계급의 총파업을 통해 체제 변혁을 성취하겠다는 선동적 전략을 일관되게 주창하고 있던 룩셈부르크(Rosa Luxemburg)와 리프크네히트(Karl Liebknecht) 등 사회민주당 내 급진적 지도자들에게 강한 반감을 갖게 되었다(Schorske 1955, 33-40). 1906년 2월 노동조합과 사회민주당 지도자들이 비밀리에 회동해서 체결한 당과 노조의 협력과 공동노선에 대한 합의는 특히 눈길을 끈다(Schorske 1955, 45-53). 노동조합 지도자와의 합의를 통해 당시 사회민주당을 이끌던 수정주의 지도부는 당의 득표력과 조직력 육성을 위한 노조의 지속적인 지원을 약속받았고 또 이를 통해 당내 리더십을 강화할 수 있었다. 사회민주당은 이에 힘입어 조직력을 크게 신장시켰다.[4] 그러나 사회민주당

---

4) 당시 사회민주당 당원의 연간 증가율은 다음과 같다. 1907(38.0%), 1908(10.7%), 1909(7.8%), 1910(13.6%), 1911(16.1%), 1912(15.9%), 1913(1.3%). Schorske(1955, 267) 참조.

리더십의 과두적 경향과 당료들의 관료화 경향은 이와 함께 강화되었다.5) 이 모든 경향과 흐름 속에서 사회민주당의 모호한 반대전략과 노선은 갈수록 개량주의적 색채를 뚜렷이 했고 급진노선과 선동전략은 갈수록 퇴조하고 소외되었다.

전술한 바 있듯이 조직력과 득표력을 늘리고자 하는 대중정당으로서의 욕구와 순수한 반대노선을 견지하려는 반체제정당으로서의 의지 사이에 분명한 모순이 존재한다. 이 모순이야말로 대중적 반체제정당으로서 사회민주당이 회피할 수 없는 딜레마였다. 1907년 총선거에서 소위 뷜로우 블록(Bülow Bloc)의 민족주의 공세에 휘말려 사회민주당이 감수해야 했던 참패는 고립과 참여 사이에 끼어 있는 당의 전략적 딜레마를 여실히 드러냈다(Schorske 1955, 59-87). 이 선거를 통해 사회민주당 지도자들은 체제에 대한 전면적인 반대와 선거에서의 승리가 양립하기 힘든 목표임을 깨닫게 되었다. 이 경험은 사회민주당 지도자들의 개량주의적 성향을 대폭 강화시켰다. 이들은 이제 당 조직의 성장과 절대다수 의석 장악이 사회정치 변혁이라는 당의 목표를 달성하기 위한 유일한 통로고 믿게 되었다.

결국 사회민주당의 조직적 신장과 나란히 성장한 개량주의적 지도부와 관료주의적 당료들이 체제 순응적인 노동조합의 강력한 지원을 등에 업고 당의 노선과 전략을 개량주의 노선과 절차적 전략으로 이끌었다. 이 전략은 1912년 총선거에서 사회민주당의 대승

---

5) 이에 관한 미헬스(Michels 1962, 365-408)의 분석은 변함없이 고전으로 남아 있다. 또 Schorske(1955, 116-145), Roth(1963, 249-284), Marks(1939) 참조.

을 이끌었다. 이 선거에서 사회민주당은 처음으로 제국의회에서 절대다수의 의석을 획득했다. 그러나 권위주의 체제 하에서 사회민주당의 의회 지배력이 실질적 정치권력으로 치환될 수는 없었고, 절차적 전략을 통해 체제변혁을 이루는 것은 불가능했다. 그럼에도 불구하고 당 조직과 원내 세력 내부에는 현상유지에 대한 욕구가 강력했다. 즉 현존 체제에서 당이 이미 확보한 당세를 온존시키고자 하는 욕망이 사회민주당 내에 팽배해졌다. 이 욕구는 사회민주당 지도부로 하여금 당 노선을 "어떤 대가를 치르더라도 합법성을 유지하는 정책"(legality-at-any-price policy)(Marks 1939, 350)으로 이끌었다.

쇼스케에 의하면 사회민주당이 제국의 체제에 궁극적으로 순응한 것은 반체제노선을 지속할 경우 노동계급의 지지를 잃을지도 모른다는 두려움과, 당 지도부와 조직에 대한 국가의 가혹한 탄압에 대한 두려움 때문이었다(Schorske 1955, 288-289). 유럽에 전쟁의 기운이 강화되고 제국 내부에서 민족주의 정서가 강력하게 분출하자 사회민주당은 마침내 반체제노선을 포기하고 제국의 정책에 순응하고 협력하기 시작했다. 당 노선의 이와 같은 변화는 급진파의 격렬한 반대에도 불구하고 1913년 예나(Jena) 전당대회에서 확인되었다. 1914년 8월 4일 사회민주당 소속 제국의회 의원들은 전쟁국채 발행 법안에 만장일치로 동의함으로써 노선의 전환을 완결했다(Schorske 1955, 276-291). 불과 이틀 전인 8월 2일 독일 노동조합은 총회를 열어 일체의 파업행위를 하지 않겠다는 결의를 이미 마친 상태였다(Schorske 1955, 289).

사회민주당의 노선이 이처럼 개량주의로 흐르고 마침내 체제 순응적으로 기울어 가자 당내 급진세력들의 소외감은 갈수록 커져 갔다. 그 결과 이들은 더욱 급진화했고 이들에 대한 당의 탄압 역시 강화되었다. 결국 급진세력들은 분당(分黨)의 길을 택했다. 애당초 당 전략의 모호성 때문에 비롯되었던 당내 노선투쟁은 결국 당 조직의 분열로 막을 내렸다.

포섭적 권위주의 체제였던 독일제국 빌헬름 시대(1890~1918) 독일 사민당의 역사를 다음과 같이 정리할 수 있을 것이다.

첫째, 제국의 정책노선이 배제적 노선에서 포섭적 노선으로 전환함에 따라 사회민주당은 대중적 반체제정당으로 합법적 정당 활동을 재개했다.

둘째, 사회민주당은 처음부터 선동적 전략과 절차적 전략 사이에서 모호함을 드러냈고 당 노선을 둘러싼 파벌의 성장과 투쟁의 격화를 초래했다.

셋째, 사회민주당은 노동조합과의 결속을 강화함으로써 조직력과 득표력을 크게 신장시킬 수 있었지만, 이러한 당세와 실질적 정치권력 사이에는 결코 좁힐 수 없는 간극이 있었다.

넷째, 노동조합의 체제 순응적 태도, 당 지도부의 과두화와 당료들의 관료화 등이 결합해 당 노선과 전략을 개량주의와 절차적 전략으로 이끌었고, 사회민주당은 마침내 반체제정당으로서의 속성을 상실했다.

다섯째, 당 노선의 이와 같은 변화는 당내 급진세력들을 고립시켰고 이들이 탈당함으로써 당은 조직적으로 분열했다.

2. 한국 제5공화국의 신한민주당

전두환이 이끄는 제5공화국 정권은 1981년 3월 정식 출범했다. 이전 정권의 정당을 모두 해산시킨 신군부세력은 1980년 12월 새로운 여당인 민주정의당을 창당하는 한편, 민주한국당과 한국국민당이라는 두 개의 위성정당 혹은 면허정당 또한 조직했다. 신군부세력은 '정치풍토 쇄신을 위한 특별조치법'을 제정해서 270여 명에 달하는 정치인들의 정치활동을 금지시켰다. 군부정권은 학생운동, 노동운동, 재야세력 등 정권에 대한 잠재적 저항세력에 대한 감시와 억압의 강도를 대단히 높은 수준에서 유지했다. 한국의 제5공화국 정권은 이처럼 배제적 권위주의의 전형을 보여주며 출범했다.

5·18광주민주화운동을 유혈 진압하고 수립된 5공 정권은 태생적으로 정통성에 치명적인 결함을 지니고 있었다. 그 결과 정권이 펼친 탄압정책은 학생운동과 노동운동의 급진성과 전투성을 더욱 강화시켜 주었다. 더욱이 정권 초기 전두환의 친인척이 연루된 대형 부패추문이 잇달아 터지면서 정권에 대한 국민들의 반감은 갈수록 증폭되었다. 정권에 대한 반감이 이처럼 사회 저변에 폭넓게 확산되고 또 학생, 노동자, 재야의 저항이 갈수록 격렬해지자 정권은 배제적 정책수단에 입각한 통치력의 한계를 절감하게 되었고, 그 결과 통치전략을 포섭적 전략으로 수정했다.

1984년 이후 전두환 정권의 포섭정책은 두 가지 측면에서 두드러졌다. 첫째, 정권은 비록 제한적이지만 폭넓은 학원 자율화 조치를 단행했다. 둘째, 정권은 또한 정치활동이 금지되었던 정치인들에 대한 해금조치를 단행하는 한편 이들이 독자적으로 정당을 조직하는 것을 허용했다. 그러나 포섭전략에 입각한 정권의 유화조치는 정권의 정당성을 강화시켜 주기보다는 오히려 이에 반대하는 세력들이 정치적 동원을 조직하는 공간을 제공해 주었다. 학생운동은 조직력을 더욱 강화했고 해금된 정치인과 재야인사들은 민주화추진협의회를 결성했다. 정치적 해금 대상에서 배제돼 있던 김영삼과 김대중의 지도력에 따라 이들은 1985년 1월 15일 신한민주당을 조직하고 이민우를 형식적 지도자인 당 총재서리에 추대했다.

창당대회에서 신한민주당은 전두환 정권의 정통성을 정면으로 부정하는 한편 정당활동의 목표를 민주헌법 쟁취에 두겠다고 선언함으로써 당의 성격을 반체제정당으로 분명히 자리매김했다. 이민우 총재는 1월 25일 외신과의 인터뷰에서 "우리는 단지 전술적인 필요성에 입각해서 선거에 참여할 뿐이며 오로지 민주회복을 위해 투쟁할 것"[6]임을 분명히 했다. 신한민주당은 김영삼과 김대중이 재야에서 이끌어 가던 민주화추진협의회와 강력하게 결속되어 있었다. 학생운동 세력들 역시 격렬한 내부토론 끝에 총선거에서 신한민주당을 적극 지지할 것을 결의했다.

재야와 학생운동의 강력한 결속을 토대로 신한민주당은 창당한 지 한 달이 채 못 되어서 치러야 했던 2·12총선에서 놀라운 득표력을 과시했다(<표 2-3> 참조). 신한민주당은 특히 서울을 포함한 모든 대도시에서 득표율 면에서 민주정의당을 앞섰다. 총선거를 치르고 두 달 후 민주한국당 소속 국회의원 대부분과 한국국민당 소속 국회의원 일부가 김영삼의 설득을 받아들여 신한민주당으로 당적을

---

6) 1985년 1월 25일 *Christian Science Monitor* 인터뷰 기사 참조.

〈표 2-3〉 1985년 2·12총선 정당별 득표율과 의석수

정 당	득표율(%)	의석		합계
		지역구	전국구	
민주정의당	34.7	87	61	148
신한민주당	29.2	50	17	67
민주한국당	19.5	26	9	35
한국국민당	9.2	15	5	20

옮겼다. 그 결과 민주한국당은 사실상 붕괴되고 신한민주당의 의석은 102석으로 늘어났다.

민주회복을 위한 전략으로 신한민주당은 대통령 직선제 개헌을 쟁취하기 위해 원내투쟁과 원외투쟁을 병행하겠다고 선언했으며, 이를 위해 민주화추진협의회 및 학생운동 조직과의 연대를 굳건히 할 것을 천명했다. 김영삼과 김대중 두 재야 지도자의 실질적 영향력 아래 신한민주당은 원내에서 개헌을 위한 강력한 선동정치를 펼쳐 나갔다.

그러나 신한민주당 내부의 온건론자들은 당 지도부의 강경노선을 달가워하지 않고 보다 실용적이고 절차적인 원내 활동에 주력할 것을 요구하는 한편, 당이 민주화추진협의회의 영향으로부터 독립할 것을 강력히 요구했다. 1985년 7월 치러진 전당대회에서 민주화추진협의회의 강력한 지원 아래 이민우는 정식으로 당 총재가 되었다. 그러나 총재 선거에서 온건파를 대표한 후보 역시 40%를 상회하는 만만찮은 득표력을 과시했다. 당 리더십의 강경노선에 불안감을 느끼고 또 불만을 지닌 온건세력이 신한민주당 내부에 상당히 포진해 있음을 여실히 보여주었다. 한편 전당대회 이후 당 조직이 안정되어 가자 당 지도부에 대한 재야세력의 통제력은 약

화할 수밖에 없었다. 반면 당 조직의 자율성이 강해질수록 신한민주당과 재야 및 학생운동 조직과의 마찰과 갈등은 커져 갔다.

이런 상황에서 신한민주당은 1985년 정기국회 회기 동안 개헌에 대한 집권당의 동의를 얻기 위해 원내에서 강경한 선동적 투쟁을 전개했다. 사흘에 걸친 본회의장 점거농성 역시 무위로 돌아가자 신한민주당은 12월 6일 개헌쟁취를 위한 장외투쟁 돌입을 선언했다. 당세를 원외 급진세력의 지지와 지원에 크게 의존하고 있던 반체제정당 신한민주당의 전략적 행보는 일단 이처럼 일관적이었다. 즉 의회 내에서 극도로 비타협적인 투쟁을 전개하던 신한민주당은 이 투쟁이 벽에 부딪히자 102석에 달하는 원내의석을 포기하고 장외투쟁에 나섰던 것이다.

1986년 1월 전두환 대통령은 시정연설에서 자신의 임기 내에 개헌은 불가하다는 입장을 천명했다. 신한민주당과 민주화추진협의회는 이에 대응해 2월 12일 1천만 개헌 서명운동을 개시한다고 선언했다. 신한민주당은 개헌추진위원회 시도지부 결성식을 전국에 걸쳐 연이어 개최하는 등 장외 선동적 투쟁을 강화시켜 나갔다. 당은 또 3월 17일에 재야와 연대해서 '민주화를 위한 국민연락기구'를 구성했다.

4월 30일 청와대에서 열린 3당 대표와의 회담에서 전두환은 임기 내 개헌에 동의하고 국회에 개헌 협의기구를 설치하는 데 합의했다. 이 합의를 바탕으로 7월 30일 국회 내에 헌법개정특별위원회가 구성되었다. 그러나 신한민주당의 직선제개헌 요구에 대해 여당인 민정당은 내각책임제로의 개헌을 주장했고 이들 간의 간극은 결코 좁혀지지 않았다. 이런 가운데 학생과 시민운동 세력의 민주화 시위는 격화일로를 걷고 있었고 신한민주당은 마침내 개헌특위에서 탈퇴했다.

　정국이 이처럼 혼란스러운 가운데 정권은 야당을 분열시키려는 공작에 나섰는데, 이 공작의 제물이 된 인물이 다름 아닌 이민우 신한민주당 총재였다. 그는 12월 24일 7개항의 자유화 조치가 선행된다면 민정당의 내각제 개헌안을 긍정적으로 검토하겠다는 소위 '이민우 구상'을 발표했다. 이 구상은 재야 민주화세력과 연대해서 신한민주당이 추구해 온 급진노선에 불만과 불안감을 느끼고 있던 당내 실용적 온건파의 지지를 받았다. 그러나 신한민주당 결성 당시부터 절대적인 영향력을 행사해 온 김영삼과 김대중은 1987년 4월 무려 74명의 신한민주당 소속 국회의원들을 탈당시켜 통일민주당이라는 새 정당을 조직하게 함으로써 신한민주당을 사실상 궤멸 상태에 빠뜨렸다. 전두환 정권이 4·13호헌조치를 발표하자 정국은 일대 파국으로 치달았다. 5월 1일 정식 창당한 통일민주당은 재야와 연대해 '민주헌법쟁취국민운동본부'를 결성한 다음 역사적인 6월항쟁에 이르기까지 본격적인 장외 민주화투쟁에 돌입했다.

　제5공화국 후반부 포섭적 권위주의 시기에 조직된 반체제정당 신한민주당의 역사를 다음과 같이 정리할 수 있다.

　첫째, 전두환 권위주의 정권이 통치전략을 배제적 전략에서 포섭적 전략으로 전환함에 따라 신한민주당은 반체제정당으로 출범했다.

　둘째, 신한민주당은 재야의 민주화추진협의회 및 학생운동 조직과 결속을 강화함으로써 당세를 키우고 반체제정당으로서의 입지를 원내와 원외에서 굳혔다.

　셋째, 재야의 급진 민주화세력의 강력한 영향력 아래 놓여 있던 신한민주당은 원내와 원외에 걸쳐 강력하게 개헌과 민주회복을 위한 선동적 투쟁을 추진했다.

넷째, 신한민주당 내부에는 강경노선과 선동적 투쟁에 불만을 가진 실용적 온건세력이 존재했다. 이들은 민주화쟁취 가능성을 높게 보지 않았으며 과격한 투쟁이 당의 원내 기반을 상실하게 하고 또 당 조직을 위험에 빠뜨릴까 극도로 두려워했다.

다섯째, 당 조직이 안정화함에 따라 신한민주당 지도부는 재야세력의 통제로부터 자유롭기를 원했으며, 급기야 이들은 정권의 회유에 넘어가 당 노선을 타협노선으로 전환하려 하였다.

여섯째, 신한민주당의 주류를 점하고 있던 급진세력이 탈당해 신당을 창당함에 따라 신한민주당은 사실상 와해되었다.

제6절 결론

이상의 논의와 분석을 바탕으로 포섭적 권위주의 체제 내에 조직된 반체제정당이 체제의 구조적 변혁을 추진하기 위한 전략의 선택에 관해 다음과 같은 가설을 설정할 수 있다.

<가정>
1. 대중조직에 기반을 둔 반체제정당이 택할 수 있는 전략은 절차적 전략과 선동적 전략 두 가지이다.
2. 반체제정당의 득표력과 조직력은 의회 외 반대세력과의 결속에 상당히 좌우된다.

<가설>

1. 의회 외 반대세력이 약하거나 분산되어 있다면 강력한 반체제정당은 출현할 수 없다.

2. 의회 외 반대세력이 강력하고 또 강하게 결속되어 있다면 반체제정당은 이 세력과 연대를 강화함으로써 세력을 키운다.

2.1. 의회 외 반대세력이 체제에 대해 온건하다면 반체제정당은 절차적 전략을 구사한다.

2.2. 의회 외 반대세력이 체제에 대해 강경하게 저항한다면 반체제정당의 전략은 당 지도부의 의회 외 반대세력에 대한 독립성에 좌우된다.

2.2.1. 반체제정당 지도부가 의회 외 반대세력의 영향력 하에 있다면 반체제정당은 선동적 전략을 구사한다.

2.2.2. 반체제정당 지도부가 의회 외 반대세력의 영향으로부터 자율적이면 반체제정당은 절차적 전략을 구사한다. 그 결과 반체제정당과 의회 외 반대세력의 결속은 약해지고 반체제정당의 세력은 약화된다.

제3장 | 계급정당 성장의 조건과 전망

제1절 서 론

 민주화 20년을 넘어선 한국 민주주의는 여전히 안정된 정당체계 확립에 실패하고 있다(김용호 2008). 지난 대통령 선거와 총선거에 참여한 모든 정당은 선거에 임박해서 급조되거나 재창당되거나 혹은 조직이 쪼개져 나갔다. 한국 민주주의의 제도적 결손은 지난 10년 동안 상당히 개선되었다고 평가할 만하다(Merkel 2004; Im 2004). 그러나 정당 제도화의 수준은 심각하게 퇴조하고 있다.[1] 한국 정당정치의 이러한 모습은 한국보다 훨씬 불리한 사회경제적 조건 속에서 민주이행을 했던 중남미 국가들과도 뚜렷한 대조를 보여준다. 상당수 중남미 신생 민주국가의 정당 제도화 수준은 한국보다 앞서 간다. 또 1990년대 이후 이 지역의 많은 나라에서 보다 온건한 이념 정책노선으로 무장한 좌파정당이 주요 정당으로 성장하는 데 성공했다(Mainwaring and Scully 1995, 465-467).

---

1) 정당 제도화의 의미와 중요성에 관해서는 제1장 참조.

17대 총선은 소위 협약 혹은 담합에 의한 민주이행(임혁백 1994, 246-252)이 확립시킨 보수독점과 지역주의에 입각한 정당정치에 제한적이지만 의미 있는 변화를 가져다준 선거로 간주될 만했다(강명세 2005; 박명호 2006). 비례대표제의 제한적 도입에 힘입어 마침내 노동운동을 정치적으로 대표하는 세력의 원내 진출이 이루어졌다. 보수독점의 정치지형에 작지만 중요한 지각 변화를 일으켰던 것이다.

그러나 18대 총선은 이러한 변화를 거의 무위로 돌려 버렸다. 전체 지역구 의석 245석 중 무려 53%를 넘는 131석을 획득한 한나라당은 수도권과 강원, 영남 이외 지역에서는 충북에서 불과 1석만을 얻었을 뿐 호남, 제주, 대전과 충남에서 전멸했다. 66개 지역구에서 승리한 통합민주당은 호남에서 완승한 반면 영남권에서 불과 2석을 얻었을 뿐이다. 충청 지역의 지역주의 표심을 겨냥해 조직된 자유선진당은 이 지역에서 무려 14석을 획득해서 원내 제3당의 지위에 올랐다. 지역주의 투표성향의 이와 같은 강세는 진보정당의 퇴조와 궤를 같이하고 있다. 대통령 선거 직후 민주노동당과 진보신당으로 세력이 양분된 진보세력의 비례대표 득표율은 두 당을 합쳐서 8.6%에 머물렀는데, 이 수치는 지난 총선에서 민주노동당이 획득했던 13%의 약 3분의 2 수준이다.

정당정치 제도화 수준의 후퇴와 지역주의 투표성향의 이와 같은 강세는 정치적 노동운동의 저성장과 어느 정도 상관관계를 갖는가? 한국보다 산업화 수준에서 뚜렷이 뒤떨어지는 남미의 많은 신생 민주국가에서 좌파정당의 약진이 두드러지고 있는데, 한국의 노동자 정당은 왜 쇠퇴하고 있는가? 일찍이 최장집은 민주화 직후 한국 노동운동이 왜 정치적 조직화에 실패했는지 문제를 제기한 바 있다(최장집 1993). 민주화 이후 20년이 흐른 지금도 그는 '노동

없는 민주주의'를 한국 민주주의의 본질적 취약점으로 지적하고 있다(최장집 2006). 한국 정당정치가 현재 직면하고 있는 위기는 과연 '계급정치의 부재 현상'에 기인하는가? '노동 없는 민주주의'는 과연 현대 민주정치의 비정상적인 혹은 예외적인 현상인가?

이 장에서는 한국 민주주의와 정당정치에 관한 이와 같은 문제의식에 입각해서 특히 선진 민주국가 계급정치의 역사적 성장과 쇠퇴의 조건과 원인을 여러 각도로 분석해 보고자 한다. 그리고 이를 바탕으로 과연 계급정치가 한국 정당정치의 지배적 특성으로 자리 잡을 수 있을지 전망해 보고자 한다.

제2절 계급정당의 성장

선진 산업 민주국가의 노동계급 형성에 관한 주요 이론은 산업자본주의의 성장에 따른 계급구조의 변화가 자동적으로 노동계급을 형성시켜 주는 것은 아니라고 본다. 영국 노동계급 형성의 역사적 과정을 깊이 있게 연구한 바 있는 톰슨(Thompson 1966)은 객관적으로 결정된 구조적 조건(determination)과 주체적 행동(self-activity)의 접점에서 노동계급이 형성된다고 본다(Thompson 1978, 299). 카츠넬슨은 그의 견해를 이어받아 노동계급 형성의 네 가지 수준을 제시하고 있는데, 노동운동의 조직화와 그에 입각한 집합 행동이 계급형성의 최종 수준에 해당한다(Katznelson 1986). 노동운동의 조직화는 노동시장과 정당정치 두 영역에서 진행되었는데, 노동조합과 노동자 정당의 조직적 성장을 통해 계급사회와 계급정치를 발전시켰다.

서유럽의 균열구조와 정당체계 형성에 관한 고전적 연구를 통해 립셋과 로칸(Lipset and Rokkan 1967)은 국가·교회, 중앙·지방, 도시·농촌, 그리고 자본·노동 사이의 계급균열 등 네 가지 균열이 이 지역에서 역사적으로 형성되었음을 밝혔다. 이 네 균열 중 계급균열이 차지하는 위치는 독특하다. 다른 세 균열은 서구 정당체계의 다양성을 형성한 변인이었지만, 계급균열은 서구 정당체계를 일관하는 공통된 특징의 토대가 되었다. 계급균열은 모든 서유럽 민주국가의 정당체계에 예외 없이 반영되었을 뿐 아니라 여타 균열을 압도하는 지배적인 균열이 되었으며, 이를 바탕으로 이들 국가의 정당정치를 계급정치로 이끌었다. 이와 같은 분석을 바탕으로 립셋은 "현대 민주국가의 정당은 기본적으로 민주적 방식으로 전환된 계급투쟁을 대표한다"(Lipset 1981, 230)는 과감한 일반론을 개진했던 것이다.

노동계급의 독자적 정치세력화에 따른 계급정치의 성장은 이처럼 서유럽 의회 민주국가의 보편적 현상이었다. 그러나 계급정치의 성장은 결코 산업자본주의 성장의 기계적 결과는 아니었다. 예컨대 산업화와 임금노동자 배출이 역사상 가장 빨랐던 영국에서 독자적인 노동자 정당은 서유럽 국가 중 가장 늦게 출현했다. 또 이들 정당에 대한 노동자들의 결속 역시 결코 자동적이지 않았다. 노동자들의 배타적 이익을 대표하는 정당의 출현 자체가 노동자들의 즉각적인 정치적 동원과 결속을 가져다주지는 않았던 것이다(김수진 2001, 제2장).

서구의 노동운동은 대체로 19세기 후반까지 자유주의 개혁세력의 정치적 후견 하에 있었다. 그러나 노동자들은 점차 부르주아 자유주의적 개혁의 한계를 깨닫고 이에 대한 자각을 계기로 독자적인 정치세력화를 모색했다. 이 과정에서 부르주아 자유주의에 대항하기 위한 이념적 지표를 필요로 했던 정치적 노동운동은 자연스럽게 사회주의 이념과 결합했다. 대략 19세기 마지막 4분기부터 20세기 첫 4분기에 걸쳐 진행되었던 정치적 동원화는 특히 노동운동 전반에 대한 국가의 탄압이 강했던 국가에서 조직적 결속력, 정치적 편향성, 이념적 급진성을 강화시켜 주었다(Geary 1981, 58-65).

노동자 정당에 대한 노동계급의 강력한 동원과 결속은 제1차 세계대전 직후 거의 모든 서구 국가에서 폭발적으로 진행되었다. 그 결과 소위 정당체계의 동결(凍結)이 이루어진 1920년대에 노동자 정당은 원내 제1당 혹은 제2당의 위치에 올랐다. 서유럽 의회 민주정치 역사에서 계급정치의 시대는 이렇게 막이 올랐던 것이다.

노동운동의 정치적 성장이 제1차 세계대전 직후 이처럼 급격하게 또 서유럽 민주국가 전반에서 보편적으로 이루어졌던 것은 바로 이 시기 이 지역에 복합적으로 조성된 중대국면(critical juncture)의 중첩적 영향 때문이었다.[2]

첫째, 전쟁 발발 직전 유럽 전역에 빠른 속도로 확산되었던 산업화는 특히 반숙련·미숙련노동자들의 조직화를 가속화시켰는데, 이들 젊고 전투적인 노동자 집단이 숙련공을 대체해 유럽 노동운동의 주력을 형성하게 되었다. 특히 참전국의 경우 군수산업의 급속한 발달을 통해 금속, 철강, 자동차 등 중공업 부문 노동자들이

---

[2] 역사적 중대국면(critical juncture)이라는 개념이 비교역사 분석에 활용되는 용례에 관한 연구는 특히 Mahoney and Rueschemeyer(2003) 제2부에 수록된 여러 논문 참조.

성장했고 이들이 전후 정치적 동원의 주력을 형성했다(Geary 1981, 122-126, 138-147).

둘째, 전쟁은 노동자들을 엄청난 경제적 고통으로 이끌고 갔다. 특히 전쟁 직후 격심했던 식량부족과 물가폭등에 따른 고통은 고스란히 노동계급에게 전가되었다. 실질임금의 격감에 따른 생활수준의 악화와 굶주림에 시달렸던 노동자들은 계급의식을 강화하고 계급투쟁에 적극 나섰다.

셋째, 이런 상황 속에서 러시아혁명 발발 소식은 노동자들 사이에 혁명적 혹은 급진적 계급의식을 확산시켜 주었고 사회주의 정당에 대한 결속을 대폭 강화시켜 주었다.

넷째, 의회민주주의의 제도적 장치는 이 시기에 서유럽 국가에서 보편적으로 확립되었다. 보통·평등선거권이 대체로 확립되었고 또 비례대표제의 광범위한 도입을 통해서 노동자들의 정치적 의사가 비로소 공평한 대표성을 확보하게 되었다(김수진 2001, 제1장).

제1차 세계대전 직후 계급정치의 보편적 성장은 바로 이와 같은 중첩적 요인이 이 지역 의회 민주국가들에게 공통적으로 작용한 결과였다.

그렇다면 서유럽 정당정치의 이와 같은 경험은 과연 반복될 수 있는 것인가? 서유럽 계급정치의 역사적 전개 양상은 이처럼 복합적인 역사적 중대국면의 경험으로부터 얼마나 '경로 의존적'(path dependent)인가(Mahoney and Rueschemeyer 2003)? 서유럽 국가들의 이와 같은 역사적 경험을 공유하지 못한 채 산업자본주의가 성장한 민주국가에서 계급정치가 확립되지 못한다면 그것은 과연 예외적이고 이례적인 현상으로 간주되어야 하는가? 오히려 서유럽 국가들의 이와 같은 경험을 예외적인 것으로 보아야 하지 않을까?

이런 질문에 대한 해답을 모색하기 위해 우선 선진 민주국가 중 계급정치를 성장시키지 못한 대표적인 국가인 미국과 아일랜드의 사례를 살펴본 다음 제2차 세계대전 이후 계급정치를 제한적으로 확립시킨 일본의 사례를 살펴보기로 한다.

제3절 사례연구

1. 미 국

현대 민주국가의 정당정치를 민주적 방식으로 전환한 계급투쟁이라고 일반화한 립셋이 가장 심각하게 천착한 예외 현상은 바로 그의 조국 미국의 계급정치 부재 현상이었다. 그리하여 그는 1982년 미국정치학회 회장 취임 연설용으로 집필한 논문에서 "미국 예외주의"(American exceptionalism)를 정면으로 다루었다(Lipset 1983, 1). 또 그로부터 거의 20년이 경과한 후 그는 이 문제를 다시 끄집어내 보다 포괄적으로 분석하고 있다(Lipset and Marks 2000).

립셋은 그의 선행 연구에서 "봉건제도 없이 사회주의 없다"(No feudalism, no socialism)는 번햄의 단순한 입론에 입각해서 귀족적·봉건적 과거의 부재를 미국에서 계급정치가 성장하지 못한 근본 원인이었다는 논리를 전개한다(Burnham 1974, 718). 그는 특히 호주, 캐나다, 뉴질랜드 등 다른 영연방 이민국가의 사례와 대비해 본 미국의 보편성과 특수성을 나열하지만 설득력이 그다지 크지는 않다.

이 글에서 전개한 립셋의 주장은 오히려 후발 산업화를 노동억압 정책과 민주화의 지연에 연계시킨 거셴크론(Gershenkron 1962)이나 디 슈바이니츠(De Schweinitz 1964)보다 설득력이 약하다.

미국에서 계급정치가 확립되지 못했던 것은 서구 국가의 사례와 뚜렷이 구별되는 역사적 요인, 정치적 요인, 제도적 요인이 결합해서 작용한 결과였다(Lipset and Marks 2000). 우선 미국은 역사적으로 산업화를 본격화하기 이전에 이미 선거권의 실질적인 확대를 이루었고, 또 그에 입각해서 양대 보수정당에 의한 정치지형의 분점이 사실상 완성되었다(Dahl 1981, 188-198). 미국은 또한 제1차 세계대전이 서유럽 노동운동에 끼쳤던 중첩적 영향으로부터도 현저하게 자유로웠다. 미국은 전쟁의 직접 피해를 입지 않았을 뿐 아니라 러시아혁명의 직접 영향권 안에 놓이지도 않았다. 미국 노동자들의 경제적 고통은 제1차 세계대전 직후가 아니라 그로부터 약 10년 후 시작된 대공황에 의해 가중되었다. 그러나 미국에서 이 위기는 노동운동의 정치세력화로 이어지지 않았다. 민주당의 뉴딜정책은 미국 노동계급을 완벽하게 뉴딜연합으로 결속시켰던 것이다(LeBlanc 1982, 33-50; Gourevitch 1986, 147-153).

이와 같은 역사적·정치적 요인에 덧붙여 미국 민주주의는 계급정치 성장을 가로막는 제도적 장벽을 높이 쳐 두었다. 대통령제라는 권력구조와 비례대표 없는 단순다수제 선거제도는 서유럽 모든 국가와 비교할 수 없을 정도로 높은 '다수결의 관문'과 '대표성의 관문'(Lipset and Rokkan 1967, 27-33)을 구축했다. 그 결과 일찌감치 양대 정당이 선점한 정치사회에 신생정당이 뒤늦게 진입할 공간은 사실상 봉쇄되었다. 이 장벽은 계급정치의 성장을 가로막았을 뿐 아니라 오늘날은 소위 탈물질주의 정당의 정치사회 진입 역시 효과적으로 저지해 내고 있다. 미국 녹색당 후보들은 2000년대 치러진 대통령 선거에서 약 3%를 전후한 득표를 해 왔음에도 불구하고 2년마다 실시되는 하원 선거에서 단 한 석도 의석을 획득하지 못하고 있다.

미국의 이와 같은 사례는 서유럽 계급정치 성장이 모든 산업 민주국가에 보편화되기 어렵다는 것을 보여준다.

2. 아일랜드

미국이 계급정치가 성장하지 못한 비유럽적 사례를 대표한다면 아일랜드는 서유럽 의회민주국가들 중 유일하게 계급정치를 정당정치의 지배적인 양상으로 확립시키는 데 실패했다. 아일랜드 노동당은 100년 가까운 오랜 역사에도 불구하고 서유럽 좌파정당 중 유일하게 원내 제2당의 지위에조차 올라 보지 못한 정당으로 머물러 있다. 아일랜드 독립 이후 치러진 모든 선거에서 노동당은 피안나 포일(Fianna Fáil)당과 핀 가엘(Fine Gael)당에 이어 줄곧 3위에 머물러 왔다. 노동당의 득표율은 8%에서 17% 사이에 머물렀고 의석점유율 역시 5%에서 15% 사이에 머물러 왔다. 1992년 총선에서 의석점유율 20%와 득표율 19.3%를 기록한 것이 노동당이 역대 선거에서 거둔 최고 기록이다. 이와 같은 현상은 아일랜드 독립과정에서 구축되었던 민족문제를 둘러싼 균열이 계급균열의 성장을 지속적으로 압도해 온 결과이다. 그렇다면 왜 아일랜드는 제1차 세계대전 직후 유럽 전체를 강타했던 중첩된 영향으로부터 자유로울 수 있었을까?

이와 관련해 우선 지적되어야 할 것은 아일랜드의 대단히 뒤늦은 산업화와 그에 따른 계급구조의 특이성이다. 제1차 세계대전이 발발할 당시 여전히 영국의 지배를 받고 있었던 아일랜드는 서유럽에서 산업화가 가장 안 된 지역으로 남아 있었다. 독립을 이룬 후에도 아일랜드는 1960년대 초 비로소 산업화에 본격적으로 돌입할 때까지 농업국가로 머물러 있었다.[3] 독립을 전후한 시기 아일랜드 농촌은 소규모 경지를 경작하는 영세 자영농이 압도적인 농업구조를 형성하고 있었다. 따라서 독립 당시 아일랜드의 계급구조는 노동자 정당이 지지기반을 확보하기에 대단히 불리한 객관적 상황을 조성하고 있었다(Orridge 1977, 153-154). 더욱이 아일랜드는 영국으로부터 독립하면서 가장 산업화가 진전되었던 북동부 울스터 산업지역을 상실했는데, 이 역시 노동당에게는 대단히 불리한 계급구조를 제공하는 요인이 되었다(Chubb 1979, 122).

아일랜드 노동당은 제1차 세계대전 발발 직전인 1912년 아일랜드 노동조합회의(ITUC)의 부속 조직으로 창당되었다(Orridge 1977, 157). 노조와 정당조직의 공식적인 분리는 이로부터 무려 18년이 경과한 1930년에 가서야 이루어졌다. 따라서 아일랜드의 조직 노동운동은 노동시장 조직과 정치조직이 분리되지 못한 가운데 독립을 전후한 정치적 격변기를 거쳐야 했다.

제1차 세계대전 발발 후 아일랜드 정치는 분리독립을 찬성하는 세력과 반대하는 세력으로 양분되었다. 1916년 부활절 투쟁 직후 조직된 신페인(Sinn Fein)당은 분리독립파를 대표하는 정치세력이 되어 영국 의회에서 대표성을 인정받고 있던 아일랜드의회당(Irish

---

3) 전체 노동력 중 농업종사자 비율은 1926년 51.3%를 차지했고 1961년에도 35.2%를 유지했다. Flora(1987, 542).

Parliamentary Party)과 정면으로 맞섰다. 그 결과 노동당은 독립과정에 형성된 전선의 중심에서 밀려나 버렸다. 노동당이 이처럼 정치 경쟁의 중심에서 밀려난 것은 상당 부분 스스로 자초한 결과였다. 1918년 종전과 함께 치러진 총선거에서 노동당은 신페인당의 설득을 받아들여 아예 출마 자체를 포기했다. 계급 이슈의 정치화를 스스로 포기해 버렸던 것이다. 사실 노동당의 잠재력은 1920년 참가한 지방선거에서 신페인당에 이어 두 번째 전국적 지지를 획득함으로써 입증된 바 있었다. 그럼에도 불구하고 노동당은 1921년 치러진 전국 규모의 총선에 또 다시 불참했다. 1922년 노동당은 비로소 총선에 뛰어들어 17석을 획득했다. 그러나 영국과 체결한 독립조약에 대한 지지와 반대를 둘러싸고 민족주의 세력은 양분되었고 급기야 아일랜드는 내전에 돌입했다(Brown 1985, 80-83).

민족주의 세력의 분열은 신페인당을 붕괴시키는 한편 민족문제를 둘러싼 갈등과 대립을 구조화시켜 이것을 아일랜드 정치의 지배적 균열로 고착시켰다. 독립조약을 지지한 세력은 핀가엘당을 중심으로 결속했다. 노동당은 조약 지지세력의 승리와 함께 시작된 독립 아일랜드의 정치과정에 즉각 참여함으로써 조약을 지지하는 제2정당의 지위를 사실상 선택했다. 그러나 내전에서 패배한 반대세력은 1927년 피아나포일당을 조직했다. 이때 이후 피아나포일당은 아일랜드 민족주의의 기치 아래 지배정당(predominant party)의 위치를 차지했다(Chubb 1979, 155-162).

계급투쟁의 열기가 유럽대륙을 휩쓸고 지나가던 시기에 아일랜드는 이처럼 판이한 민족갈등을 겪고 있었던 것이다. 노동당은 이 상황에서 정치경쟁의 중심에서 스스로 물러나는 선택을 함으로써 민족주의 이슈가 독립 아일랜드의 지배적 균열로 자리 잡는 것을 속수무책으로 지켜보아야만 했다. 민족문제가 아일랜드의 지배적 균열로 확립되었던 1920년대 중반 유럽 전역을 휩쓸었던 계급투쟁의 열기는 이미 차갑게 식어 버렸고 유럽 경제는 심각한 침체국면으로 접어들고 있었다. 아일랜드 역시 불경기의 확산과 더불어 노동조합 조직력의 급격한 쇠퇴를 겪게 된다(Brown 1985, 82-83). 노동시장 조직과 정치조직을 미처 분리시키지 못하고 있었던 아일랜드 노동운동은 성장 잠재력을 더욱 약화시킬 수밖에 없었다. 계급정치가 아일랜드 정당정치에 확산될 가능성은 더 희박해졌다.

계급정치가 이처럼 아일랜드에 정착하지 못하자 아일랜드의 정당조직 역시 여타 서구 민주국가의 정당정치와 다른 궤적을 밟게 되었다. 아일랜드의 양대 정당은 계급동원에 기반을 둔 대중정당의 단계를 생략하고 곧바로 뚜렷하게 포괄정당(catch-all party)의 특성을 띠었다. 특히 건국 초기 지배정당의 지위를 확고히 했던 피안나포일당은 1920년대 말 이미 도시 노동계급과 노동조합원의 정치적 지지를 노동당보다 훨씬 많이 확보하고 있었다(Chubb 1979, 126). 이 추세는 20세기 후반까지 꾸준히 지속되었다. 그 결과 1969년 실시된 여론조사에서 노동계급의 42%가 피안나포일당을 지지한 반면 노동당에 대한 지지율은 28%에 머물렀다(Carey 1980, 271). "영국과 달리 대중정당은 아일랜드 정치와 무관하며…… 계급정치는 전혀 발달하지 못했다"(Carey 1980, 271).

아일랜드 역사의 특수성은 이처럼 제1차 세계대전 이후 서유럽에 압도적 영향을 행사했던 중첩된 요인의 영향으로부터 아일랜드 정치를 거의 완벽하게 격리시켜 버렸다. 따라서 서구 계급정치의 확립을 산업 민주국가의 정상적인 혹은 보편적인 현상으로 간주해야 할 근거는 더욱 줄어들게 된다. 가빈은 정치동원 절정기의 지배균열이었던 민족균열이 계급균열을 부차적인 균열로 밀어내고, 이후 지속적인 위력을 발휘해 온 것이 아일랜드 정당정치의 특수성이라고 평가한다(Garvin 1974, 310). 아일랜드가 선진 산업국가로의 이행을 본격화했던 1980년대 이후 서유럽 국가에서 계급정치의 퇴조는 확연하다. 따라서 특히 아일랜드가 선진 산업국가로 성장한 현 시점에 계급정치가 성장하지 못하는 것은 현 단계 유럽 민주정치의 보편적 특성에서 그 이유를 찾아야 할 것이다.

3. 일 본

그렇다면 제2차 세계대전 직후 일본에서는 왜 계급균열이 지배적인 균열로 자리 잡았고, 일본 사회당은 어떻게 보수 지배적인 일본의 '55년체제'에서 제2당이 될 수 있었는지 살펴보도록 하자.

이 점과 관련해 우선 주목해야 할 것은 양차 세계대전 직후 정치경제적 상황의 유사성이다(Maier 1987). 일본은 미국과 5년 이상 전쟁을 지속할 수 있을 정도로 이미 산업화의 수준이 높은 나라였다. 전쟁 직후 일본은 우파 전체주의 정권이 몰락한 가운데 살인적인 식량부족과 물가앙등의 고통을 전쟁의 폐허 속에서 감내해야 했다. 도시 노동계급의 고통은 특히 격심했는데, 이들은 급진적 노동운동으로 경도되어 갔고 또한 파업과 식량폭동에 가세했다(正村 1985, 162-172; 升味 1983, 196-225). 또 이 시기는 유라시아대륙 전역에서 사회주의 세력의 전면적인 확장이 진행되던 시기였다. 바로 이런 여러 요인이 중첩된 모습은 전후 일본의 정치경제적 상황을 제1차 세계대전 직후 서구의 상황과 유사하게 만들어 주었다.

맥아더 연합군 사령부(SCAP)는 이런 상황 속에서 항복 조인 후 1년도 채 안 되어 정치활동과 정당조직을 허용하는 한편 전국 규모의 선거를 실시했다. 1946년 4월 실시된 첫 총선거 결과 비록 연합군의 통제 하에 있었지만 보수 양당의 연립내각이 출범했다. 이어진 경제위기와 사회혼란의 책임을 이들이 질 수밖에 없었고, 그 결과 1947년 4월 다시 치러진 총선에서 일본사회당은 역사상 처음이자 마지막으로 원내 다수당의 지위에 올랐고, 또 이를 토대로 사회당수 가타야마 데쓰(片山哲)가 이끄는 단명한 연립내각(1947. 5~1948. 3)을 구성하기에 이르렀다. 절대적인 식량부족과 격심한 물가고 속에서 사회당 내각이 추구했던 노농연합은 좌절하고 가타야마 내각은 붕괴했다. 그러나 그 뒤를 이어 확립된 '55년체제'에서 일본 사회당은 원내 제2당의 위치를 확고하게 했다(김수진 2001, 321-324).

결국 제2차 세계대전 직후 일본에서 계급정치가 지배적인 균열로 자리 잡을 수 있었던 것은 제1차 세계대전 직후 서유럽 신생 민주국가에 계급정치를 확립시킨 사회경제적 조건과 대단히 유사한 요인이 중첩적으로 작용한 결과였다. 그러나 일본 사회당은 서유럽 좌파정당과 달리 보수 지배체제와 정치경제 체제를 지탱하는 계급적 반대세력의 역할만을 수행하다가 1990년대 이후 일본 정당정치의 중심에서 밀려나 버리게 된다. 이와 관련해 무엇보다 주목해야 할 것은 사회당의 전략과 노선의 실패이다.

자민당 정부가 적극 추진한 발전국가 정책은 1950년대 후반 노동계급을 극도로 불안정한 노동시장 상황으로 몰아넣었다. 그러나 일본 사회당은 경제성장의 과실을 향유하지 못한 채 불만을 키워가던 노동자들의 정치적 지지를 확보하는 데 실패했다. 그것은 무엇보다 일본 사회당이 이 시기에 사실상 경제투쟁 노선을 포기하고 당력을 평화투쟁 노선에 집중한 전략적 오류에 기인한다. 일본 사회당의 이 노선은 총평(勞動組合總評議會)의 지원을 받고 있던 당 내 좌파가 주도했다. 당시 노동시장에서 확립된 기업별 노조주의에 의해 사실상 노동시장 교섭력을 상실했던 총평은 급속도로 정치화해 갔다. 총평의 직접적인 영향 하에 있던 사회당 좌파는 경제투쟁 노선을 포기하고 방위와 평화 문제에 투쟁력을 집중시켰다. 1960년 체결된 미일 안보조약에 대한 반대투쟁은 평화투쟁의 절정을 이루었다. 그러나 경제투쟁을 외면한 정치투쟁과 평화투쟁의 결과 노동자들의 사회당에 대한 지지는 급속히 약화되었고, 사회당 내 온건파는 탈당해 민사당을 창당함으로써 정치적 노동운동은 치명적인 분열을 겪었다. 이후 사회당은 1990년대 일본 정당정치의 중심 무대에서 사라질 때까지 장기의 침체국면에 돌입한다. 일본 사회당의 이와 같은 경험은 현 단계 한국의 민주노동당이 경각심을 가지고 살펴보아야 할 대표적인 사례이다(김수진 2001, 324-327; 正村 1985. 423-468).

제4절 계급정당의 쇠퇴

제1차 세계대전 이후 특히 서유럽 민주국가를 중심으로 구축된 계급정치는 이 지역에서 대의민주주의와 산업자본주의가 절정을 구가하던 시기 정당정치의 지배적인 특성이었다. 특히 제2차 세계대전 이후 케인즈주의 복지국가와 포드주의 생산조직이 결합하고 또 경제요소의 선순환적인 작동에 힘입어 노동계급의 조직력은 이 지역에서 절정에 달했다. 1950년대와 1960년대 서구 민주국가들이 구가했던 경제적 번영, 사회적 평화, 정치적 안정과 함께 노동운동 역시 노동시장과 정치 양 영역에서 절정을 구가했다.

그러나 1960년대 말 이후 서구에서 계급정치는 뚜렷하게 퇴조한다. 그것은 계급정치를 떠받쳐 주었던 정치·경제·사회적 조건이 변했기 때문이다. 우선 케인즈주의에 입각한 타협정치의 확산은 결정적으로 계급투쟁의 열기를 꺾었고 계급균열에 입각한 유권자의 결속을 현저히 약화시켰다. 그 결과 유권자들의 계급 결속력은 현저히 약화했고 대중정당의 당원 수 역시 뚜렷한 감소세를 보였다. 이런 가운데 소위 '탈물질주의의 조용한 혁명'(Inglehart 1977, 1997)에 따른 제5의 균열이 계급균열을 가로지르는 한편, 시민사회에 탈계급적 의제 확산과 함께 신사회운동을 성장시켰다. 시민사회와 유권자의 이와 같은 변화에 발을 맞추어 계급적 대중정당은 탈계급적 포괄정당(Kirchheimer 1966), 선거전문가 정당(Panebianco 1988), 나아가 담합정당(Mair 1994; Katz and Mair 1995)으로 그 조직적·이념적 특성을 변화시켜 갔다.

이런 상황에서 특히 계급정치를 바탕으로 성장한 서구 사회민주주의는 결정적 쇠퇴의 국면을 맞았다.[4] 사회민주주의는 세계 역사가 근대의 절정기에 꽃피웠던 정치체제와 경제체제의 산물이었다. 의회주의를 제도적 골간으로 한 대의민주주의, 그리고 수많은 임금노동자를 바탕으로 한 산업자본주의가 사회민주주의를 출현시키고 성장시킨 정치경제적 터전이었다. 이 터전 위에서 전개된 민

---

[4] 이에 관한 보다 자세한 논의는 특히 김수진(2007), 제6-8장 참조.

주적 계급투쟁을 통해 사회민주주의는 성장했다. 또 산업자본주의가 20세기 중반 구축한 포드주의 생산 레짐이야말로 선진국 노동운동으로 하여금 그 절정기를 구가하게 한 정치경제적 터전이었다.

1970년대 세계 자본주의 위기 이후 사회민주주의를 성장시킨 이 모든 터전은 급격히 변하고 있다. 공간적 세계화를 완성한 자본주의는 과잉생산과 과소소비라는 근본적 모순을 완화해 줄 팽창 공간을 상실했다. 이제 자본주의는 생산요소 교환체제를 보다 효율적으로 변화시켜 이 문제에 대응하려고 한다. 이를 위해 무엇보다 긴요한 것은 국가의 통제와 규제를 약화시키는 것이다. 글로벌리제이션과 자유화가 개별 국가에 가해 오고 있는 압력의 본질이 바로 이것이다. 사회민주주의는 바로 이 압력에 의해 치명적인 타격을 입었다. 글로벌리제이션과 국가의 약화는 국가 내부의 정치경제 체제를 구성하고 있는 국가, 노동, 자본 사이의 힘의 역학관계를 압도적이고 근본적으로 자본 우위로 만들어 주었기 때문이다.

1970년대의 위기는 자본주의로 하여금 교환체제를 효율화하도록 했을 뿐 아니라 생산양식과 생산의 조직방식을 근본적으로 바꾸도록 했다. 선진 자본주의 국가의 생산 레짐이었던 포드주의는 그 결과 해체되었다. 포드주의에 기반한 전통적 산업은 반주변부나 주변부 국가로 넘어가고 선진 자본주의 국가는 빠른 속도로 탈포드주의적·탈산업적·기술 자본주의로 이행해 갔다. 이 변화는 사회민주주의가 기반으로 삼고 있던 계급구조의 특성을 근본적으로 변화시켰다. 전통적 노동계급은 급속히 분해되고 이를 바탕으로 한 계급정치 역시 쇠퇴해 갔다.

이 새로운 위기에 사회민주주의는 효과적으로 대응하지 못하고 있다. 그 결과 오늘날 사회민주주의는 전반적으로 쇠퇴하고 있다.

이 쇠퇴는 득표력이나 집권력 같은 통계학적인 쇠퇴와는 거리가 멀다. 이 쇠퇴는 현재 진행되고 있는 세계사적 격변에 대응할 수 있는 이념, 전략, 정책을 제시하지 못한 데 따른 쇠퇴이다. 제2차 세계대전 이후 서유럽 사회민주주의의 선두에 서서 새로운 이념과 전략과 정책을 제시해 왔던 스칸디나비아 사회민주주의 역시 창조적인 대안 마련에 실패하고 있는 것이다.

따라서 키트쉘트의 지적처럼 "서구 민주주의는 이제 더 이상 계급정치에 좌우되지 않는다"(Kitschelt 1995, 124). 계급정치의 터전이 되어 주었던 산업자본주의는 근본적으로 변모했고 노동계급은 파편화되고 사실상 해체되었으며 좌파정당은 계급정당으로서의 조직적·이념적 특성을 상실했다. 스칸디나비아를 위시한 서구 사회민주주의는 돌이킬 수 없는 쇠퇴의 국면에 접어들었다. 정당체계는 불안정성을 더해 가고 투표, 정당, 의회 등 대의 기제에 대한 유권자들의 신뢰는 지속적으로 약화되는 반면, 시민사회의 공적 역할 증대를 바탕으로 한 참여민주주 기제의 성장과 확산의 추세는 뚜렷하다. 이것이 탈계급 시대 선진 민주국가 정당정치의 지배적 경향이다.

제5절 한국의 계급정당

선진 민주국가 계급정치의 역사적 전개에 대한 위의 논의를 바탕으로 이제 1987년 민주화 이후 한국 정당정치의 특성을 비교·

분석해 보고 계급정치의 현황을 점검해 본 다음 이를 토대로 계급정치의 성장 가능성을 전망해 보도록 하자.

사실 민주이행 이후 확립되었던 1987년 체제가 계급정치에 입각한 정당정치 확립에 실패한 이유는 많은 국내 학자들이 소상하게 밝힌 바 있다.

최장집은 이미 권위주의적 강권 기구의 정치적 억압, 노동계급의 정치권 진입 문턱을 극히 높인 제도개혁의 한계, 또 노동운동 내부의 이념적 경직성과 분파주의, 그리고 현실적으로 개혁적 리더십의 부재를 지적한 바 있다(최장집 1993, 263-291). 그는 최근 이 논의를 근본적으로 발전시켜서 냉전 반공주의와 발전주의 헤게모니를 온존시킨 신자유주의적 민주화의 근본적인 한계를 지적하는 한편, 그 결과 구축된 협애한 보수독점의 정당체제와 그 부수적 결과로서 지역주의 정당체제의 확립을 지적한다. 즉 헤게모니의 변화 없는 민주화가 곧 노동 없는 민주주의를 가져왔다는 것이다(최장집 2006). 그의 이러한 관점에 의하면 민주노동당은 진정한 노동계급 정당의 면모를 갖추지 못하고 있다. 민주노동당은 계급적 대안과 정책 프로그램을 발전시키지 못한 채 이념적으로 추상적이고 낭만적인 1980년대 운동의 유산이 강한 정당이며, 조직과 지지기반 역시 대부분 도시에서 교육받은 중산층을 중심으로 하고 있으며, 노동자들의 실제 문제보다 통일문제에 더 주력한다(김우창·최장집 2007, 45).

최장집은 노동 없는 민주주의를 극복하기 위해 무엇보다 NL과 PD의 현실적 재구성을 기반으로 한 대안적 정당조직의 필요성을 강조하고 있다. NL과 PD의 현실적 재구성은 유럽에서 발전한 사회민주주의 이념이나 실천 또는 자유주의 이론으로부터 분기한 '자유주의적 평등주의' 같은 이념과의 대화를 통해 그 내용을 보편화하고 심화할 것을 주문한다. 그러나 전술한 바와 같이 서구 사회민주주의는 결정적으로 쇠퇴하고 있으며 자유주의적 평등주의는 탈계급적 제3의 길 노선에 근접한 이념으로 여겨진다. 과연 이러한 이념과 노선이 소위 '노동 있는 민주주의'의 기반이 되어 줄지는 의심스럽다.

손호철은 1990년대 초 진보정당의 좌절 원인을 제도적 장벽, 지역주의의 영향, 그리고 진보진영의 분열에서 찾고 있다(손호철 1999, 339-366). 그는 또 보수화된 시민사회를 민중 주도적, 진보적 시민사회로 전환하고 이를 토대로 정치사회를 보수·진보의 균열구조로 이행시킬 필요성을 강조하면서 진보정당의 역할을 여기서 찾는다. 그러나 그는 이와 같은 변화를 어떻게 달성할 수 있을지 구체적인 방안을 제시하지 못하고 있다.

한편 강명세는 한국에서 노동정치가 성장하지 못한 원인을 최근 본격적으로 분석한 대표적인 학자이다. 그 역시 한국적 상황을 근본적으로 미국과 같은 예외적 상황으로 간주하고 이처럼 비정상적인 현상을 초래한 원인을 찾아 나선다(강명세 2006). 그는 한반도의 분단이 초래한 정치적 효과를 아일랜드의 분단 효과와 등치시킨다거나 산업화 이전에 이미 보수정당 위주로 정치지형을 형성시킨 미국과 한국의 상황을 등치시키는 등 상당히 심도 있는 비교 분석을 하고 있다. 이러한 역사적 요인에 선거제도와 대통령제가 결합해서 형성된 구조적으로 경직된 정치시장 구조가 노동자 정당 실패의 한 축을 형성한다. 그는 또 노동운동의 주 전선을 산별노조 건설 등 노동시장 구축에만 둔 잘못된 전략적 선택을 노동자 정당 성장 실패의 또 다른 핵심 요인으로 지적한다. 그 결과 정치개혁의 주도권을 시민운동에 내주었다는 것이다. 2000년 1월 민주노동당이 창당된 후에도 경직된 정치시장 구조를 개혁하기 위해 적극적으로 노력하지 않은 노동운동의 문제를 그는 지적한다.

이들의 논의를 함께 고려해서 이제 한국 정당정치와 계급정치의 현황을 파악해 보자.

한국 정당정치는 분단과 한국전쟁이 초래한 반공 이데올로기의 헤게모니 효과, 보수세력의 정치지형 선점과 독점의 오랜 역사, 그리고 보수적 정치세력의 담합에 의한 제한된 민주이행에 의해 기형적 발전을 면치 못했다. 한국 민주화는 명백히 산업화의 압축 진행에 따라 분화하고 성장한 시민사회가 억압적인 국가체제를 궁극적으로 굴복시키고 성취한 선진국 민주화와 매우 유사하다. 그러나 한국 민주화는 보수독점의 정치지형을 온존시킴으로써 민주 대 반민주의 균열을 계급균열이 아닌 지역균열로 대체시켰다. 이 점은 비슷한 경로로 민주화를 이룬 스페인의 사례와 극명한 대조를 이룬다.

이렇게 구축된 1987년 체제 아래서 진보세력의 정치권 진입 시도는 좌절을 거듭했다. 그러나 보수 지배세력의 노동운동에 대한 억압정책은 마침내 노동운동의 정치세력화를 이끌었다. 민주노총의 조직화는 우선 노동시장 영역에서 계급적 노동운동의 조직기반이 확립되었음을 의미했다. 김영삼 정부가 추진했던 노동법 개정 방향이 반노동적으로 급선회하고 또 이에 대해 보수야당마저 묵시적으로 동조하는 상황이 전개되자, 한국 노동운동은 마침내 독자적 정치세력화를 본격 모색했다. 이것은 부르주아 개혁세력의 한계를 자각했던 서구 노동운동이 독자적 정치세력화에 나섰던 경로와 그대로 일치한다. 민주노총이라는 노동조합과 강력히 연계하고 대중정당 조직 노선을 표방한 민주노동당의 출현은 보수독점의 정치지형 속에서 지역주의의 포로로 잡혀 있던 한국 정당정치에 의미 있는 변화였다.

2000년 이후 시민운동이 활발히 전개했던 정치개혁의 큰 흐름에 의해 1987년 체제는 서서히 변모해 갔다. 2004년 총선과 더불어 비록 제한적이지만 비례대표제의 도입에 힘입어 민주노동당은 마침내 의회 진출에 성공함으로써 보수독점의 정치지형에 조그만 그러나 대단히 의미 있는 타격을 가하는 데 성공했다. 그러나 정치적 노동운동의 성장은 2004년을 정점으로 더 진전하지 못하고 있으며 계급균열은 여전히 정당정치의 지배균열이 되지 못하고 있다. 이후 치러진 지방선거, 17대 대통령 선거, 그리고 18대 총선에 이르기까지 한국의 선거와 정당정치에 대한 지역주의의 결정력은 여전히 재확인되고 있다.

무엇이 문제인가?

우선 최장집의 지적처럼 냉전 보수주의와 발전주의의 이념적·사회적 헤게모니를 지난 10년 동안의 소위 진보정권이 무너뜨리지 못했다는 점을 지적해야 할 것이다. 또 이 헤게모니의 결과물이었던 지역주의를 넘어서는 탈지역적인 전국 정당 건설 시도가 실패로 돌아간 것도 역시 지적되어야 할 것이다.

그러나 같은 시기 범지구적 차원에서 진행된 자본주의 세계체제 변화가 초래한 영향으로부터 한국의 경제와 정치, 사회 역시 자유로울 수 없었다. 한국의 시민사회는 서구 시민사회와 비교해 볼 때 전근대적·근대적·탈근대적 요소가 혼합된 특수한 모습을 보여주고 있다. 우선 지역주의에 깊숙이 사로잡혀 있는 일반 유권자들은 시민사회의 전근대성을 대표한다. 민주노총과 민주노동당은 시민사회와 정치사회를 근대적 계급사회와 계급정치로 전환시키려는 노력을 대표한다. 반면 1990년대 이후 폭발적으로 성장한 시민운동은 시민사회의 탈근대성을 대표한다고 할 수 있다. 이처럼 시민사회 내에서 혼재하는 세 가지 경향 중 정치 동원력이 가장 취약한 것이 바로 근대적 계급영역이다. 강명세의 지적처럼 노동운동은 2000년 총선시민연대 조직 이후 정치개혁을 주력운동(instrumental movement)으로 삼은 시민운동 세력에게 정치개혁의 주도권을 빼앗김으로써 절차적 민주주의의 진전과 함께 노동계급의 정치적 대표성 강화에 성공하지 못하고 있다.

외환위기 이후 한국의 정치경제 역시 세계 자본주의의 변화 양상과 동조화 현상을 뚜렷이 하고 있는 가운데 민주노동당은 이에 대응할 만한 정책노선을 마련하는 데 어려움을 겪고 있다. 그 결과 지역주의에 포로로 잡혀 있는 노동자들을 계급적으로 동원해 낼 수 있는 효과적인 이념과 정책수단을 마련하지 못하고 있다. 이 모습은 아일랜드 노동당이 산업화가 깊이 있게 진행된 현 시점에 전통적인 민족균열을 계급균열로 대체하는 데 실패하고 있는 현상과 대단히 유사하다.

서구 좌파정당이 글로벌리제이션과 신자유주의 공세에 대응할 수 있는 이념, 전략, 정책을 찾지 못한 채 심각한 정체성의 위기를 겪고 있음은 전술한 바 있다. 한국 민주노동당의 최근 전략적 선택은 그러나 서구 좌파정당보다 전후 일본 사회당이 취했던 노선에 더 가까운 것으로 보인다. 신자유주의에 대항할 이념과 정책노선 마련이 여의치 않자 민주노동당은 최근 오히려 전선을 통일과 안보문제로 전환하려는 경향을 강화했다. 이와 같은 전략적 선택의 결과는 역시 일본 사회당의 사례와 유사하다. 17대 대선에서 민주노동당 후보에 대한 지지는 현저히 줄어들었고 선거가 끝난 후 민주노동당은 조직적으로 분열했다. 이와 같은 전략적·조직적 혼선을 극복하지 못할 경우 노동운동은 결코 한국 정당정치의 변화를 이끌 세력이 될 수 없을 것이다.

종합적으로 볼 때 계급정치가 한국 정당정치의 지배적인 특성이 되어 줄 가능성은 희박해 보인다. 자본주의와 시민사회, 그리고 정치사회 전반에 걸쳐 진행되고 있는 민주적 정치경제 체제의 흐름이 탈계급적이며 한국 시민사회와 정치사회의 제도적·상황적 특성 또한 계급화의 전망을 흐리게 하고 있다. 그러나 최근 제도적 민주화가 확연히 진전되고 또 한국 민주주의의 제도적 결손이 대폭 개선됨에 따라 시민사회와 정치사회 전반의 관심이 정치문제로부터 사회적·경제적 이슈로 전환하고 있다. 이런 현상은 필연적으로 바람직한 사회경제 질서를 둘러싼 이념적·정책적 경쟁을 강화시키게 된다. 달리 말하면 절차적 민주주의를 넘어서는 실질적 민주주의 확립 문제가 시민사회와 정치사회의 중심 의제로 전환할 조건이 성숙하고 있다는 것이다. 어쩌면 한국 정당정치는 이 새로운 의제에 따라 지역균열의 지배력을 약화시킬 수 있을지도 모른다. 그러나 설혹 그것이 가능하다 할지라도 지역균열을 대체할 새 균열이 전통적 의미의 계급균열이 될 가능성은 대단히 희박해 보인다. 무엇보다 한국 노동정치는 서유럽 노동정치의 폭발적 동원을 가져다주었던 역사적 국면을 거치지 못했기 때문이다.

제2부

한국 정당정치: 역사적 고찰

제4장 | 한국정치 균열구조의 전개

제1절 서 론

 1987년 민주개방 이후 한국정치는 민주적 제도와 관행의 확립을 지연시킨 채 오랜 기간 정치적 표류 상태를 지속해 왔다. 한국 민주정치의 불안정성은 무엇보다 정당정치의 후진성과 파행성에 연유한다. 한국의 정당정치는 민주개방 이후 정치 엘리트들의 정략적 제휴와 대립에 장단을 맞추어 격심한 조직적 이합집산을 거듭하면서 이들을 정점으로 하는 담합적 정당체제(Katz and Mair 1995)를 구축했다. 담합적 정당정치는 시민사회의 갈등과 균열을 치유한다는 정당정치 본연의 기능과는 정반대로 한국사회의 지역적 분열과 갈등을 오히려 심화시켜 왔다.
 정당정치의 이와 같은 퇴행성은 한국전쟁 이후 현재까지 지속되고 있는 보수독점의 정치구조와 밀접히 연관되어 있다. 보수독점의 정치구조는 결코 한국의 보수세력을 선진 민주국가의 보수세력처럼 건설적인 이념과 정책전망을 갖춘 건강하고 경쟁력 있는 정치세력으로 성장시켜 주지 못했다. 오히려 이들은 산업화와 함께 급성장한 한국 자본주의가 갈수록 천민화하는 것을 방조해 왔을 뿐 아니라 정경유착과 타락한 정치구조가 여야를 가리지 않고 정치사회 전체에 무차별적으로 뿌리내리는 것을 주도해 왔다.

정치 전반에 대한, 심지어 민주정치 자체에 대한 시민사회의 불신과 회의가 갈수록 심화돼 온 것은 지난 수십 년 동안 성장과 분화를 거듭한 시민사회에서 분출되는 다양한 요구를 담합적 정당체제가 제대로 수용해 내지 못한 데 기인한다. 즉 정치사회의 중심조직체인 정당이 시민사회의 갈등과 요구를 흡수해서 이를 정치적으로 치유해 냄으로써 정치를 통한 사회통합을 유지한다는 정당정치 본연의 기능을 제대로 수행하지 못해 왔다는 것이다.

이 장에서는 한국에서 담합적 정당정치가 성장한 역사적 과정을 분석해 보고자 한다. 이를 위해 1950년대 이후 현대 한국정치사를 지배체제(국가), 정당조직(정치사회), 그리고 사회균열 구조(시민사회)의 상호작용과 그 동태적 변화를 중심으로 조망해 볼 것이다. 이를 통해서 특히 보수독점의 정치구조가 어떻게 온존되어 왔으며, 또 이것이 1987년 이후 어떻게 지역할거형 담합 정당체제를 구축하게 되었는지를 밝혀 보고자 한다.

제2절 분석적 틀

1. 국가, 정치사회, 시민사회

 이 장에서 정당과 정당정치의 특성을 국가, 정치사회, 시민사회라는 추상화된 공간적 틀 속에서 파악하고자 한다.[1] 여기서 국가는 정치권력이 자리 잡고 있는 공간을 의미한다. 정치사회는 정치권력 획득을 위한 정치적 경쟁이 벌어지는 제도화된 공간으로서 정당이 그 중심 조직체가 된다. 국가 지배체제의 민주화 정도와 정치사회의 공간적 크기는 비례한다고 볼 수 있을 것이다. 시민사회는 일차적으로 사적 이해관계를 둘러싼 조직적·비조직적 갈등과 경쟁이 벌어지는 공간이다.
 안정된 민주적 지배체제 하에서 시민사회의 갈등과 요구는 정치사회를 대표하는 정당에 의해 수렴되어 국가로 전달되는 것이 통상적인 정치과정이었다. 그러나 선진 민주국가에서조차 시민사회의 조직적 이해와 여망이 정치사회를 거치지 않고 국가에 직접 전달되는 현상이 지난 수십 년 동안 확산되어 왔다. 1960년 말 이후 폭발적으로 확산된 신사회운동과 참여민주주의 기제의 성장, 그리

---

1) 국가, 정치사회, 시민사회에 관한 이론적 논의로는 특히 Keane(1988, 1-31), Cohen and Arato(1992, 29-82), Linz and Stepan(1996, 7-15) 참조.

고 1970년대 이후 특히 서유럽 소국들 사이에서 확산된 민주적 코포라티즘의 발달이 바로 이 현상을 대표한다(Dalton and Kuechler 1990; 김수진 2001).

한편 비민주적 지배체제 하에서 정치사회의 공간적 크기와 역할은 축소될 수밖에 없으며, 국가의 강권적 지배에 대한 조직적 반대와 저항의 중심축은 통상 시민사회에서 형성된다. 따라서 권위주의 체제의 붕괴와 민주이행의 동학에 관한 연구가 일차적으로 국가와 시민사회의 역학관계를 중심으로 진행되는 것은 자연스러운 현상이다(O'Donnell, et al. 1986; 최장집 1993). 정당의 기능과 역할에 관한 분석은 국가·시민사회 역학관계의 틀 속에서 검토되는 것이 또한 바람직할 것이다.

결국 정치사회와 이 공간을 대표하는 정당의 입지와 기능, 그 조직적 특성은 국가 지배체제의 성격, 시민사회의 특성과 긴밀하게 연계되어 동태적으로 변한다고 볼 수 있다. 따라서 한국 정당정치의 특성과 그 동태적 변화에 관한 연구 역시 국가, 정치사회, 시민사회의 연계구조 속에서 파악하는 것이 바람직한 분석전략이 될 것이다.

2. 정당의 조직적 기능적 특성과 그 변화

균열구조가 정당체계로 전환하는 데 영향을 미치는 제도적 관문(thresholds)에 관한 립셋과 로칸의 논의는 정당의 조직과 기능에 관한 고찰의 단서를 제공해 준다(Lipset and Rokkan 1967). 민주적 시민권의 확립 정도, 비례대표제의 도입 수준, 의회제적 권력구조의 확립 정도가 높을수록 정당체계는 시민사회의 균열구조를 높은 수준에서 반영해 주게 된다. 이 경우 정치사회와 시민사회의 연계성과 조응성은 대단히 커지며, 각 정당은 시민사회 내의 특정 사회세력의 이익을 일차적으로 대변하려고 한다. 1920년대 이후 서구 정당체계의 지배적 조직형태로 자리 잡은 대중정당은 바로 이와 같은 제도적 조건 하에서 성장했던 것이다(Duverger 1964, 63-71). 구조적으로 안정된 정당체계는 바로 이들 대중정당이 그 핵심적 구성요소가 되어야 한다(Sartori 1976, 244).

반면 19세기와 20세기 초 서구에서 출현했던 초기 정당의 전형이었던 '간부정당'(cadre party) 혹은 '명사정당'(party of notables)은 민주적 시민권이 제약되고 시민사회의 정치적 동원과 조직적 성장이 상대적으로 미미했던 시기의 정당조직 형태였다. 이때의 정당은 시민사회 특정 세력의 요구와 이익을 대표하거나 반영하려 하기보다 오히려 국가와의 연계 및 공조를 강화하려는 경향을 지녔다. 정당에 소속된 정치인들은 대체로 지역적 연고에 입각한 후견관계를 통해 시민사회와는 상당히 느슨한 연계를 유지했다. 이러한 상황에서 전개되는 정당 간의 변화무쌍한 제휴와 대립은 정치사회에 안정된 정당체계를 형성시켜 주지 못했다(Sartori 1976, 244-246; Duverger 1964, 63-71). 서구 정당정치 초기에 나타난 정당조직과 기능의 이와 같은 특성은 현재 민주적 이행기에 놓여 있는 많은 후발 민주국가들에서 어렵지 않게 발견된다. 이 경우 사회의 구조적 균열과 정치동원 사이에 현저한 괴리가 자리 잡게 되는 것이다.

1960년대 이후 서구 정당체계는 격심한 불안정과 변화의 국면으로 접어들었다. 정당의 조직 및 기능과 관련해서 이 변화는 우선 키르흐하이머(Kirchheimer 1966)에 의해 포괄정당(catch-all party)의 출현과 정당체계의 파편화로 포착된 바 있다. 서구의 주요 정당은 이제 시민사회 내 특정 세력의 이익을 반영 혹은 '대리'하는 것이 아니라 광범위한 불특정 시민사회와 국가를 '중개'함으로써 정치적 지지를 극대화하려는 '선거경영 정당'으로 변신했다는 것이다. 키르크하이머의 분석이 정당 기능의 변화에 초점을 맞추고 있다면, 파네비앙코(Panebianco 1988)의 연구는 서구 주요 정당의 이와 같은 변모를 정당조직의 측면에서 파악하고 있다. 즉 시민사회의 특정 조직과 강력한 수직적 연계를 맺었던 관료적 대중정당으로부터 직업적 선거정당으로의 조직적 변이가 두드러진다는 것이다.

한편 카츠와 마이어(Kats and Mair 1992)는 서구의 주요 정당이 '포괄정당'의 단계를 넘어 이제 정치권력을 과점(寡占)하고 있는 '담합정당'(cartel party)으로 변하고 있다고 진단한다. 담합정당은 서구 각국에서 이루어지고 있는 다양한 형태의 연립정부에 참여함으로써 정치권력을 교체·장악한다. 또 이들은 시민사회 영향으로부터 보다 독립적인 자세를 견지함으로써 시민사회와 정치사회의 분리를 강화시킨다. 반면 담합정당의 재정 및 조직의 국가 의존도는 갈수록 높아진다. 즉 담합정당에 의해 국가와 정치사회의 연계는 상대적으로 강화되어 가고 시민사회와 정치사회의 연계는 약해져 간다. 이러한 현상은 일차적으로 주요 정당에 대한 유권자들의 전반적인 지지 이탈 및 투표참여율 하락 등으로 구체화된다. 시민사회는 정치사회를 우회하여 국가에 대한 직접 요구를 강화하고 있다. 신사회운동 조직의 확대와 확산이 바로 그 증거이다. 이와 같은 사회운동은 나아가 정치사회 영역으로 진입해서 녹색당 등 신좌파 정당과 신파시스트 정당 등 신우파 정당의 출현과 성장으로 이어지기도 한다. 그 결과 담합정당의 출현과 더불어 서구 정당체계의 불안정과 유동성은 심화되고 있다는 것이다(Mackie 1995; Kitschelt 1995).

담합정당에 관한 이와 같은 논의가 이 장의 분석 목적과 관련해서 관심을 끄는 것은 동유럽과 제3세계에 포진한 다수의 신생 민주국가들에서 변형된 담합정당이 눈에 띄기 때문이다. 즉 이들 신생 민주국가의 경우 시민사회의 이해관계를 분할해서 반영하는 서구식 대중정당의 출현과 성장은 억제되고, 정당의 조직과 기능은 명사정당의 수준 혹은 단계로부터 담합정당으로의 직접적인 전환이 두드러진다는 것이다(van Biezen 1983b; Mackie 1995, 182-183). 특히 주목할 만한 현상은 이와 같은 담합정당이 시민사회의 균열과 이익을 정치사회 및 국가에 반영하는 것이 아니라 오히려 '하향식 균열 모색 정당'(Mackie 1995, 187; Taylor 1992)의 성격을 띤다는 점이다. 즉 신생 민주국가의 담합정당은 정치사회를 분할 장악한 채 시민사회의 이익과 균열을 반영하는 것이 아니라, 오히려 스스로 정치균열을 창출해서 시민사회에 하향 부과하고 이를 통해 시민사회를 '식민화'한다. 따라서 이들 간의 경쟁은 마치 식민지 쟁탈전과 유사한 양상을 띠게 되고, 또 이들이 보여주는 대립과 연대의 이합집산은 정당 제도화를 지연시키고 민주주의의 안정을 저해한다.

이상의 논의를 통해 밝혀진 명사정당, 대중정당, 담합정당 등의 조직적·기능적 특성에 유념해서 한국의 정당과 정당정치의 역사적 전개과정을 개관해 보고자 한다.

제3절 균열구조와 정당정치의 역사적 전개

1. 제1공화국

한국전쟁 이후 4·19혁명이 발발한 시점까지 산업화는 극도로 미미했고 한국은 여전히 압도적인 농업국가로 남아 있었다. 4·19가 발발했던 1960년 현재 산업별 취업자 현황을 보면, 농림수산업 종사자가 약 678만 명으로 전체 취업자의 79.5%를 차지했고, 광업·제조업·건설업 종사자는 합쳐서 50만 명 정도로 전체의 5.8%에 불과했으며, 기타 3차산업 종사자가 125만 명으로 14.7%를 점하고 있었다(한국통계연감 1961). 이것은 정치변동에 관한 거의 모든 비교사적 연구와 마찬가지로 한국의 정치변동 역시 농민층에 대한 연구를 그 출발점으로 삼아야 할 것임을 암시한다.

이승만 정부가 단행한 농지개혁은 분명 지주계급을 해체시켰지만, 한국 전래의 영세한 농업경영 구조를 더 강력하게 고착시켰다(박진도 1994, 47-60). 이승만 정부의 가혹한 농업정책에도 불구하고 농민들은 정치적 지배세력에 대한 습관적 순응을 체질화시켜 놓고 있었다. 이들의 정치성향에서 굳이 합리성을 찾아보자면 과거 자신들을 수탈했던 지주층이 중심이 되어 결성한 민주당보다는 농지개혁을 통해 자신들에게 토지소유의 기회를 제공해 준 이승만에게 더 큰 정치적 지지를 보였다는 점일 것이다.

이승만 지배체제에 대한 반대세력은 따라서 도시를 중심으로 성장해 갈 수밖에 없었다. 한국전쟁 직후 미국식 교육과 문화의 압도적인 영향력은 언론매체와 교육기관을 통해 자유민주주의에 대한 동경과 선망을 특히 도시지역에 폭넓게 확산시키는 효과를 가져왔다. 이승만 독재 타도의 선봉에 섰던 학생과 지식인들은 바로 자유민주주의 이념을 가장 풍부하게 흡수할 수 있었고, 그 결과 자유민주주의의 이상과 독재체제의 강화라는 현실 사이의 간극을 가장 뼈아프게 느낄 수 있는 사회계층이었다.

　결국 1950년대 한국사회에서 우리는 도시와 농촌을 가로지르는 문화적 균열축을 발견하게 된다. 인구의 압도적 다수를 차지하고 있던 영세 소농들은 지배세력에 대한 전통적 순응태세를 유지한 반면, 미국을 통해 유입된 자유민주주의 이념에 강력하게 노출된 도시의 지식인과 학생들은 가부장적 독재체제에 대한 반대와 저항을 강화시켜 가고 있었다.

　한편 1955년 민주당의 출범은 정치사회에서 민주 대 반민주의 대립구도를 최초로 성립시켰다고 평가할 수도 있을 것이다. 민주당과 자유당의 대립 양상은 민주·반민주라는 정치균열이 이 시기 정치지형을 깊숙이 종단했던 것처럼 보이게도 한다는 뜻이다(최장집 1996, 85). 그러나 이승만 독재가 강화되고 이에 대한 시민사회의 불만이 갈수록 고조되던 이 시기에 이승만 독재에 대한 유일한 정치적 대안임을 자부했던 민주당의 투쟁은 대단히 소극적이었고 또 철저히 제도적·절차적 틀 내에서 진행되었다. 즉 민주당은 대중을 반독재투쟁으로 동원해 내기 위한 선동적 전술보다 이승만의 자연적 수명이 종료된 후의 권력투쟁에서 우위를 차지하기 위한 절차적·제도적 세력 확보에 급급했다. 이와 같은 민주당의 활동은 따라서 혁명 발발을 위한 어떠한 기폭제도 제공하지 못했다. 또 막상 혁명이 발발했을 때에도 민주당은 거리에서의 투쟁을 철두철미하게 외면하고 오히려 원내에서 자유당과 대책 마련에 부심하는 지극히 기회주의적인 태도를 보였다. 따라서 4·19 이전에 전개되었던 민주당과 자유당의 대결을 민주 대 반민주의 본격 대결로 간주하기보다는 정치사회를 독점 장악한 양대 보수세력 간에 벌어졌던 첨예한 권력투쟁으로 평가하는 것이 본질에 더 가까운 인식일 것이다. 즉 1950년대 후반 민주당은 독재체제에 본격적으로 저항했던 소위 반체제정당이었다기보다는 '시끄럽지만 충성스런 반대당'(박명림 1996, 226)에 머물렀던 것이다.

결국 1950년대 후반에 조성되어 4·19혁명이라는 파국으로 치달았던 민주 대 반민주의 정치균열은 본질적으로 도시를 중심으로 형성된 시민사회 세력과 이승만을 정점으로 한 강권적 국가 간의 대결이라는 양상을 띠었다. 정치사회에서 전개되었던 자유당과 민주당의 대결은 보수적 사당(私黨)과 명사정당 간의 권력투쟁의 성격이 짙었다. 따라서 정치사회와 시민사회의 연계는 대단히 취약했다.

2. 제2공화국

4·19혁명 이후 수립되어 5·16쿠데타에 의해 비극적 종말을 맞은 제2공화국은 짧은 존속 기간 동안 일종의 균열 진공 상태를 보였다. 이승만 정권의 붕괴는 국가와 시민사회 사이에 조성된 민주 대 비민주라는 정치균열을 급속히 소멸시켰다. 1960년 7·29총선에 의

한 자유당의 궤멸은 이 정치균열에 명료한 종지부를 찍어 주었던 것이다. 그러나 이 총선은 민주당으로 하여금 정치사회를 사실상 독점 장악하도록 함으로써 민주·반민주 정치균열을 대체한 새로운 균열을 시민사회로부터 정치사회로 투영시키는 데 실패했다.

당시 자유당을 제외하고 민주당에 도전할 수 있는 정치세력은 혁명 이후 다양한 갈래로 조직된 혁신세력이었다. 그러나 제2공화국 시기에 보수·혁신이라는 균열구조가 한국 시민사회와 정치사회에 뿌리내리는 것을 가로막는 사회구조적·이념적·제도적 장벽은 대단히 높았다.

첫째, 사회구조적 관점에서 볼 때 당시 한국은 여전히 압도적인 농업사회로 남아 있었다. 산업노동자의 비율은 노동력의 9%에 불과할 정도로 미약했을 뿐 아니라 노동운동의 조직력 역시 대단히 취약한 상태에 머물러 있었다. 따라서 혁신세력의 대중적 기반은 대학생을 중심으로 한 도시 지식인층과 일부 노동계층에 국한될 수밖에 없었다. 한마디로 보수·혁신의 사회적 균열이 형성될 만한 구조적 조건을 갖추지 못하고 있었던 것이다.

둘째, 분단과 한국전쟁을 통해 형성된 반공 이데올로기의 막강한 헤게모니 효과가 혁신세력이 대중적 기반을 확산시키는 데 심대한 걸림돌로 작용했다. 반공 이데올로기는 이때 이후 오늘에 이르기까지 진보적 정치세력의 성장을 가로막는 가장 강력한 장애물이 되어 왔다.

셋째, 제2공화국의 헌정질서는 혁명을 주도한 시민세력의 참여를 완전히 배제한 채 제1공화국 당시 의회를 분할하고 있던 민주당과 자유당의 주도로 확립되었다. 이들에 의해 추진된 제도개혁은 혁신세력을 위시한 신진 정치세력의 정계 진입에 대단히 강력한 제도적 방벽을 구축함으로써 자유당의 궤멸과 함께 민주당에 의한 정치사회 독점의 길을 열어 주었던 것이다.

결국 혁명에 의해 민주·반민주의 정치균열은 소멸되었지만 시민사회의 정치적 정서를 분할해 줄 새로운 균열은 성장하지 못한 상황에서 보수적 색채가 뚜렷한 민주당이 정치사회를 독점한 것이 제2공화국의 정치지형이었다. 이러한 상황에서 기대할 수 있는 것은 보수적 정치세력의 붕당적 이합집산뿐이었는데, 집권 민주당은 이 기대에 철두철미하게 부응했다. 따라서 이 시기 민주당은 조직과 기능 면에서 볼 때 명사정당에서 담합정당으로 그 성격을 급속히 변형시켜 가고 있었다. 그러나 민주당과 여기서 분리되어 나간 신민당의 과점적 경쟁체제는 시민사회에 대한 식민화를 채 시도해 보기도 전에 5·16 쿠데타에 의해 막을 내렸다.

3. 제3공화국

쿠데타로 정권을 장악한 박정희는 제3공화국 기간 동안 강력하게 군·산·정 3각 지배체제를 구축했지만, 형식적 민주주의 제도 하에서 지배의 대중적 기반으로 삼은 것은 농촌이었다. 그는 쿠데타 직후 성립된 군사정권 하에서 이미 농어촌 고리채 정리와 농산물가격 안정 등 일련의 중농정책을 강력하게 시행했다(박현채 1994, 233-234). 그 결과 제3공화국이 정식으로 출범하던 시점까지 농민들의 상대적 생활수준은 눈에 띄게 신장됐다. 즉 1960년 현재 도시가구 평균소비지출의 36.9%에 머물렀던 농가의 호당 평균소비지출은 1963년에 도시가구의 60.3%로 신장됐다(박현채 1994, 223).

따라서 제3공화국 출범과 함께 한국 정치지형을 분할했던 소위 여촌야도 현상은 단순히 농촌의 순응적 정치문화 때문만이 아니라 군사정권의 대 농촌정책이 주효했던 것으로 봐야 할 것이다. 이때 이후 박 정권이 용의주도하게 시행한 이중곡가 제도에 입각한 양곡수매 정책, 그리고 농민의 아들이라는 이미지의 적극적인 홍보 등은 정통성이 극도로 취약한 쿠데타 세력에게 안정된 대중적 지지기반을 성공적으로 제공해 주었다. 그리하여 제3공화국 초기 국가의 용의주도한 정책, 홍보효과에 힘입어 한국 시민사회에는 도시·농촌이라는 정치균열이 형성되었고, 이것은 여촌야도의 형태로 정치사회에 투영되었다.

이 시기 정치사회를 분할 장악했던 공화당, 그리고 3공화국 초기 조직적 이합집산을 거듭하다 1967년 통합야당으로 재편된 신민당은 각각 담합정당과 명사정당이라는 조직적·기능적 특성을 보여준 것으로 간주할 수 있을 것이다. 공화당은 농촌지역에서 강력한 후견적 연계망을 구축함으로써 이 지역 유권자들을 사실상 식민화하는 데 성공했던 것으로 보인다. 반면 신민당으로 통합된 야당은 여전히 시민사회와의 연계가 취약한 명사정당의 틀에서 벗어나지 못한 채 과점적 정치 공간 내에서 '충성스런 야당'의 역할을 충실히 수행하고 있었다.

한편 제3공화국 출범과 함께 본격적으로 추진된 국가 중심의 산업화정책은 하층 농민들의 대대적인 이농과 탈농을 수반했는데, 이것은 곧 박 정권의 대중적 지지기반이 급속하게 잠식되었음을 의미한다. 산업화의 낙수효과가 아직 도시 인구 전반에 광범위하게 확산되지 못한 상태에서 급속히 진행된 농촌 인구의 감소는 특히 전국을 단일 선거구로 하는 대통령 선거에 대비해 박 정권으로

하여금 새로운 대중적 지지기반을 모색해야 할 필요성을 강화시켰다.[2]

1970년대 초 박정희 정권이 강행했던 무리한 3선개헌은 특히 도시지역에서 박 정권에 대한 지지를 격감시켰고, 목전의 대통령 선거에서 더 이상 농민층의 지지에만 의존할 수 없었던 박 정권은 호남 출신 김대중이 야당 측 대통령 후보로 출마하자 적극적으로 지역정서의 정략적 활용을 통한 지지기반 확대를 모색하게 되었다. 그리하여 오늘날 한국정치의 퇴영성과 후진성을 극명하게 드러내 주고 있는 지역균열은 지배세력의 정략적 필요성과 정치사회의 리더십 재편의 성격이 함께 맞물려 1970년대 초부터 국가와 여당에 의해 시민사회를 향해 본격적으로 하향 부과되기 시작했던 것이다.

종합적으로 제3공화국 기간 동안 우리는 도시·농촌이라는 정치균열이 농민층의 감소와 함께 지역균열이라는 또 다른 성격의 정치균열로 대체되기 시작하는 현상을 발견할 수 있다. 한편 이 시기부터 본격화하기 시작한 한국의 산업화는 산업노동자의 양적 팽창과 함께 자본·노동이라는 계급균열이 시민사회를 분할시킬 구조적 조건을 형성해 가고 있었다. 1970년 전태일의 분신은 한국 노동자들의 계급화의 상징적 전조가 되어 주었다. 그러나 제3공화국 시기를 통틀어 노동자들의 의식과 조직화의 수준이 한국 시민사회에 계급적 대립축을 형성할 수 있을 만큼 성장하지는 못했다고 평

---

2) 총인구에서 농촌 인구가 차지하는 비율은 1960년 58.3%에서 1970년 44.7%로, 다시 1975년 37.5%로, 1980년에는 24.6%로 감소했다. 즉 농촌 인구의 감소는 산업화가 진행됨에 따라 갈수록 가속화하는 경향을 보여 주었다(박현채 1994, 283).

가해야 할 것이다.

4. 제4공화국

1972년 유신헌법 제정을 통해 본격적인 권위주의 통치시대의 막을 올렸던 제4공화국 기간 동안 지역균열, 계급균열, 그리고 민주·반민주의 정치균열이 나란히 발달하면서 이들 간의 상호작용이 한국정치의 동태적 변화에 심대한 영향을 끼쳤다.

첫째, 3선개헌 이후 치러진 제7대 대통령 선거 때부터 시민사회로 하향 부과되기 시작한 지역균열은 유신 치하에서 권위주의 정권이 본격적으로 시행한 지역 편중 경제개발 정책과 인사정책 등에 의해 급속하게 심화되어 갔다. 유신체제의 출범과 더불어 종래의 경공업 위주의 성장전략으로부터 중화학공업 주도의 성장전략으로 경제개발 전략을 전환한 권위주의 정부는 철강, 조선, 자동차, 전자 등 향후 한국경제 성장의 견인차 역할을 하게 될 전략산업을 영남지역에 집중 배치시킨 반면, 영남과 직접 대립관계가 조성되었던 호남지역은 철저히 배제시켰다. 그 결과 지역 간, 특히 영·호남 간의 경제적 격차는 갈수록 벌어지게 되었다. 또 권위주의 정권은 군부와 관료에 대한 인사정책 면에서도 출신지역에 따른 차별성을 노골화하였다. 그 결과 권위주의 체제 상층부에 강력한 3각 지배체제를 형성했던 군·산·테크노크라트 집단에 지역 편중성이 갈수록 심화되었다. 이러한 현상은 지역적 중심부·주변부 의식을 시민사회 저변에 뿌리내리게 하는 결정적 요소로 작용했다. 그리하여 권위주의 정권의 의도적 정책에 의해 본격적으로 하향 부과되었던 지역균열은 한국 시민사회를 심각하게 분할해 나가기 시작했던 것이다.

둘째, 중화학공업화 단계에서도 권위주의 정부는 수출주도 산업화 전략의 국제경쟁력 기반을 일차적으로 값싼 노동력에 두었다. 그에 따라 지속될 수밖에 없었던 만성적 저임금구조에 대한 노동자들의 저항에 정부는 법률적·폭력적 억압과 탄압을 강화시켜 대응했다. 정부와 기업의 폭력적 탄압에 의해 노동3권이 철저히 유린되고 있던 상황에서 노동자들의 대응은 갈수록 집단화·조직화되어 갔고, 또 이들의 내면에서는 서서히 계급의식이 고개를 쳐들고 있었다. 본격적인 산업자본주의 단계에 진입한 한국의 시민사회에 계급균열이 형성되기 시작한 것이다.

셋째, 학생, 지식인, 교회를 중심으로 갈수록 강력하게 전개되었던 민주회복 투쟁은 권위주의 국가와 시민사회 간에 민주·반민주의 대립전선을 뚜렷이 형성시켰다.

이러한 구조적 조건 속에서 1970년대 중반 세계경제를 강타한 스태그플레이션의 충격이 마침내 한국경제를 심각한 위기상황으로 몰고 간 1978년 이후 계급균열과 민주·반민주의 정치균열은 중첩적 상호작용을 강화함으로써 민주화운동의 열기를 급상승시켰다. 박정희의 암살과 유신체제의 붕괴를 불러온 부산 및 마산지역 민주화투쟁은 양대 균열의 한쪽 축을 대표했던 노동자와 학생들이 합세해서 전개한 투쟁이었던 것이다.

이 시기 한국의 정치사회는 갈수록 박정희의 사당(私黨)적 특성을 강화시켜 간 공화당, 그리고 박정희의 또 다른 정치적 친위조직인 유정회, 그리고 신민당으로 구성되어 있었다. 본격적인 권위주의 체제로 전환한 이후 공화당과 유정회는 국가권력의 하부조직으로서 박정희 개인의 정치적 운명에 조직의 운명이 좌우되는 사당(私黨)으로 전락했다. 반면 신민당은 시민사회 내에서 성장해 오던 세 가지 균열축 중 어느 하나에도 긴밀한 연계관계를 맺지 못한 채 유신체제의 상당 기간 동안 사실상 '충성스러운 야당'으로서의 기능을 수행해 갔다. 그러나 1979년 당 지도부가 김영삼으로 교체되면서 신민당은 비로소 반체제정당(anti-system party)의 색채를 강화하고 국가와 시민사회 사이에 형성된 민주·반민주 대립전선에 가세함으로써 박정희 체제 붕괴의 불씨를 지폈다.

5. 제5공화국

박정희의 사망에 의해 일시적으로 조성된 권력공백 현상을 신속한 내부 쿠데타를 통해 메웠던 신군부 세력은 민주화에 대한 시민사회의 열망을 폭력적으로 짓누르고 보다 강권적인 권위주의 군사정권을 출범시켰다. 이 기간에 지역균열, 계급균열, 민주·반민주의 정치균열은 더욱 심화·확대되고 이들의 중첩적 상호작용에 의한 정치적 파국은 마침내 권위주의 통치를 종식시키고 민주이행으로의 길을 열었다.

광주 민주화투쟁과 이에 대한 신군부의 무력 진압은 1970년대 이후 지속적으로 심화되어 온 지역균열을 결정적으로 악화시켰다. 그러나 이 시기에 심화된 지역균열의 성격을 영남과 호남의 대립으로 규정하기는 쉽지 않다. 5공화국 권력 중심부에 포진한 세력의 특성은 오히려 소위 TK지역의 급속한 중심부화와 여타 지역의 차등적 주변부화를 강화시켰다. 따라서 이 시기에 심화된 지역균열은 일종의 중심부(center) · 주변부(periphery) 균열의 성격을 띠었던 것으로 보인다.

유신체제 붕괴 직후 한국 자본주의 역사상 최초로 폭발적 전투성을 과시해 보였던 노동운동은 제5공화국 출범 이후 더욱 강화된 법률적 · 폭력적 탄압 하에서 일시적인 후퇴와 침체국면을 맞이했다. 그러나 1984년 이후 조성된 상대적 유화국면 속에서 노동운동은 이념적 · 조직적 급진성을 강화시켜 나갔다. 이와 함께 산업화의 진전과 더불어 확대된 도시민과의 소득격차로 상대적 박탈감을 느끼고 있던 농민들은 제5공화국 정부의 농정 실패를 계기로 급속히 정권에 대한 저항감을 강화해 나갔다. 따라서 노동자와 자본가 · 국가 사이에 조성된 계급균열은 지배적 상층부와 착취 받는 민중들 간의 계층적 균열의 성격을 뚜렷이 노정시켰다.

권위주의 정권에 대한 지역적 · 계층적 저항의 분위기가 심화 · 확대되는 것과 발맞추어 민주 대 반민주의 대립전선 역시 갈수록 강화되어 갔다. 강권적 국가에 대항하는 민주세력은 지역적 소외세력(주변부)과 계급 · 계층적 소외세력(노동자, 농민, 도시빈민 등 소위 민중)을 대중적 기반으로 하고 여기에 학생, 지식인, 종교인 등이 연대하여 민주화를 위한 광범위한 공동전선을 구축해 냈다. 1987년 6월에 조성된 파국적 국면에 그 동안 민주화투쟁에 비교적 미온적 자세를 보여 왔던 한국의 부르주아들이 적극 가세함으로써 마침내 권위주의 체제를 종식시키고 민주이행의 길을 열었던 것이다.

결국 1987년 민주항쟁과 그에 따른 민주이행은 1960년대 후반 이후 한국의 사회 및 정치지형에 심화 · 확대되어 온 지역균열, 계급균열, 민주 · 반민주의 정치균열이 중첩적으로 상호 작용함으로써 결집시킨 시민사회의 역량이 폭발적으로 분출된 결과였다고 할 것이다.

　제5공화국 초기 정치사회는 신군부에 의해 새로 조직되어 지배정당의 역할을 수행한 민주정의당과 국가권력의 실질적 통제 하에 형식적 반대정당의 역할을 수행한 민주한국당과 한국국민당으로 구성되었다. 민주정의당은 지역적 중심부로 성장한 TK지역 출신 군·산·정 엘리트들이 지도력을 장악하고 시민사회에 대해 강압적 통제력을 강화시켜 나간 국가의 충실한 정치적 대리인 역할을 수행했다. 민주한국당과 한국국민당은 민정당이라는 '패권정당'(hegemonic party)에 사실상 부속된 '면허정당'(licensed parties) 혹은 '위성정당'(satellite parties)에 불과했다(Sartori 1976, 230-238). 따라서 5공 전반부 정치사회는 공간적으로 대단히 수축된 상태에서 국가에 의해 완벽하게 통제되고 있었으며 정치사회와 시민사회의 분리 역시 철저했다.

　1984년 전두환 정권의 배제적 권위주의(exclusionary authoritarianism) 정책으로부터 포섭적 권위주의(inclusionary authoritarianism) 정책으로의 전환은 정치사회의 이와 같은 지형에 대단히 중대한 변화를 초래했다. 1984년 말 조직되어 그 이듬해 2·12총선에서 폭발적인 동원력을 과시한 신한민주당에 의해 두 개의 위성정당은 순식간에 붕괴되어 버렸다. 그 결과 정치사회는 반민주적 패권정당과 반체제적 성향을 강력히 표방한 반체제정당이 정면으로 대치하는 상황으로 돌변했다. 더욱이 신한민주당은 시민사회 내에서 포괄적으로 형성되고 있던 민주화를 위한 공동전선과 강력한 연계를 구축했다. 따라서 이 시기 신한민주당은 비록 일시적이긴 했지만 반체제적 유사 대중정당으로서의 조직적·기능적 특성을 보여주었다고 평가할 수 있을 것이다.

6. 민주이행기

 6·29선언은 한국의 민주이행을 결정적으로 시민사회와 국가 간의 투쟁의 국면으로부터 정치사회 내 정치 엘리트들 간 협약의 국면으로 전환시켰다. 이에 따라 그 동안 민주화세력 결집의 토대가 되어 주었던 지역균열, 계급균열, 민주·반민주 균열의 중첩적 결합은 신속히 해체되고 이들의 시민사회와 정치사회에 대한 파급력은 중대한 변화를 겪게 되었다.
 4·19혁명 직후와 마찬가지로 민주이행을 위한 헌정 개혁은 정치사회를 분점하고 있던 민정당과 민주당이 독점한 반면, 민주화투쟁을 주도했던 시민사회 세력은 이 과정에서 철저히 배제되었다. 양당에 의한 협약 과정의 독점은 결과적으로 시민사회 내의 다양한 관심과 이해가 이행과정에 반영되는 길을 봉쇄해 버렸다. 그것은 무엇보다 정치사회에서 민주화세력을 대표하고 있었던 통일민주당(신한민주당의 후신)의 계급적 한계에 기인했다. 민주화투쟁에 가담한 시민사회의 모든 세력의 이익과 요구를 대변하기에는 민주당의 계급적 기반이 지나치게 협소했을 뿐 아니라 이념적 스펙트럼 역시 지나치게 협애했다. 이처럼 보수 편향적인 양대 정당이 민주이행을 위한 제도적 협상을 독점한 결과 이들과 이념과 정책을 달리하는 진보적 정치세력이 정치사회에 진입할 수 있는 가능성은 사실상 봉쇄되고 말았다. 이것은 시민사회 내에 명백히 형성되어 있던 계급적 혹은 계층적 균열이 정치사회에 반영될 수 있는 길이 봉쇄되었음을 의미했다. 민주이행 국면의 정당정치가 이념적·정

책적 전선을 중심으로 재편될 가능성은 이와 함께 무산되고 말았던 것이다.

　민주이행기 한국 정당정치의 왜곡은 여기에 머무르지 않았다. 정치사회에서 민주화세력을 대표하고 있던 통일민주당의 분열은 1987, 88년의 소위 '정초선거'(founding elections)(O'Donnell, et al. 1988, Part IV, 61)가 민주·반민주 대립전선을 중심으로 치러지는 것마저 불가능하게 만들어 버렸다. 1987년 10월과 11월에 김종필과 김대중을 리더로 하는 신민주공화당과 평화민주당이 창당됨으로써 정치사회는 전두환·노태우, 김영삼, 김대중, 김종필을 정점으로 하는 보수 4당 간의 대결구도를 정립했다. 특히 민주화 정치세력의 분열은 결정적으로 민주·반민주 정치균열의 와해를 초래했고, 진보세력의 정치사회 진입이 제도적으로 사실상 봉쇄된 상태에서 계급적·계층적 균열이 이를 대체할 수도 없는 상황이 조성되었다. 그 결과 경북, 경남, 호남, 충청이라는 상이한 지역 거점을 확보하고 있던 정치엘리트들의 정략적 선택에 의한 지역주의 전선이 정치사회 내에 급속히 형성되었고, 또 이 전선은 대통령 선거와 이듬해의 국회의원 선거를 거치면서 본격적으로 시민사회에 하향 부과되었던 것이다.

　결국 보수세력이 정치사회를 독점한 가운데 단행된 민주적 제도개혁은 계급적·계층적 균열이 정치사회에 반영된 보혁대결 구도의 정립 가능성을 제도적으로 차단해 버렸고, 또 정치 엘리트들의 지역할거형 대립 양상은 민주·반민주 균열을 결정적으로 약화시켜 버린 결과 지역균열은 민주이행기 한국 정치사회의 지배적 균열로 급부상해 그 부정적 영향력을 시민사회를 향해 행사하기 시작했던 것이다.

노태우 정권 하에 단행된 민정·민주·공화 3당의 합당은 이미 엷어질 대로 엷어져 있던 민주·반민주 정치균열을 결정적으로 해소시켜 버렸다. 합당을 주도한 정치세력들, 특히 민정당과 공화당은 내각제라는 새로운 제도적 틀 내에서 보수세력이 압도적 우위를 유지하는 보혁대립 구도가 민주·반민주 대립구도를 대체해 주기를 희망했다. 그러나 이들이 진정 보혁구도로의 정치지형 재편을 원했다면 국가보안법의 폐지와 노동조합의 정치활동 보장 등 그에 상응하는 개혁조치를 단행했어야 했지만, 이들은 이와 같은 조치를 취할 의지를 전혀 지니고 있지 않았다. 그 결과 3당합당 이후 한국 정당정치의 구도는 보다 단순화되고 또 보다 심화된 지역적 대립구도를 띠게 되었다. 즉 4당에 의한 지역할거 구도는 거대한 비호남 세력에 의한 호남의 포위라는 호남 대 비호남의 불균형 대립구도로 전환되었던 것이다.

　1992년의 14대 국회의원 선거와 대통령 선거는 호남 대 비호남의 지역균열이 압도적인 규정력을 행사하는 가운데 치러졌다. 민중세력의 정치적 대표를 자처하며 창당된 민중당의 참패는 명백히 시민사회 내의 계급균열이 지역균열에 압도되고 있는 현실을 보여주었다. 한편 독점재벌 정주영의 통일국민당 창당과 대통령 선거 후의 신속한 해체는 혁신세력의 정치적 위협이 존재하지 않는 보수독점 정치구조 하에서 나타난 일과성 사건에 머물고 말았다.

　3당합당에 의해 단순화된 지역균열 구도는 김영삼 정부 출범 이후 권력의 중심으로부터 배제되었던 소위 TK세력이 집권 민자당을 일부 탈퇴한 뒤를 이어 마침내 김종필과 그 추종세력이 탈당하여 자유민주연합이라는 새로운 정당을 결성함에 따라 또 다시 복잡해지기 시작했다. 민자당의 이와 같은 분열은 정책적·이념적 차별성이 거의 없는 민자, 민주 두 정당이 병립하고 있던 단순화된 정치지형이 초래한 필연적인 결과였다. 즉 탈지역적 전선이 형성되지 않은 상태에서 지역적 엘리트의 물리적 결합으로 구성되어 있던 민자당은 항시적인 분열요인을 안고 있었던 것이다. 대통령 선거 패배 후 잠시 정계를 떠났던 김대중의 정계 복귀와 새정치국민회의 창당은 한국의 정당정치를 김영삼, 김대중, 김종필 3인을 정점으로 하는 3대 보수정당이 정치사회를 지배하는 봉건적 지역할거 체제로 다시 한 번 복귀시켰다. 이들에 의해 하향 부과된 지역균열의 압도적인 영향력 하에 있던 유권자들은 1996년 4월 11일 15대 국회의원 선거에서 이러한 지역할거 구도를 또 다시 추인해 주었던 것이다.

한국정치사상 최초로 선거에 의한 정권교체를 어렵사리 이루어 낸 1997년 12월의 대통령 선거는 그 명백한 정치사적 의의에도 불구하고 한국 정당정치를 지역정치의 질곡으로부터 해방시키는 데 실패했다. 신한국당, 국민회의·자민련, 그리고 신한국당에서 떨어져 나온 국민신당이 경합했던 이 선거는 정치적 지지의 동·서 균열이라는 지역균열의 새로운 양태를 보여주었다.

민주개방 이후 확립된 소위 '1987년 체제' 속에서 한국의 정당정치는 이처럼 지역균열의 압도적인 영향력 하에 있었다. 정치 엘리트들의 정략적 필요에 의해 확대되고 심화돼 온 지역균열은 도시와 농촌을 가리지 않고 시민사회 전역에 깊숙이 뿌리를 내렸던 것이다. 이러한 상황에서 한국의 정당은 신생 민주국가 담합정당의 전형적인 조직과 기능을 보여주었다. 즉 이들은 시민사회 내에 형성돼 있는 계급균열이 정치사회로 확산되는 것을 효과적으로 저지했다. 담합정당은 또 정략적 필요에 의해 지역균열을 확대·심화시키고 이를 지속적으로 시민사회에 하향 부과함으로써 시민사회를 식민화(colonialize)하는 데 성공했다. 이들 간의 조직적 이합집산 및 연대와 대립의 빈번한 교체는 시민사회의 요구나 이해관계와는 전혀 무관했다. 김대중이 이끄는 국민회의가 마침내 정치권력을 획득함으로써 당시까지 한국 정치사회를 독점하고 있던 모든 보수적 정파가 권력 참여의 경험을 갖게 되었다. 즉 1998년의 역사적 정권교체는 지역균열을 볼모로 한 담합정당의 정치사회 과점체제를 사실상 완성시킨 것으로 평가할 수 있다.

제4절 결론

지금까지의 역사적 조망을 토대로 제1공화국부터 민주화 이후 확립된 '1987년 체제'에 이르기까지 균열구조와 정당정치의 전개 양상은 다음과 같이 정리해 볼 수 있을 것이다.

〈표 4-1〉 균열구조와 정당 대결구도의 역사적 전개

정부	균열	대립세력	대립특성
제1공화국	민주·반민주	자유당·민주당	권력투쟁
제2공화국	무균열	민주당·신민당	권력투쟁
제3공화국	도시·농촌	공화당·신민당	권력투쟁
제4공화국	지역; 계급, 민주·반민주	국가·시민사회 공화당·신민당	민주화투쟁
제5공화국	지역, 계급, 민주·반민주	국가·시민사회 민정당·신한/국민 민정당·신한민주당	민주화투쟁 체제 순응형 반대 체제 부정형 반대
1987년 체제	지역	담합정당	담합적 이합집산

제5장 | 제2공화국의 정당과 정당정치

제1절 서 론

  4·19의 성격을 무엇으로 규정하든 그것이 한국 역사상 최초로 인민의 힘에 의해 통치 권력을 무너뜨린 역사적 사건이었음은 명백하다(김영명 1992, 233). 그러나 4·19의 결과 수립된 최초의 민주정부는 불과 1년을 지탱하지 못하고 쿠데타에 의해 무너지고 말았다. 이 짧은 기간 한국의 정당정치는 의회민주주의를 공고화하기 위한 핵심적 요건이라고 할 수 있는 안정된 정당체계의 확립에 실패했다. 이 실패는 신생 민주정치 체제의 효율성과 정당성을 결정적으로 훼손시킴으로써 체제 붕괴의 중대한 정치적 빌미를 제공해 주었던 것이다.

  이 시기의 파행적 정당정치는 제1공화국이 물려준 정치적·사회적·이념적 유산에 영향 받은 바 대단히 컸지만, 4·19 이후 '비혁명적인 방식으로' 진행된 민주이행과도 밀접한 연관을 지니고 있다. 또 이 시기의 정당정치는 오늘에 이르기까지 한국 정당정치의 치명적 결함으로 남아 있는 이념 및 정책노선의 전근대적 획일성, 시민사회와의 철저한 단절, 붕당적 이합집산 같은 현상을 일찍감치 노정시킨 바 있다.

따라서 제2공화국의 정당정치는 최소한 두 가지 측면에서 연구할 가치가 있다. 첫째, 이론적 측면에서 그것은 민주적 정치체제의 붕괴 혹은 민주적 공고화 실패의 정치적 원인에 관한 대단히 흥미로운 사례로서 연구할 가치가 있다. 둘째, 보다 현실적인 측면에서 제2공화국의 정당정치는 한국의 파행적 붕당정치의 성격과 원인을 규명하는 데 결코 빠뜨릴 수 없는 분석대상으로서 가치 또한 있다.

이 장에서는 이와 같은 문제의식을 바탕으로 먼저 제1공화국의 정치적·사회적·이념적 유산이 제2공화국 정당정치 전개에 끼친 영향을 분석하고, 이어서 4·19 혁명 이후 진행된 제도적 민주이행의 방식과 그 내용이 정당정치의 성격에 끼친 영향을 검토해 본 다음, 이 분석을 토대로 제2공화국 기간에 전개된 정당정치의 특성을 분석해 봄으로써 정당정치와 제2공화국 붕괴의 부분적인 함수관계를 밝혀 보고자 한다.

제2절 제1공화국의 유산

1. 한국전쟁과 이념적 유산

한국전쟁은 친미·반공을 표방한 보수적 정치세력의 정치사회와 정당정치에 대한 배타적 지배력을 확고하게 구조화시켜 주었다. 그것은 단순히 전쟁을 통해 좌익 및 진보적 정치세력이 궤멸되어 버린 데 기인한다기보다 반공 이데올로기가 한국의 정치, 사회 전반에 깊숙이 뿌리를 내려 이후 반세기 가까운 기간 부동의 지배 이데올로기로 자리 잡게 된 데 근본적으로 연유한다(최장집 1993, 164-167). 어느 학자의 표현처럼 "전후 남한 정권의 고갈할 줄 모르는 정당성의 원천"(박명림 1994, 137)이 되어 준 반공이념은 오늘에 이르기까지 한국 정당정치의 보수독점성을 강력하게 지탱해 왔으며, 이처럼 보수 편향적인 정당정치가 보여 온 온갖 파행성의 근인(根因)이 되어 왔다.

한국전쟁은 또 미국의 한국에 대한 지배력을 더욱 강화시켜 주었다. 미군의 참전이 결정적으로 남한의 패배를 저지해 주었을 뿐만 아니라 전후 제1공화국은 미국의 지속적인 군사적·경제적 지원을 통해 간신히 체제를 유지해 나갈 정도로 허약한 상태에 있었다. 그런데 미국의 이와 같은 영향력은 다분히 이율배반적인 정치적 결과를 초래한 것으로 보인다. 즉 미국의 군사적·경제적 지원은 분명히 이승만의 가부장적 독재체제 강화에 필요한 이념적·물리적·물질적 토대를 제공해 주었다. 반면 미국식 교육과 문화의 압도적인 영향력은 한국의 언론매체와 교육기관을 통해 자유민주주의에 대한 동경과 선망을 시민사회에 폭넓게 확산시키는 효과 또한 가져왔다. 이승만 독재 타도의 선봉에 섰던 학생과 지식인들은 바로 자유민주주의 이념을 가장 풍부하게 흡수할 수 있었고, 그 결과 자유민주주의 이상과 독재체제 강화라는 현실 사이의 간극을 가장 뼈아프게 느낄 수 있는 사회계층이었다. 결국 미국의 영향력 하에 확산된 두 가지 이념 중 하나는 독재체제의 강화에 기여한 반면, 또 다른 이념은 이 체제를 붕괴시키는 원동력이 되어 주었던 것이다(박상섭 1986, 412-415).

2. 사회구조

4·19가 발발한 1960년 현재 산업별 취업자 현황을 보면 농림수산업 종사자가 약 678만 명으로 전체 취업자의 79.5%를 차지했고, 광업, 제조업, 건설업 종사자는 합해서 50만 명으로 전체의 5.8%에 불과했으며, 기타 3차산업 종사자가 125만 명에 14.7%를 점하고 있었다(한국통계연감 1961). 이로 미루어볼 때 한국의 산업화는 제1공화국 내내 극도로 미미했으며, 한국은 여전히 압도적인 농업국가로 남아 있었다. 이것은 정치변동에 관한 거의 모든 비교사적 연구와 마찬가지로 한국의 정치변동 역시 농민층에 대한 연구를 그 출발점으로 삼아야 할 것임을 암시한다.

이승만 정부가 단행한 농지개혁은 분명 지주계급을 해체시켰지만, 한국 전래의 영세한 농업경영 구조를 더욱 강력하게 고착시켰다. 농지개혁 이후 농가의 8할은 농사만으로 생계를 유지하기 어려운 영세 소농으로 남게 되었던 것이다. 이러한 상황에서 이승만 정부는 전쟁으로 절대 부족한 식량문제를 해결하기 위해 양곡의 강제 매입, 과중한 현물세 징수, 그리고 외국 농산물의 대량 도입이라는 대단히 농민 수탈적인 식량정책을 펼쳐 나갔다. 그 결과 농가의 호당 평균수지는 매년 적자를 면치 못했으며, 당시 농가의 반수 이상을 점하고 있던 0.5헥타르 미만 농가의 대부분은 춘궁기에는 자체 식량도 조달하지 못하는 절대빈곤에 허덕였다. 1960년대 초부터 시작된 산업화 과정에 무제한의 노동력을 제공해 준 이들의 대다수는 1950년대 말의 시점에는 채무노예 같은 빈농상태에서 농촌에 머물러 있을 수밖에 없었던 것이다(박진도 1994, 47-60).

이승만 정부의 이처럼 가혹한 농업정책에도 불구하고 농민들에게 혁명적 의식은 존재하지 않았으며, 또 이들이 독자적으로 정치세력화할 가능성 역시 존재하지 않았다. 농민조합총연맹은 집권 자유당의 충실한 외곽조직으로 기능하면서 농민들에 의한 자생적 조직의 출현을 효율적으로 통제해 내고 있었고, 농민들 역시 정치적 지배세력에 대한 습관적 순응이 체질화되어 있었다. 이들의 정치성향에서 굳이 합리성을 찾아보자면 과거 자신들을 수탈했던 지주층이 중심이 되어 결성한 민주당보다는 농지개혁을 통해 자신들에게 토지소유의 기회를 제공해 준 이승만에게 더 큰 정치적 지지를 보였다는 점일 것이다.

한편 전체 취업인구의 9% 정도에 불과한 노동자들의 조직역량 역시 극도로 취약한 상태에 있었다. 당시 조직노동을 대표하고 있던 대한노동조합총연합회는 노동운동 본연의 목표보다는 반공투쟁을 목표로 결성된 조직체로서 일찌감치 자유당의 외곽조직으로 어용화되어 이승만 정권의 장기집권과 노동통제의 수단으로 기능하고 있었다. 1959년 10월 일부 민주적인 노동조합 간부들의 주도로 결성된 전국노동조합협의회 역시 본격적인 투쟁을 전개할 만한 조직역량을 갖추지는 못했다. 따라서 당시의 노동세력 역시 결코 체제에 대한 도전세력이 될 수는 없었다(김윤환 1985, 358-360).

따라서 노동자와 농민 등 당시 사회 하층에 자리 잡고 있던 절대다수 민중부문의 혁명적 잠재력은 대단히 낮았다고 평가할 수 있을 것이며, 체제에 대한 도전은 자유민주주의의 이념에 영향을 받은 대도시 지역의 학생과 지식인에 의해 터져 나올 수밖에 없었다.

3. 정치사회

정치적 측면에서 조망해 볼 때 해방 이후 정부 수립까지의 3년간은 이승만과 한국민주당이 합세해서 군정기 정치공간을 분점하고 있던 좌파와 민족주의 세력을 미군정의 힘을 빌려 성공적으로 제거하고 친미, 반공을 초석으로 한 단독정부를 수립해 나가는 과정이었다. 한국전쟁은 결정적으로 친미, 반공이라는 이념적 노선을 공유하고 있던 양 세력이 남한의 정치사회를 배타적으로 분점할 수 있는 계기를 제공해 주었다. 이때 이후 제1공화국의 정치사는 이처럼 정치적 공간을 분점한 양대 보수세력 사이에 치열하게 전개된 권력투쟁의 역사였던 것이다(최장집 1989, 114-165).

정부 수립 초기의 이승만은 명백히 정당을 초월해 전 국민을 영도하려는 일종의 평민주의적(plebiscitarian) 권력을 행사하고자 했다.[1] 이처럼 초당적 자세를 견지하며 정당정치를 경시하고 외면해 오던 이승만은 한민당과의 대립이 격화되고 또 그 후신인 민주국민당의 도전이 갈수록 강력해지자, 국회 내에 안정 세력을 확보하고 집권 기반을 공고히 하기 위해 신당 조직의 필요성을 절감하게 되었다. 그리하여 1951년 12월 23일 원외에서 이승만을 지원해 온

---

[1] 이승만의 이와 같은 태도는 일견 프랑스 제4공화정 출범 초기 드골의 태도와 유사하다. 드골 역시 정당이 아니라 일종의 사적인 정치조직체(RPF)를 기반으로 초당파적인 리더십을 행사하려고 했다. 그러나 당시 프랑스 국민들은 드골의 이와 같은 태도를 용납하지 않고 그를 정치 일선에서 퇴진시켜 버렸다(MacRae 1967).

국민회, 대한청년단, 대한노동조합총연맹, 대한농민조합총연맹, 대한부인회 등 외곽단체와 이범석이 이끌던 민족청년단을 포괄해서 원외자유당을 출범시키고 또 동시에 원내자유당 역시 출범시켰다. 이승만은 주로 원외자유당의 지지와 선동을 국민의 뜻으로 빙자하고, 또 관권의 물리력을 적극 활용해 직선제 개헌을 관철시켰으며, 곧이어 이범석을 필두로 한 족청세력을 자유당에서 제거하고 정당의 관리를 심복 이기붕에게 위임했다. 그 결과 자유당은 오직 이승만 개인의 권력 유지를 위한 사당(私黨)으로 전락해 버렸으며, 궁극적으로 이승만과 정치적 운명을 같이할 수밖에 없었다(손봉숙 1986, 133-166).

한반도 중남부 지역의 지주 및 토호 출신 주축으로 결성되어 이승만과 함께 해방정국을 주도했던 한국민주당은 정부형태를 둘러싼 대결에서 이승만에게 패배하자, 신익희, 지청천 등이 이끌던 대한국민당과 결합해서 1949년 2월 민주국민당으로 개칭하고 본격적으로 이승만과의 권력투쟁에 돌입했다(심지연 1987, 141-200; 한정일 1987, 201-236). 1954년 총선거에서 이승만의 영구집권을 목표로 한 개헌 선을 확보하기 위해 총력적 부정선거를 전개한 자유당에게 대패하고 그 결과 이른바 사사오입개헌에 의해 이승만 장기집권의 길이 열리게 되자, 민주국민당을 위시한 의회 내 반이승만 세력들은 호헌동지회를 결성하고 신당 조직을 추진했다. 그에 따라 1955년 민주국민당을 주축으로 흥사단 세력 및 이승만의 자유당을 이탈한 의원들이 연합해서 민주당을 출범시켰다(한승주 1983, 25-26).

민주당은 뚜렷하게 인민대중과 조직적·이념적·정책적 연계를 결여한 이른바 명사정당(party of notables)의 특성을 띠었다.[2] 구 지주 출신의 집결체였던 한민당과 그 후신 민국당에 관료 및 법조인 출신 인사들이 가세해 결성된 민주당은 반독재와 내각책임제 실현이라는 투쟁목표를 내걸고 이승만 정권과 대치했지만, 본질적으로 이승만과 동일한 이념적 기반 위에 서 있었을 뿐 아니라 출범 초기부터 지연과 인맥을 중심으로 한 붕당과 파벌화의 경향을 노정시켰다. 이런 경향은 특히 1956년 대통령 후보 신익희가 급서한 이후 조병옥 중심의 인맥과 장면 중심의 인맥이 대립·갈등하는 이른바 신·구파 파벌의 양립 단계로 발전했다(이정식 1976, 291-294).

민주당의 출범은 한국 정치사회에서 민주 대 반민주의 대결구도를 확립해 주었다고 평가할 수도 있을 것이다. 다시 말해 민주당과 자유당의 대립 양상은 민주·반민주라는 정치균열이 이 시기 정치지형을 깊숙이 종단했던 것처럼 보이게도 한다는 뜻이다. 그러나 이승만 독재가 강화되고 이에 대한 시민사회의 불만이 갈수록 고조되고 있던 이 시기에 이승만 독재에 대한 유일한 정치적 대안임을 자부했던 민주당의 투쟁은 대단히 소극적이었고 또 철저히 제도적·절차적 틀 내에서 진행되었다. 즉 민주당은 대중을 반독재투쟁으로 동원해 내기 위한 선동적 전술보다 이승만의 자연적 수명이 종료된 후의 권력투쟁에서 우위를 점하기 위한 절차적·제도적으로 세력 확보에 급급했다. 이와 같은 민주당의 활동은 따라서 혁명 발발을 위한 어떠한 기폭제도 제공하지 못했다. 또 막상 혁명이 발발했을 때에도 민주당은 거리에서의 투쟁을 철두철미하게 외

---

2) 대중적 인기를 얻고 있는 정치 엘리트가 조직보다 우위에 서서 이끌어 나가는 대단히 깨지기 쉬운 정당조직을 사르토리는 엘리트-명사정당(elite- notability party)이라고 규정한다. 이와 같은 특성은 사실 민주당 이후 한국 야당의 대표적인 특징으로 자리 잡게 된다(Sartori 1976, 244-245).

면하고 오히려 원내에서 자유당과 대책 마련에 부심하는 지극히 기회주의적인 태도를 보였다. 따라서 4·19 이전에 전개된 민주당과 자유당의 대결을 민주 대 반민주의 본격적인 대결로 간주하기보다는 정치사회를 독점 장악한 양대 보수세력 간에 벌어진 첨예한 권력투쟁으로 평가하는 것이 본질에 더 가까운 인식일 것이다.

사실 1956년의 부통령 선거와 1958년의 총선에서 민주당에 대한 지지가 격증한 것은 유권자들의 자유당에 대한 반감의 표시였지, 민주당의 성공적인 정치적 동원전략의 결과라고 보기 힘들다. 이와 같은 추정은 같은 시기 조봉암과 진보당에 대한 인상적인 정치적 지지를 감안할 경우 더욱 힘을 얻게 된다. 조봉암과 진보당은 좌익운동의 정통성과 합법성이 완전히 박탈되고 보수적 정치세력이 정치사회를 독점하고 있는 가운데 반공 헤게모니에 의한 보수 독점 구도에 대단히 인상적으로 도전했다(한승주 1983, 80-89; 권대복 1985).3) 그는 1952년 대통령 선거에 출마해 80만 표를 획득한 데 이어 1956년 또다시 이승만과 대결해 216만 표에 이르는 대단한 득표력을 과시했을 뿐 아니라 대구, 전주, 목포, 진주, 정읍 등 181개 개표구 중 25개소에서 이승만을 앞질렀다. 비록 이 선거가 신익희의 급서에 따라 민주당 후보 없이 치러진 선거였다는 점을 감안하더라도 조봉암의 선전(善戰)은 진보적 정치세력의 동원 잠재력을 유

---

3) 조봉암에 대한 지지가 주로 조봉암 개인의 이념적 호소력과 개인적 카리스마에 기인했다고 보는 한승주(1983, 81)의 견해에는 동조하기 힘든 면이 있다. 특히 박헌영의 공산당과 결별한 이후 조봉암이 보여준 기회주의적 처신 등을 감안할 때 조봉암에 대한 지지는 오히려 사회 전반에 확산되고 있던 반 이승만 정서의 영향이 더 컸다고 보는 것이 옳을 듯하다.

감없이 과시함으로써 그때까지 정치지형을 독점하고 있던 보수세력 모두에게 경종을 울린 일대 사건이었다. 1958년 진보당 지도자의 체포와 정당의 해체, 그리고 1959년 조봉암의 처형은 진보세력의 위협에 대한 이승만 정권의 대단히 잔혹한 대응이었으며, 이와 같은 탄압이 민주당의 묵시적인 지지 하에 이루어졌음 또한 간과해서는 안 될 것이다. 따라서 이승만 독재에 대한 시민사회 전반의 염증을 등에 업고 보수독점 정치구도에 중요한 변화를 시도해 보았던 진보세력의 노력은 보수세력의 강력한 정면 대응에 의해 무산되고 말았다. 이승만 정권은 1958년 국가보안법을 더욱 강화함으로써 진보당 같은 이른바 체제도전 세력은 물론이요 민주당과 언론 같은 정권도전 세력에 대한 제도적 탄압을 더욱 가중시켰다.

제3절 4·19혁명과 비혁명적 민주이행

4·19혁명 이전의 시민사회와 정치사회에 대한 이상과 같은 분석에 입각할 경우 4·19는 사회경제적 차원보다 '정치적 맥락'에서 설명되어야 한다는 최장집의 주장에 공감하게 된다(최장집 1993, 169). 또 이와 같은 관점에 의해서만 이승만의 하야 선언과 함께 시민사회의 혁명적 열기는 급속도로 식어 버리고 체제개혁의 주도권은 순식간에 정치사회로 넘어가 버린 4·19의 특이성을 이해할 수 있게 된다.

"4·19의 전 과정 동안 주체적 조건의 치명적인 약점은 바로 혁명을 완수할 집단적·조직적·지속적인 운동 담당세력의 부재였다"
는 김성환의 분석은 4·19의 성격과 한계를 예리하게 지적하고 있
다(김성환 1984, 51). 혁명을 주도한 학생과 지식인들은 독재타도와
민주회복이라는 원론적 요구 외에 어떠한 구체적인 개혁의 청사진
도 가지고 있지 않았다.[4] 따라서 일단 독재의 원흉이 타도되었을
때 혁명 주도세력들은 더 이상 정국의 주도권을 행사하지 못하고
후퇴하고 말았다. 사실 이와 같은 현상은 1987년 6월항쟁 때에도
일정 수준 반복되었다. 노태우의 6·29선언과 직선제 개헌 수용이
혁명적 정국을 일거에 잠재우고 정치사회 세력에 의한 정치개혁
독점으로 연결되었듯이, 1960년 4월 26일 이승만에 의한 하야 선언
과 국회의 내각제개헌 선언은 혁명적 열기를 일거에 잠재우고 결
정적으로 정국의 중심축을 시민사회에서 정치사회로 이전시켜 버
렸던 것이다.

사실 시민사회가 기대 이상의 정치적 성과에 흥분해 있는 동안
정치사회의 대응은 대단히 신속하게 진행되었다. 우선 혁명 발발
3일째인 4월 22일 정치권은 여야 합의 하에 국회 본회의를 소집하
여 '비상시국대책위원회'를 자유당 10명, 민주당 8명, 무소속 2명으
로 구성했다. 4월 26일 이승만의 하야성명 발표와 함께 국회는 '비
상시국대책위원회'가 제안한 결의안을 만장일치로 채택했는데, 이
결의안은 3·15정·부통령 선거는 무효로 하고 재선거를 실시할 것,
과도내각 하에서 완전한 내각책임제 개헌을 단행할 것, 개헌 직후

---

[4] 혁명을 주도한 대학생들의 선언문에 나타나는 이념적 기조는 명백히
자유민주주의였으며, 이들의 선언문 어디에도 정치, 사회, 경제의 개혁방
향에 대한 주장은 나타나지 않고 있다. 이정식(1976, 7-20) 참조.

민의원을 해산하고 총선거를 실시할 것 등을 골자로 하고 있었다. 국회는 또 같은 날 민주당과 자유당 소속 의원 각각 4명과 무소속 1명으로 구성된 개헌기초위원을 재빨리 선임했다. 그 다음날 자유당 의원총회는 대국민 사과문을 발표하고 '개헌 후' 총사퇴할 것을 결의했다. 이날 민주당 소속 주요한 의원은 현행 헌법의 기능 정지와 비상입법회의의 구성을 제의하고 혁명 주체세력인 학생과 변호사, 공명선거위원회, 교수단, 민주당 등이 주축이 되어 헌정질서를 개편해야 한다고 주장했지만, 민주당을 포함한 정치사회의 압도적인 분위기는 현존 국회에 의한 개헌이었다. 5월 2일 국회는 내각책임제 헌법이 공포될 때까지 대통령 보궐선거를 유보할 것을 결의하고 헌법기초위원회는 5월 10일까지 개헌안 기초를 완료키로 했다. 이리하여 완성된 내각제 개헌안은 5월 11일 재적의원 222명 중 160명의 서명을 받아 과도정부에 이송되었으며, 정부는 이날 개헌안을 공고하고 공고기간 30일 후에 국회의 표결에 부치도록 했다. 그 결과 6월 10일 국회 본회의에 정식 상정된 개헌안은 6월 15일 재적 218명 중 211명이 출석하여 208명이 이에 찬성함으로써 확정되었다(이정식 1976, 71-93).

제2공화국 헌법의 제정은 이처럼 민주당과 자유당 양 정파의 주도 하에 일사천리로 진행되었으며, 이 과정에 대한 시민사회의 참여는 철두철미하게 배제되었던 것이다. 물론 이러한 방식의 제도 개혁에 대한 반대가 없을 수는 없었다. 이미 언급한 주요한 의원을 위시해서 일부 원내세력들의 저항이 있었으며, 학생과 시민단체, 그리고 혁신 정치세력 등 시민사회 내의 다양한 정치세력들로부터 성토와 비판이 쇄도했고, 언론 또한 국회해산 요구를 잇달아 보도했다. 이들의 비판은 무엇보다 현존 국회가 정치개혁의 과제를 수행할 자격과 정당성을 결여하고 있다는 데 집중되었다. 당시 국회는 청산과 타도의 대상이었던 자유당 소속 의원들이 여전히 절대다수 의석을 장악하고 있었다. 따라서 청산되어야 할 이들에게 개혁의 주도권을 맡긴 꼴이 되어 버린 것이다. 민주당이 이와 같은 상황을 용인한 것은 신·구파 파벌 간의 미묘한 이해타산에 따른 것이기도 했지만, 그 근본적인 이유는 그들이 분할 장악하고 있는 정치적 공간을 여타의 사회세력에게 개방하는 것을 원치 않았던 데서 찾아야 할 것이다. 혁명과 이승만의 하야, 그리고 이기붕의 죽음에 의해 자유당이 궤멸 직전의 상태에 있었음을 감안할 때 개헌과 개혁을 둘러싼 정치적 논의에 시민사회의 여러 세력을 배제함으로써 정치사회에 대한 민주당의 지배력을 확고히 하려고 했던 것이다.

그리하여 시민사회의 의사와 대표성은 전혀 반영되지 않은 채 기성 정치세력들의 협약에 의해 제2공화국 헌법은 국민투표의 절차도 거치지 않고 확정되었다. 그 결과 민주당에 의한 보다 과감한 개혁 노력을 자유당은 다수의석을 빌미로 효과적으로 저지해 낼 수 있었으며, 자신들에 대한 강도 높은 정치적 제재 또한 회피할 수 있었다(한승주 1983, 71-74). 결국 독재세력에 대한 법률적 단죄와 처벌은 정치적 필요성에 의해 흐지부지되고 이들에 대한 청산은 오직 선거를 통한 심판에 맡겨지게 되었던 것이다. 또 혁명 이후 민주이행의 이와 같은 한계로 인해 보수 중심의 정치지형에 근본적인 변화를 기대하기는 대단히 힘든 일이 되어 버렸다. 이러한 개혁과정에 대한 실망을 당시 언론은 다음과 같이 표현하고 있다.

4월 26일 이승만 박사가 대통령직을 사임함과 더불어 자유당 정부가 붕괴하자, 우리는 현존하는 반혁명 국회를 즉시 해체시킬 것과 새로 선출된 입법기관에게 개헌을 맡길 것을 촉구했다. 당시 우리는 평화적인 정권의 이양에 의해서가 아니라 혁명적인 방법에 의해서 독재정권이 타도되었으므로 제2공화국의 헌법은 혁명의 목표를 달성하기 위한 합법적 근거를 마련해 주어야 한다고 주장했다. 그러나 현재의 국회는 정부의 조작에 의해 선출되었던 자유당원들의 통제를 받고 있어 내각정치 형태를 빌려 오는 것에 그치고 있을 뿐이다. 개헌의 과업을 현존 국회에 맡겼다는 것은 혁명의 목표를 완수하는 과업을 반혁명적 분자에게 맡기는 거나 같은 일이었다. 실제로 이 반혁명적인 입법부는 정부의 제도적 틀만을 변경시킴으로써 국민을 속이는 데 성공했다. 이렇게 함으로써 입법부는 혁명적 과업을 완수하기 위한 법적 절차를 만들 기회를 의도적으로 방기(放棄)하였다.5)

한편 국회는 내각제 개헌과 함께 향후 정당정치의 전개에 영향을 끼칠 중요한 정치적 입법을 단행했는데, 이 중 특히 눈여겨보아야 할 것이 정당에 관한 법률, 그리고 선거법 및 국가보안법의 개정 등이다.

우선 새로 제정된 헌법은 정당에 관한 조항을 신설함으로써 정당에 대한 헌법적 지위를 부여했다. 정당은 법률이 정하는 바에 따라 국가의 보호를 받게 된 동시에 그 불법화와 해산은 오직 정당의 목적이나 활동이 헌법의 민주적 기본질서에 위배되는 경우에 한해서 정부가 대통령의 승인을 얻어 소추하고 헌법재판소의 판결로

---

5) <동아일보>, 1960년 10월 11일자 사설. 한승주(1983, 140-141)에서 재인용.

그 해산을 결정하도록 함으로써 정당 활동은 고도의 헌법적 보장을 받을 수 있게 된 것이다. 한편 국회는 신문과 정당의 등록에 관한 법률을 채택했는데, 이 법에 의해 정당을 비롯한 일체의 정치단체는 간단한 수속만으로 정부에 등록할 수 있게 됨으로써 정당의 설립은 대단히 자유로워졌을 뿐 아니라 일단 설립된 정당은 강력하게 헌법적 보호를 받을 수 있게 된 셈이다(이정식 1973, 93-96). 정당의 조직과 활동에 관한 이와 같은 헌법적·법률적 조치는 무엇보다 의원내각제가 견실한 정당정치를 전제조건으로 한다는 점을 감안할 때 대단히 적절한 조치였다고 평가할 수 있다.

한편 개정된 국회의원 선거법은 선거부정을 막고 공명선거를 보장하는 데 역점을 두고 있을 뿐, 민의원 선거의 소선구제와 단순다수결제라는 기본구도를 굳건히 유지하고 있었다(이정식 1973, 95-96). 이러한 선거제도는 새로운 정치세력의 정치사회 진입에 커다란 제도적 걸림돌로 기능하게 된다.

1958년 12월 야당 의원을 의사당 밖으로 몰아낸 다음 오직 자유당 의원들만으로 통과시킨 전문 40조의 국가보안법은 혁명 후 국회에서 재개정됐다. 이때의 개정을 통해 언론조항 등 국민의 기본권을 침해하는 요소는 상당 부분 삭제되었고, 전문 역시 16조로 축소 조정되었다. 그러나 이른바 공산분자의 파괴활동을 단속한다는 미명 하에 진보세력의 정치적 조직화 및 이념적 자유를 제한하는 조항은 여전히 유지되고 있었다(이정식 1973, 181-184).

전체적으로 볼 때, 자유당과 민주당이라는 보수적 정치세력 간의 정략적 협의를 통해 이루어진 개헌 및 제도개혁은 정당활동의 자유를 보장하고 국가보안법을 완화하는 등 민주적 조직화의 관문을 상당 수준 낮춰 주었지만, 시민사회 내에서 새로운 정치세력이 성장하여 정치사회에 진입할 수 있는 문턱은 대단히 높게 설정해 놓았다.

로칸과 립셋은 사회균열이 정당체계로 전환하는 데 영향을 미치는 다음과 같은 네 가지 제도적 관문을 제시한 바 있다(Lipset and Rokkan 1967, 27-33). 첫째, 정당화의 관문은 반대와 비판의 권리를 보장해 주는 정도를 뜻한다. 둘째, 통합의 관문은 특정 운동이나 사회세력의 정치사회 진입에 대한 제도적 방벽의 유무와 높낮이를 뜻한다. 셋째, 대표성의 관문은 새로운 정치세력과 조직이 정치사회 내에 독자적인 조직을 뿌리내릴 수 있는 제도적 장치―주로 비례대표제―가 얼마나 구비되어 있는가와 연관된다. 넷째, 다수결의 관문은 다수결에 의한 승자독식(winner takes all)의 제도인가, 아니면 비례적 권력분점을 허용하고 있는가와 연관된다. 제2공화국의 개혁은 정당화의 관문을 대폭 낮추는 데는 성공했지만, 통합의 관문과 대표성의 관문은 여전히 높게 설정해 놓았으며, 내각제의 도입으로 다수결의 관문은 어느 정도 낮추어 놓았다. 이러한 제도적 환경 속에서 시민사회 내의 새로운 정치세력이 정치사회 내에 진입해서 존립의 기반을 확보한다는 것은 결코 쉬운 일이 아니었다. 결국 4·19혁명 이후의 '비혁명적' 민주이행은 보수적 정치지형을 그대로 지속할 수밖에 없는 수준의 정치개혁에 머무르고 말았던 것이다.

제4절 정당정치의 전개와 그 성격

1. 자유당의 붕괴

자유당의 붕괴는 오직 이승만 개인의 권력 유지를 위한 도구로서만 기능했던 사당(私黨)이 지도자의 몰락과 함께 맞아야 했던 당연한 귀결이었다. 이승만의 하야 선언 후 비록 민주당과의 합의에 의해 현존 의회질서를 당분간 유지시키는 데는 성공했으나, 이기붕의 사망과 당내 지도자들의 잇단 체포 및 탈당 등으로 그 세력은 급속히 약화되어 갔다. 그러다가 이승만이 하와이로 망명한 지 정확히 사흘 만에 당시 자유당 소속 국회의원 138명 중 104명이 집단 탈당함으로써 자유당은 사실상 와해되고 말았다. 6월 12일 치러진 마지막 전당대회는 이른바 재건파 소속의 주도로 진행되었는데, 자유당은 여기서 54명의 민의원 후보를 지명했다. 7월 29일 개정 헌법과 선거법에 의해 치러진 총선거에는 자유당, 헌정동지회, 무소속 등으로 100여 명에 달하는 전 자유당 소속 의원이 출마했다. 그러나 이들 중 오직 10여 명만이 당선되었고, 그 중 자유당 소속 의원은 단 2명에 불과했다. 자유당은 1960년 11월 15일 일부 군소 정당 또는 정파들과 연합해 결성된 공화당에 합류함으로써 정치사회에서 완전히 소멸했다(한승주 1983, 66-78).

라팔롬바라와 웨이너는 현존 지도자의 정치생명과 완전히 독립

〈표 5-1〉 4·19 전후 정당 및 교섭단체별 의석분포 변화

	1958년 6월 16일	1960년 7월 25일
자 유 당	138	48
민 주 당	79	68
무 소 속	16	41
헌정동지회		13

* 자료 : 이정식(1973, 100).

된 조직적 연속성을 확보하는 것을 현대 정당이 갖추어야 할 첫 번째 요건이라고 지목하고 있다(LaPalombara and Weiner 1966, 6). 지도자의 퇴진과 권력 상실에 이은 조직의 와해과정을 적나라하게 시현함으로써 자유당은 자신이 결코 진정한 의미의 현대 정당이 결코 아니었음을 입증하고 역사의 뒤안길로 사라졌다. 그에 따라 한국의 정치사회는 사실상 민주당의 독점적 지배하에 들어가게 되었는데, 그것은 자유당의 붕괴와 더불어 진보세력이 정치사회에 확고한 세력을 구축하는 데 실패했기 때문이다.

2. 진보적 정치세력의 부침

제1공화국 말기 진보당에 대한 탄압과 국가보안법 개정에 의해 정치사회 내에 발붙일 여지를 철저하게 봉쇄당했던 진보적 정치세력은 4·19 이후 개방된 사회정치적 환경 하에서 조직적 발판을 마련하기 위한 노력을 비교적 신속하게 전개했다.[6] 진보세력의 정치

---

[6] 이하의 논의는 이정식(1973, 329-347)과 한승주(1983, 89-103 및 172-180)

조직화는 주로 진보당 잔여 세력과 이승만 정부 하에서 정당 등록을 거부당했던 민주혁신당 등에 의해 추진되었다. 이들은 우선 범야적 혁신세력의 규합체로 이른바 '혁신연맹' 결성을 추진해 5월 9일 그 결성대회를 개최하려 했으나, 계엄사령부가 집회를 불허하고 혁신세력 내부의 의견조정 또한 여의치 않아 이 시도는 좌절되고 말았다. 그 결과 진보세력의 정치조직화는 대체로 인물 중심의 각개약진이라는 취약한 양상을 노정하게 되었다. 그런 가운데 김달호, 윤길중, 서상일, 박기출 등 구 진보당과 민혁당, 그리고 근민당 세력이 결집해 6월 17일 창당준비위원 대표자대회를 개최한 사회대중당은 과도정부 하의 진보적 정치운동의 가장 강력한 조직체로 성장했다.

사회대중당은 창당선언문에서 실질적 민주주의의 확립, 즉 민주주의 외연의 사회·경제적 확대를 정당활동의 목표라고 다음과 같이 명료하게 밝혔다.

> 20세기 후반인 오늘의 민주주의는 정치적 민주주의에 그칠 수 없고, 그것은 동시에 사회적, 경제적 민주주의의 성격 및 내용을 구유하지 않으면 안 된다. 그러므로 우리의 4월 민주혁명은 정치적 제 자유의 완전 실현을 그 임무로 삼아야 할 뿐 아니라 더 나아가서 자유 평등의 실질적 구현, 즉 사회적, 경제적 의미에서의 실현을 그 사명으로 삼지 않으면 안 된다. 그리고 이것은 우리가 이제부터는 민주적 정치적 제 자유를 전 국민대중이 그 내용과 실질에서 균등하게 향유할 수 있게끔 국민대중의 경제적, 문화적 조건을 개선·향상시켜야 함을 의미하는 것이다.[7]

참조

⟨표 5-2⟩ 1960년 7·29총선 정파별 입후보자 및 의석, 득표율 분포

정당·정파	입후보자	의 석	득표율(%)
민 주 당	301	175	42.0
사회대중당	121	4	6.1
자 유 당	52	2	2.9
한국사회당	18	1	0.7
통 일 당	1	1	0.2
한국독립당	12	0	0.2
무 소 속	977	49	46.2
기 타	36	1	1.7

* 자료: 이정식(1973, 113).

선언문은 이어서 사회대중당이 "농민, 노동자, 근로인텔리, 중소상공업자 및 양심적 자본가 등 여러 계층 및 사회적 집단"의 지지를 토대로 "민주적 복지사회 건설의 경제적 토대를 구축"하려 노력할 것이며, 또 이와 같은 노선은 "공산주의를 그 근저에서 극복하는 가장 철저하고 진정한 반공노선"이라고 주장했다(이정식 1973, 334).

사회대중당의 창당선언문이 이처럼 현대 사회민주주의의 이념과 정책노선을 그대로 채택하고 있음은 분명 주목할 만한 일이다. 또 사회대중당은 짧은 기간에 대단히 인상적인 조직활동을 벌여 <표 5-2>에서 보는 것처럼 7·29총선에 121명에 달하는 입후보자를 출마시킬 수 있었다. 한편 노동조합 출신의 전진한을 중심으로 5월 20일 창당한 한국사회당은 총선에 18명의 후보를 내놓았으며, 정치사회의 보수적 틀을 근본적으로 혁파할 것을 촉구한 고정훈에

---

7) 이정식(1973, 333)에서 재인용.

의해 6월 2일 조직된 사회혁신당은 불과 2명의 후보만을 출마시킬 수 있었다.

이들 진보정당은 선거에 대비해 주목할 만한 참신한 공약을 제시했다. 그런데도 이들은 선거를 보수 대 혁신의 대결구도로 끌고 가는 데 실패했다. 그리하여 7·29총선에서 진보적 정치세력 당선자는 사대당이 4석, 한국사회당이 1석에 그치고 말았으며, 이들 3개 정당의 득표율도 6.8%에 머물렀다(<표 5-2> 참조).

이 시기 진보적 정치세력의 성장을 방해한 대표적인 요인은 다음과 같이 정리해 볼 수 있을 것이다.

첫째, 4·19의 혁명적 열기 속에서도 반공 이데올로기의 위력은 여전히 강력했다. 이와 관련해서 결코 간과해서는 안 될 것은 4·19의 지도이념이 자유민주주의였다는 사실이다. 민주당은 명백히 '적색공포'를 선거에 활용했다. 예컨대 선거를 불과 3주일 앞두고 검찰은 혁신계 당원의 65% 이상이 과거 남로당 당원이라고 공식 발표함으로써 진보세력의 잠재적 대중 동원력에 치명타를 가했다(한승주 1983, 94). 또 좌파와 진보적 집단의 발호를 견제하기 위해서 민주당 신파가 기업가들로부터 상당한 액수의 정치자금을 수수했다는 장면의 고백을 통해 진보세력의 정치적 성장을 저지하려는 보수적 정치경제 세력의 협조체제를 감지할 수 있다(한승주 1983, 162).

둘째, 이미 전술한 바와 같이 보수 정치세력 간의 담합에 의해 이루어진 제도개혁은 새로운 정치세력이 정치사회에 진입하기 위한 문턱을 대단히 높게 설정해 놓았다.

셋째, 진보당의 붕괴와 국가보안법 강화에 의해 정치적 운신의 폭이 극도로 좁았던 진보세력은 4·19혁명의 진행과정에서 사실상 완전 배제되어 버렸다. 그 결과 혁명 이후의 새로운 정치환경에서 대중들에게 호소할 정치적 자산이 민주당에 비해 적을 수밖에 없었다. 이와 같은 정치적 열세는 조직, 자금, 인적 자원의 열세와 겹쳐 진보세력의 성장을 크게 제약했다. 노동운동과 농민조직이 자유당 시절의 어용적 성격에서 완전히 벗어나지 못한 상황에서 민중조직과의 연계는 결코 바랄 수 없는 상황이었을 뿐 아니라 이들은 4·19를 주도한 학생들로부터도 어떠한 조직적 지지도 이끌어 낼 수 없었다.

제2공화국에 관한 기존의 연구서들은 대체로 7·29총선 결과를 혁신세력의 '참패'라고 기록하고 있다. 그러나 위에 열거한 바와 같이 극도로 불리한 이념적·제도적·사회구조적·정치적 여건 하에서 이들이 이루어 낸 것은 보기에 따라서는 '기적'과도 같은 성과였다고 평가할 수도 있다. 사실 비례대표제가 시행되었더라면 이들의 득표율은 최소한 14석의 의석을 확보할 수 있었을 것이며, 제도의 차이에 따른 선거전략의 변화 가능성을 감안한다면 의석은 더 늘어날 수도 있었을 것이다. 이들의 성과는 특히 1987년 이후 2000년까지 치러진 선거에서 민중당과 민주노동당 등 진보정당이 보여준 미미한 실적과 비교할 때 더 두드러진다. 또 내각제 초기 유럽의 진보정당이 보여준 실적과 비교해 보더라도 7·29총선에서 진보정치 세력이 거둔 성과는 결코 미미한 것이 아니었다. 역사분석에서 가정법의 구사는 위험한, 그리고 무의미한 시도일 수 있다. 그러나 제2공화국의 헌정질서가 만약 상당 기간 지속되었고, 또 그와 함께 산업화가 눈에 띄게 진척되었더라면 아마 1960년에 이들이 일구어 낸 성과는 진보정당 성장의 중요한 교두보가 되어 주었을지도 모른다.

반면 이와 같은 전망을 부정하는 요소도 명백히 존재했다. 그 부정적 요소는 무엇보다 진보정치 세력 내부에서 성장했다. 진보세력 역시 선거결과를 긍정적으로 평가하는 데 실패함으로써 이를 보다 강력하고 효율적인 조직 및 동원역량을 구축하기 위한 발판으로 활용하지 못했다. 즉 진보세력들은 선거결과를 참패로 간주하는 성급한 패배주의에 매몰되어 조직적 이합집산을 거듭함으로써 민주개방 이후 뚜렷이 조직력 강화의 조짐을 보였던 노동조합, 교원조합, 농민단체 등과의 조직적 연계를 강화하고 시민사회 전반에 지지기반을 확산하려는 노력을 적극적으로 전개하는 데 실패했던 것이다.

선거가 끝나자마자 사회대중당은 비타협적 혁명노선을 견지할 것을 주장하는 급진세력과 절차주의적 기치를 토대로 범진보세력의 대연합을 주장하는 온건세력 간의 분쟁에 휘말렸다. 그 결과 온건세력은 급진세력과 결별하고 한국사회당, 혁신연맹, 한국독립당 등과 연대해 10월 25일 독립사회당을 조직했다. 독립사회당은 다시 고정훈의 사회혁신당 등 진보세력을 추가로 포괄해서 1961년 1월 21일 통일사회당으로 재편되었다. 한편 급진세력은 다시 김달호와 윤길중의 추종세력으로 양분되어 전자는 11월 24일 사회대중당을 정식 결성시켰으나 후자는 혁신당이라는 독자적인 정당을 조직해 나갔다. 따라서 진보정치 세력은 7·29총선 후 채 반 년이 지나지 않아 장건상의 혁신당, 김달호의 사회대중당, 그리고 통일사회당 등으로 재편되었다.

이처럼 조직적 면모를 일신한 진보세력은 사회경제적인 문제보다 통일문제에 조직활동의 역량을 집중시키기 시작했다. 이것은 당시 학생들을 주축으로 시민사회 일각에서 폭발적으로 분출된 통일운동에 대한 진보정치 세력의 조응의 성격을 띠었다. 그리하여 사회대중당은 13개 사회단체와 제휴해 1961년 2월 25일 '민족자주통일중앙협의회'를 결성했으며, 사회대중당과 경쟁관계에 있던 통일사회당은 '중립화조국통일총연맹'을 결성해 진보세력 내의 통일논쟁을 더욱 가열시켰다.

그러나 이들이 악화된 경제사정으로 엄청난 고통과 좌절 상태에 빠져 있던 노동자, 농민, 그리고 도시빈민의 절박한 상황을 무시한 채 당시 학생층을 중심으로 돌출된 낭만적 통일운동에 매몰되어 버린 것은 정책노선 설정상의 중대한 실책이었다. 그 결과 통일을 둘러싼 요란한 구호와 선동에도 불구하고 민중과 진보세력 간의 이반은 더욱 깊숙이 진행되었고, 정치사회와 이들의 단절은 더욱 확고해졌다. 진보세력의 이와 같은 조직적 이합집산과 전략적 실패로 인해 2공화국 기간 중 정치사회의 보혁구도로의 전환 가능성은 더욱 요원해지게 되었던 것이다.

3. 민주당의 분열

자유당의 붕괴와 진보세력의 좌절은 민주당으로 하여금 제2공화국의 정치공간을 사실상 독점적으로 장악하는 것을 가능하게 해 주었다. 그러나 보수정당에 의한 정치공간의 독점은 신생 민주주의의 안정을 담보해 주지 못하고 오히려 정당 내부의 파벌적 투쟁을 악화시키고 조직분열을 조장함으로써 체제의 안정성과 정통성에 치명적인 손상을 입히고 말았다.

민주당의 내분은 사실 혁명의 성공과 함께 더욱 본격화되었다.

총 15개 이상의 정당 및 사회단체가 경합한 7·29총선은 표면적으로는 마치 보혁대결인 것처럼 보였지만 사실 그것은 민주당 내의 신·구파 간의 권력투쟁이었다. 이에 관해 당시 민주당의 핵심 지도자 윤보선은 다음과 같이 후술했다.

> 공동의 적이 물러간 뒤에 민주당 내 신·구파의 대립은 가속도로 격화되어 7·29 총선거에서 총체적으로 대결을 보게 되었다. 각 지구별로 당의 공식 후보자를 하나씩 냈으나 각 구에서 신·구파가 갈려 서로 자기 파 사람을 지원했고, 심지어는 이면적으로 제3자인 당 외 사람을 지원하여 타파의 공천 후보자를 낙선시키려던 일도 왕왕 있었다. 이러한 혼란상을 수습할 수 없었던 것이 민주당의 치명적 약점이었으며, 이 정권에서 잘못한 정치를 힘차게 바로잡아 달라는 국민의 기대를 저버리게 되었던 것이다(윤보선 1967, 82).

또 선거 당시의 언론도 이미 선거의 본질을 민주당 내부의 권력투쟁으로 규정하고 있었다.

> 이번 선거는 형식적으로는 보수·혁신·구자유당·무소속의 4파전이나 사실은 민주당 신파와 민주당 구파의 각축전이 될 것이다.……이번 총선거에서 다수를 획득하는 민주당의 어느 파가 결국 제2공화국의 정권을 담당한다는 전망은 거의 확실시되고 있어 민주당의 신·구파를 이번 선거에서는 별개의 정당으로 보지 않을 수 없다.[8]

---

8) <동아일보>, 1960년 7월 3일자. 이정식(1973, 296)에서 재인용.

그리하여 민주당의 정식 공천을 통해 신파 113명과 구파 108명의 후보가 입후보했으나, 양 파벌은 공천에서 탈락한 지역에 무소속을 가장한 자파 세력을 대거 출마시켜서 상대 파벌과 대결케 했던 것이다. 양 파벌의 대결은 물론 이념적·정책적 정향과는 전혀 무관한 권력투쟁이었고, 그에 따라 인신공격성 상호비방에 치중하는 대단히 저급한 선거운동 양상을 노정시켰다.

민주당은 이와 같은 분열상을 유권자들에게 적나라하게 노출시켰음에도 불구하고 압승할 수 있었다. 그 이유는 우선 민주당이 전국적 조직을 갖춘 유일한 정치세력으로서 전 지역구에 후보를 내세운 유일한 정당이었다는 데서 찾을 수 있을 것이다. 또 4·19와 그에 이은 민주이행을 정치사회에서 이끈 유일한 정치세력이었다는 것은 민주당 득표력의 핵심 원천이었다. 또 민주당은 이미 선거 이전에 정부, 경찰, 기업체의 적극적인 협조를 얻을 수 있는 준 여당의 지위조차 확보하고 있었다. 이러한 상황에서 민주당의 압승은 필연적이었다고 할 수 있을 것이다.

7·29 총선에서 전체 의석의 3분의 2 이상을 획득함으로써 신생 민주국가의 정치적 지배력을 장악한 민주당은 이때부터 본격적인 내분에 휩싸였다(이정식 1973, 294-315; 한승주 1983, 105-136). 8월 6일 열릴 예정이던 당의 공식적인 당선자대회에 앞서 신·구 양파는 8월 5일 각각 자파만의 당선자대회를 따로 가졌는데, 이때 구파에는 95명의 당선자가, 그리고 신파에는 85명의 당선자가 각각 참석했다. 의석수에서 상대적 우위를 차지한 구파는 이날 모임에서 "민주당이 국회에서 3분의 2라는 다수를 갖고 있다면 언제나 일당독재의 위험이 존재한다. 의원내각제 아래에서 양대 의회 정당의 건전한 경쟁이 바람직하고, 또 현재의 상황에서 어떤 다른 정당도 주요

야당으로 행동할 수 없으므로 민주당은 2개의 독자적 정당으로 갈라져야 한다"(한승주 1983, 109)고 선언함으로써 분당에 의한 권력 독식의 길을 모색하기 시작했다.

한편 신파 측은 대통령과 총리의 독식이 현실적으로 불가능할 것으로 판단하고, 의원내각제 하의 권력핵심인 총리를 자파의 지도자 장면이 차지하도록 하기 위해 대통령으로 구파의 윤보선을 추대하는 방향으로 전략의 가닥을 잡아 나갔다. 구파는 이에 반해 대통령과 총리를 모두 자파의 윤보선과 김도연으로 추진키로 결정했다. 그 결과 8월 12일 개최된 국회 양원 합동회의에서 윤보선은 무난히 대통령에 선출될 수 있었다. 이어 윤보선은 8월 16일 총리 후보로 김도연을 지명했으나 국회의 동의를 획득하는 데 실패했다. 윤보선은 어쩔 수 없이 8월 19일 장면을 총리로 지명했고, 장면은 국회에서 민주당 신파 90표, 구파 이탈 표 6표, 그리고 무소속 21표 등 117표의 지지를 획득함으로써 총리로 선출될 수 있었다.

장면이 총리로 확정된 바로 다음날 민주당 구파는 분당을 결의했으나, 8월 21일 양파의 지도자는 중립적인 곽상훈의 중재로 회합하여 내각 지분의 분배를 통한 연립정부 구성에 합의를 보았다. 그러나 이 합의는 신파 측 모임에서 거부되었고, 그 결과 장면은 8월 23일 신파만으로 구성된 단독내각을 출범시켰다. 이에 구파는 8월 31일 '민주당 구파동지회'란 이름으로 교섭단체 등록을 따로 하는 한편 민주당 회합 불참을 결의함으로써 분당을 향한 수순을 밟아 나가기 시작했다. 장면은 9월 7일 내각 구성 2주 만에 5개 각료직을 사임시키고 이를 구파에 양도함으로써 분당을 막기 위한 마지막 노력을 기울였지만 구파는 9월 22일 신당 발족을 공식 선언했다. 그 다음날 신파는 '민주당'으로 국회에 교섭단체 등록을 마쳤다.

이리하여 3분의 2가 넘는 세력을 확보했던 민주당은 각각 85석, 95석이라는 과반수에 미달하는 의석 규모를 지닌 두 개의 교섭단체로 양분되고 말았다.

이어서 구파는 다시 분당을 강행하자는 다수세력과 신파와 협상을 모색해 보자는 협상파로 나뉘었으나, 분당 강행파는 마침내 10월 13일 65명의 원내세력을 규합해서 신민당이라는 별도의 정당조직을 결성하고 말았다. 구파 내의 협상파는 이에 이탈해 민주당 교섭단체에 정식 가입했다. 그 결과 민주당의 의석은 일부 무소속의 가세에 힘입어 124석으로 증가함으로써 최소한 표면적으로는 안정 과반수를 확보하게 되었다.

그러나 이번에는 권력지분의 분배를 둘러싼 갈등이 민주당 내부에서 급속도로 증폭되기 시작했다. 우선 이철승이 이끄는 민주당 내 소장파 의원들은 정부 요직 배제에 불만을 품고 당 기구 개편을 위한 조기 전당대회를 소집해 당 지배력을 장악하기 위한 조직적 투쟁을 전개했다. 이들은 1961년 1월 하순 32명으로 구성된 '신풍회'라는 조직을 결성하고 국회 내에 독자적 교섭단체를 구성하려는 의도를 내비치며 민주당 지도부에 강력히 도전했다. 1월 30일 장면은 또다시 개각을 단행해 구파출신 각료들을 내각에서 재축출했다. 그러나 이 개각에서 장면은 구파로부터 합류해 들어온 합작파에게 1개 장관직을 분배하고 소장파에게는 단지 차관직 2개만을 배정하는 지극히 소극적인 화합책을 썼다. 그 결과 민주당 내각과 지도부는 소장파와 합작파라는 당내 2개 세력의 조직적 저항에 직면하게 되었다. 이것은 자당 소속 의원 약 50명의 지지를 장면 내각이 상실하게 되었음을 의미했다.

선거에서 압승을 거둔 지 반 년이 경과하지 않아 민주당 내각은 이처럼 의회 내에 안정된 지지기반을 상실하는 어처구니없는 상황에 빠져들고 말았다. 이 기간 집권 민주당이 보여준 조직 분열과 당내 파벌의 핵 분열적 가속화는 결코 이념, 원칙 혹은 노선상의 이견에 기인한 것이 아니었다. 오히려 그것은 권력지분의 분배를 둘러싼 대립과 갈등의 산물이었다. 그 결과 장면 정부의 불안정성은 갈수록 더해 갔고 효율적 정책집행 능력은 심각하게 훼손되었던 것이다.

비교정당정치의 관점에서 볼 때 보수정당 내 파벌의 성장 자체는 결코 희귀한 현상이 아니다. 그러나 이 보수정당 내부의 파벌이 정당조직의 실제 분열로 이어지는 것은 대단히 드문 현상이다. 보수정당 내부의 파벌은 대체로 정치권력, 지위, 그리고 경제적 이권 등의 배분을 둘러싼 편 가르기의 성격을 강하게 띤다. 그러나 이와 같은 정치경제적 이권은 이들이 조직적으로 결합되어 있어야만 확보될 수 있는 성질의 것이다. 따라서 정치경제적 파이의 분배를 둘러싼 파벌적 쟁투가 아무리 심각해도 조직의 실제 분열은 좀처럼 이루어지지 않는 것이 보수적 파벌정치의 특징이다. 전후 이탈리아 기민당과 일본 자민당은 이와 같은 보수적 파벌정치의 전형을 보여주었다.9)

그렇다면 한국의 민주당은 왜 집권 초기에 치명적인 조직분열과 파벌의 연쇄적인 확산을 경험했을까? 우선 이승만 독재 타도와 정권장악에 따른 결속력의 약화를 지적할 수 있을 것이다. 김성환의 지적대로 민주당이 내건 슬로건은 이승만의 독재에 반대하고

---

9) 이탈리아 기민당과 일본 자민당의 파벌정치에 관해서는 Zuckerman (1979) 및 사토(佐藤 1986, 52-77 및 238-245)를 각각 참조.

내각책임제를 지지한다는 것이 전부였다. 따라서 이승만 정권이 무너지고 내각책임제가 도입된 시점에 이르러서는 민주당원들의 결속을 유지시켜 줄 이념적 수단이 사라져 버렸던 것이다(김성환 1984, 79-80).

그렇다면 민주당의 모든 파벌이 강력히 지지하고 있던 자유민주주의 이데올로기는 왜 이들을 같은 조직 내에 묶어 둘 구심력을 발휘하지 못했던가? 그것은 자유민주주의의 실현을 거부하던 독재체제가 타도되었고, 또 선진 민주국가와 달리 자유민주주의에 강력히 도전할 사회경제적 대안을 지닌 진보적 정치세력이 정치사회에 세력을 구축하는 데 실패했기 때문이다. 그 결과 정치공간은 사실상 민주당에 의해 독점되었고 이념적·정치적으로 이들을 위협하는 정파는 더 이상 존재하지 않게 되었다. 바로 이것이 민주당 내부의 파벌적 쟁투가 조직의 분열로 쉽게 비화한 근본적인 이유였다. 또 이것은 1990년대 이탈리아 기민당과 일본 자민당이 경험한 조직분열과 유사하다. 전후 보수 지배체제를 지속적으로 유지해 오던 두 정당은 진보적 좌파세력의 위협이 결정적으로 제거된 새로운 정치환경을 맞자마자 조직 분열을 겪었다. 민주당 분열의 원인을 단순히 통합을 주도할 리더십의 부재에서만 찾을 수 없는 이유가 바로 여기에 있는 것이다.[10)]

자유민주주의를 이념적 기조로 하는 내각제개헌 외에 민주적 정치체제의 공고화를 위한 어떠한 정책적 비전도, 개혁적 처방도 제시하지 못한 민주당은 이처럼 권력지분의 분배를 둘러싼 쟁투만을 거듭한 끝에 사분오열되고 말았다. 애당초 안정된 원내의석을 충

---

10) 이러한 견해는 특히 한승주(1983, 136) 참조.

분히 확보하고 있던 집권정당의 이와 같은 분열은 갓 출범한 신생 민주체제로서는 대단히 불행한 현상이었다. 안정된 정당정치를 필수요건으로 하는 내각책임제 하에서 정당의 이합집산과 조직적 유동성이 이처럼 심각할 경우 체제 자체의 안정성은 크게 위협받을 수밖에 없게 된다. 시민사회의 여망과는 전혀 무관하게 조직적 이합집산을 거듭한 보수독점의 정당정치는 체제의 효율성을 극도로 저하시켜 시민사회 전반에 배신감과 좌절감을 증폭시킴으로써 체제의 정통성 역시 심각하게 훼손시켰던 것이다. 그리고 이것은 5·16쿠데타에 의한 민주적 정치체제 붕괴의 중대한 정치적 빌미를 제공해 주었다.

제5절 결 론

4·19혁명은 한국 정치사회에 표면적으로 형성되어 있던 민주 대 반민주의 정치균열을 해소시켜 주었다. 그러나 제2공화국의 정치는 이것을 대체할 새로운 균열축을 형성시켜 주지 못했다. 보수 대 혁신의 대립구도로의 발전은 여전히 압도적인 농촌사회에 머물러 있던 한국사회의 구조적 제약, 분단과 한국전쟁을 통해 강고하게 구축된 반공 이데올로기의 헤게모니 효과, 4·19 이후 민주이행 방식의 근본적 한계, 그리고 진보정치 세력의 정책적·전략적 빈곤 등의 요인이 결합하여 효과적으로 저지되었다. 그 결과 정치사회에 대한 보수세력의 배타적 독점은 제2공화국 들어서도 여전히 지

속될 수밖에 없었다. 반면 독재와 민주를 가로지르던 표면적 정치 균열의 해소로 인해 보수적 정파를 묶어 둘 수 있는 어떠한 안정된 균열축도 존재할 수 없게 되어 버렸다. 그리하여 오직 권력자원의 배분을 둘러싼 갈등과 개인적 친소관계를 중심으로 한 조직적 이합집산이 제2공화국 정당정치를 특징지었다. 제2공화국 정당정치의 이와 같은 파행성은 의원내각제를 기초로 한 민주적 정치체제의 공고화를 위해 절대적으로 요청되는 안정된 정당체계 확립을 불가능하게 만들었고 민주체제 자체의 안정성과 정통성을 심각하게 훼손했던 것이다.

따라서 우리는 제2공화국 정당체계를 안정된 보수 양당제로 결코 규정할 수 없다. 오히려 이 시기의 정당정치는 민주이행기의 극도로 유동적인 정당정치의 악성적인 한 유형으로 보는 것이 타당할 것이다.

그리고 지금까지의 분석은 이념적·사회적 양극화 현상의 출현을 제2공화국 붕괴의 핵심적인 원인으로 파악한 한승주의 주장과도 명백히 상치된다(한승주 1983, 5-10). 그의 주장은 본질적으로 민주체제 붕괴의 원인을 좌우 정치세력의 원심적인(centripetal) 움직임에서 찾았던 린츠의 고전적 연구와 궤를 같이한다. 정당체계와 민주제도, 특히 의원내각제의 공고화와 관련해 린쯔는 일반적으로 안정된 양당제가 다당제보다 안정적이라고 보지만, 만약 이 두 정당 간의 이념적 거리가 대단히 넓고 또 이들 간에 원심적 경쟁이 격렬하게 전개될 경우 민주제도는 붕괴의 위기에 직면하게 된다고 주장한다(Linz 1978, 24-27). 그러나 제2공화국의 경우 양당제가 결코 정착되지도 못했을 뿐 아니라 정치사회를 거의 독점적으로 장악하고 있던 민주, 신민 양당 간의 이념적 거리라든지 원심적 경쟁은 결코 찾아볼 수 없다. 오히려 린쯔류의 분석이 적실성을 지니려면 7·29 총선에서 사회대중당을 위시한 진보적 정치세력이 보수정당에 대단히 위협적인 세력규모를 구축했어야 할 것이다.

반면 주요 정당 내부에 분파주의가 급속도로 진행되고 또 정당의 분열이 계속되어 정당정치가 효율적인 정부를 구성해 줄 수 있는 능력을 상실하게 될 경우, 체제의 정당성은 크게 훼손되고 시민사회 내에 체제 저항세력을 확산시킴으로써 체제는 붕괴의 위기를 맞게 된다는 린쯔의 분석은 제2공화국의 운명과 관련해서 명백히 경청해 볼 만하다(Linz 1978, 66-69). 제2공화국 정당의 이와 같은 조직적 이합집산은 근본적으로 보수세력이 정치사회를 독점적으로 장악한 데서 연유했음은 이미 분석한 바 있다. 따라서 양극화가 민주주의의 실패를 가져오는 것이 아니라 정치사회에서 민주제도의 성공적 운영에 책임을 지고 있는 자들의 실패가 시민사회의 양극화 현상을 가속화시켜 준다는 루버트의 분석이 제2공화국 후반기의 사회정치적 정황에 더 적실성을 갖는 것으로 보인다(Luebbert 1987, 449-478).

정당정치의 보혁구도로의 전환 실패, 그리고 보수세력에 의한 정치사회의 구조적 독점 지속이 제2공화국의 파행적 정당정치의 핵심요인이었음은 지금까지의 분석을 통해 드러났다. 사실 1987년 민주개방 이후 지금까지 한국 정당정치가 보여 온 조직적 이합집산도 본질적으로 동일한 원인에 기인하는 것이다. 따라서 제2공화국 정당정치는 민주이행기 한국 정당정치 파행성의 본질을 일찌감치 시현해 보였다고 평가할 수도 있을 것이다.

제6장 | 박정희 시대 보수야당 연구

제1절 서 론

이 장은 박정희 시대 한국 야당의 역사를 분석 대상으로 한다. 주지하다시피 박정희 시대는 5·16쿠데타로 정권을 장악한 군부세력이 형식적 민주주의로부터 권위주의 유신체제로 지배체제를 이어 가면서 억압적인 국가체제를 갈수록 강화시킨 시기였다. 또 이 시기는 한국경제가 소위 '발전국가 모델'(Weiss 1998, Woo-Cumings, 1999)에 입각해 고도의 경제성장을 구가하며 본격적인 산업자본주의 단계로 급속하게 이행한 시기였고, 시민사회 역시 이에 발맞추어 분화하고 성장한 시기였다. 즉 억압적이고 강권적인 국가의 성장과 함께 시민사회가 팽창·분화하고 그 조직적 특성을 키워 가면서 국가에 대한 도전과 저항의 태세를 강화시켜 나간 시기가 박정희 시대였다.

국가와 시민사회의 성장이 이처럼 두드러졌음에 비해 정치사회는 갈수록 그 공간이 협소해졌고, 정치사회를 대표하는 제도와 조직인 의회와 정당이 한국정치에서 담당하는 역할과 비중은 갈수록 줄어들었다. 정당의 역할과 중요성이 감소했다는 것은 집권 여당과 야당 모두에게 해당하는 말이다. 그러나 정권의 한 축을 지탱해 주는 핵심조직으로 남아 있던 여당에 비해 협소해져 가는 정치공간 속에서 체제와 정권에 대한 반대의 역할과 방식을 가늠해 가는 한편 법률적·물리적 통제와 억압을 견뎌내야 했던 야당으로서는 더욱 힘든 시기였음에 틀림없다.

이 장에서는 이처럼 강력하고 억압적인 국가, 분화와 성장을 거듭하는 시민사회, 그리고 왜소해지고 협소해지는 정치사회라는 구조적 틀과 추세 속에서 한국 야당이 자신의 조직과 역할을 어떻게 형성하고 또 변화시켜 나갔는지 분석해 보고자 한다.

박정희 시대를 형식적 민주주의를 바탕으로 한 제3공화국 시기와 본격 권위주의 체제였던 유신시대로 나누어 볼 때, 야당 조직의 변모는 제3공화국에 두드러지고 반대 노선과 전략의 변천은 유신시대에 두드러진다. 1960년대 야당의 조직적 변화에 영향을 끼친 요인을 분석하고 또 1970년대 야당의 권위주의 정권에 대한 반대투쟁의 흐름을 분석하려는 두 가지 목표를 이 연구는 설정한다.

제2절 반대전략의 특성과 유형

박정희 시대 야당의 조직과 반대전략의 변화에 영향을 끼친 요인을 우선 다음과 같이 개괄해 볼 수 있다.

첫째, 제도적 요인이다. 제3공화국이 도입한 대통령중심제와 독특한 선거제도는 궁극적으로 정당의 난립을 억제하고 야당의 조직적 통합을 촉진시키는 역할을 수행했다. 한편 유신체제 하의 법률과 제도는 야당 내부에 파벌의 분화를 촉진시키고 반대의 기능을 대폭 위축시켰다.

둘째, 분단과 한국전쟁이 형성한 이념적 지형의 영향이다. 분단과 한국전쟁이 강요한 반공 이데올로기의 헤게모니 효과(최장집 1989, 89-95)는 박정희 군부정권 하에서 더욱 강화되었다. 이것은 정치사회와 시민사회 안에서 이념적인 저항과 반대의 공간이 거의 존재할 수 없었음을 뜻한다.

셋째, 과거 정당정치의 유산이다(한승주 1983, 김수진 1996). 박정희 시대의 야당은 한국민주당, 민주국민당, 민주당으로 이어지는 전통 야당의 계보를 승계했다(심지연 2004, <그림 6-1> 참조). 따라서 야당의 조직적 특성과 그 행적에 과거의 유산이 영향을 미치지 않을 수 없었다. 우선 한국민주당 시대에 확립된 보수적 명사정당으로서의 조직적 특성(심지연 1987)은 제3공화국 야당까지 그대로 이어졌다. 또 제1, 2공화국 민주당 내에서 형성된 신·구파 간의 대립과 파벌 정치의 영향 역시 제3공화국 시기 야당 조직의 이합집산에 적지 않은 영향을 미쳤다. 이 시기 야당은 대중조직과 지지기반을 구축하지 못한 채 권력자원의 배분을 둘러싸고 전개된 파벌적 쟁투에 따라 조직적 이합집산을 거듭했던 것이다.

물론 야당 내의 파벌정치를 권력자원 배분을 둘러싼 쟁투로 단순화시키는 것은 대단히 위험하다. 파벌정치의 일반적 특성을 볼 때 대체로 권력을 오래 장악하고 있는 여당의 파벌은 집권에 따르는 과실, 즉 정치자금과 공직의 배분을 둘러싸고 형성되는 후원과 지지의 실용적 관계가 파벌정치로 구조화하는 양상을 보여준다(Belloni 1976).

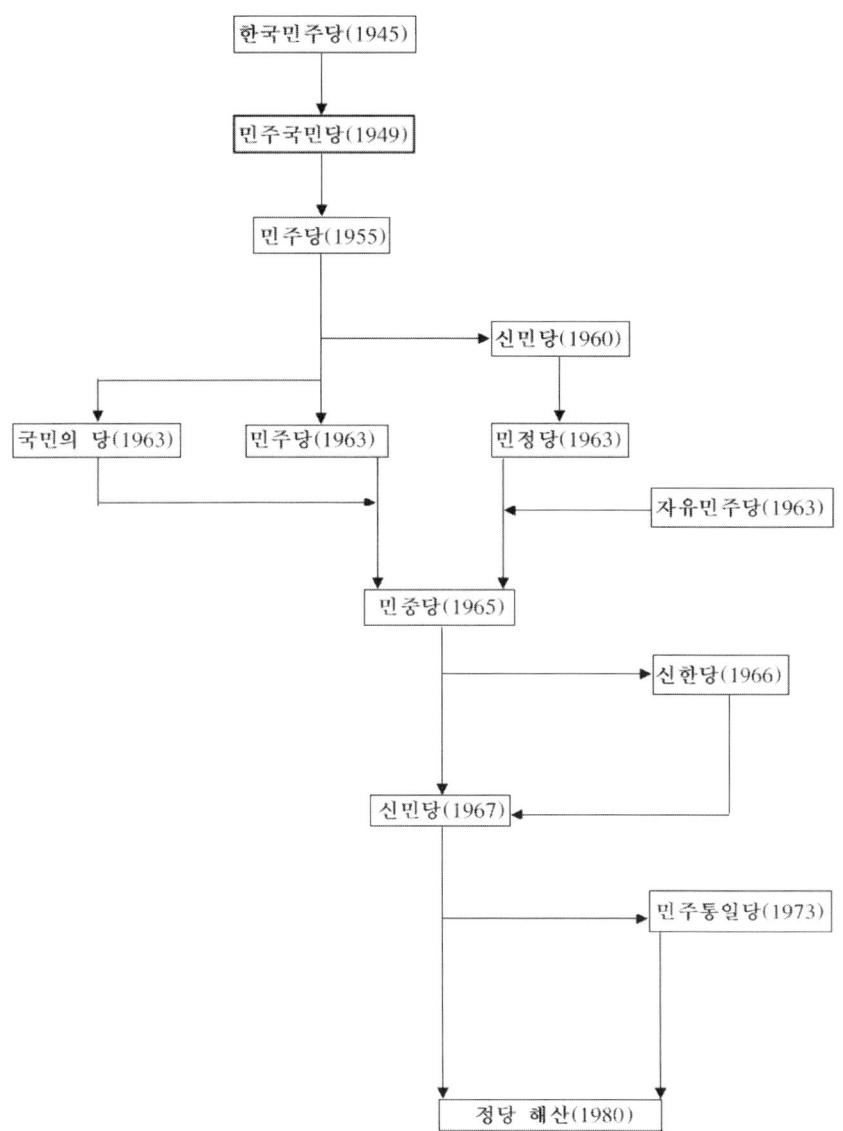

〈그림 6-1〉 보수야당 조직의 변천, 1945~1980

일본 자민당과 이탈리아 기민당 내의 파벌정치가 그 전형을 보여준 바 있다(Curtis 1988, 80-88; Zuckerman 1979). 반면 반대정당 내에 형성되는 파벌은 대체로 반대의 수단과 방법을 둘러싼 강경파와 온건파의 대립을 반영한다. 즉 반대의 수단과 방법을 둘러싼 노선투쟁이 반대당 파벌의 전형이다. 사회주의 정당 내부의 노선투쟁이 그 대표적인 사례이다(Schorske 1955). 그런데 박정희 시대 야당의 경우 이 두 가지 경향이 공존했다. 그 까닭은 대중적 조직기반을 결여한 보수적 명사정당이 오랫동안 반대당의 위치에 머물러 있었기 때문이 아닌가 한다.

한편 반대정당으로서 야당의 반대는 다음과 같은 특성을 보여주었다.[1]

첫째, 이념적 반대의 부재이다. 박정희 시대 야당은 강력한 반공 이데올로기로 무장해 있었다는 점에서 집권세력과 아무런 차이가 없었다. 그 결과 야당은 이 기간 내내 집권 민주공화당과 함께 보수독점의 정치지형을 양분하면서 어떤 진보세력의 정치사회 진입도 결코 허용하려 하지 않았다.

둘째, 정책적 반대 역시 이 시대 야당의 반대 양식을 대표하지 않았다. 야당은 정부와 여당의 정책에 대해 건설적인 대안을 제시해서 지지를 동원하려 하기보다는 정권의 주요한 정책 이니셔티브에 대한 수세적 대응에 급급했다.[2]

---

1) 정치적 반대에 관한 이론적 논의는 특히 Dahl(1966, 1973) 참조.
2) 이러한 일반적 경향과 대비되는 가장 주목할 만한 예외는 아마 김대중이 당의 정책대안으로서 1960년대 말과 1970년대 초에 제안한 '대중경제론'일 것이다(김대중 1986). 대중경제론은 박 정권의 수출주도형 산업화 정책과 성장우선정책의 부정적 효과에 대한 정책적 대안을 제시해서 경

셋째, 제3공화국 시기 야당의 반대는 대체로 정치적 반대의 특성을 띠었다. 박정희 정권이 보여준 '민주성의 결핍'을 문제 삼아 정권의 반민주적 특성을 강력하게 부각시킴으로써 반사이익을 거두려는 반대전략을 집중적으로 구사했다.

체제에 대한 야당의 정치적 반대는 특히 권위주의 유신정권 시기에 두드러졌다. 이 시기 신민당은 당 지도자를 유진산, 김영삼, 이철승, 김영삼 순으로 교체해 가면서 권위주의 체제에 대해 다양한 반대활동을 전개했는데, 이를 세 가지 유형으로 파악할 수 있다. 첫째, 체제 수용형 반대(loyal opposition)는 체제의 정통성을 인정하고 오직 미시적 정책이슈에 한해 반대를 제기하는 소극적 반대 유형이다. 둘째, 체제 타협형 반대(semi-loyal opposition)는 체제의 정통성을 부인하지만 이것을 바꾸려는 투쟁은 법률적·제도적 틀 내에 한정시키는 반대 유형이다. 셋째, 체제 부정형 반대(disloyal opposition)는 체제의 정통성을 전면 부정하고 체제를 붕괴시키기 위해 합법적·비합법적 수단을 모두 동원해서 투쟁하는 반대 유형이다.3)

제성장의 과실로부터 상대적으로 소외된 하층계급의 지지를 적극 동원하는 것을 목표로 했다. 따라서 대중경제론은 발전국가적 경제정책에 대한 일종의 케인즈주의적 정책대안의 성격을 띠었다. 그러나 이 정책노선은 김대중이라는 인물의 개인적 자질과 역량의 산물로 보아야 한다. 김대중이 야당의 공식적 리더십에서 이탈해 있었을 때 야당이 대중경제론을 지속적인 정책대안으로 제시한 적은 없고 또 이것을 통해 유권자 동원에 성공한 흔적도 보이지 않는다.

3) 반대 유형에 관한 이와 같은 분류는 린쯔(Linz 1978, 27-38)의 분류를 응용한 것이다. 린쯔가 민주정권의 붕괴 원인과 과정을 분석하기 위해 만든 반대 유형론을 이 책에서는 권위주의 정권 내에서 전개되는 반대의 유형으로 응용하였다.

체제 수용형 반대는 반대에 대한 정권의 제재가 거의 없으며, 오히려 정권의 음성적 지지와 지원을 받으면서 권력자원에 대한 제한된 접근까지 제공되기도 하는 유형이다. 그러나 이 경우 야당으로서 존재할 의의와 그 존립 기반을 상실하고 권위주의 체제의 일개 '위성정당'(satellite party)(Sartori 1976, 231)으로 전락할 위험성이 상존한다. 의회 내에 진출한 원내세력의 경우 체제에 대한 정면 도전이 초래할 수 있는 개인과 조직에 대한 위해의 두려움으로 인해 이 반대 노선에 경도될 개연성이 대단히 높다. 그러나 이 경우 당내 원외세력과 시민사회 내 체제 저항세력의 비판과 도전에 직면하게 될 가능성이 크다.

체제 타협형 반대의 경우 야당은 체제에 대해 원칙적인 저항과 반대의사를 분명히 표시하지만, 이에 대한 저항은 의회 내에서의 절차적 투쟁에 국한시킨다. 이것은 체제에 대한 전면적 도전이 자칫 정당조직과 개인에게 치명적 위해를 초래할지도 모른다는 현실적 부담과 체제에 대한 저항을 통해 야당의 존재이유를 입증해야 한다는 원칙적 요구가 결합하여 형성되는 타협노선이다. 즉 체제 타협형 반대는 국가의 탄압과 시민사회의 요구 사이에 타협적으로 형성된 불안정한 균형점 위에서 전개된다.

체제 부정형 반대의 경우 야당은 시민사회의 체제 저항세력과 강력히 연대해서 체제에 대해 전면적인 투쟁을 전개한다. 이때 야당은 정치사회를 포기하고 국가와 시민사회 사이에 형성된 민주·반민주 전선에 시민사회의 일원으로 가세한다.

유신시대 한국 야당은 이 세 가지 반대 방식을 둘러싸고 치열한 노선투쟁과 당권투쟁을 전개했다. 그리고 이 과정에서 국가와 시민사회의 직·간접적인 영향력이 노선투쟁의 향배와 반대투쟁의

〈표 6-1〉 야당의 반대 전략과 지지 및 협력 관계

반대 유형	당내 지지세력	시민사회(재야)의 태도
체제 수용형 반대	원내 세력	적대적
체제 타협형 반대	혼합적	중립적
체제 부정형 반대	원외 기층세력	협력적

성격을 규정했다.

이제 이와 같은 개관을 바탕으로 박정희 시대 야당의 조직과 활동을 추적해 보도록 한다.

제3절 제3공화국 시기 정당조직의 변천과 반대전략

1. 조직적 분열

1962년 12월 정식 공포된 제3공화국 헌법은 정당 설립을 자유화하고 복수정당 체제를 보장했으며 정당에 대한 국가의 보호를 명문화했다. 그리고 대통령과 국회의원 후보자의 정당 추천을 의무화함으로써 정당정치를 활성화하기 위한 헌법적 기초를 마련했다. 그러나 이어서 제정된 정당법은 정당의 설립과 활동에 대한 규제를 대폭 강화했다. 정당을 설립하기 위한 최소한의 법정지구당 수를 지역선거구 총수의 3분의 1 이상으로 규정하고 각 지구당의 법정당원을 50명 이상 두도록 규정했다. 또 국회의원 선거법은 단순다수결에 의한 소선거구제 131석과 전국구 비례대표 의석 44석을 합쳐서 175명의 국회의원을 선출하도록 규정했다. 헌정사상 최초로 도입된 비례대표제는 제1당의 득표율이 50% 미만일 경우 제1당에 전국구 의석의 절반을 할애하도록 한 대단히 기형적이며 퇴영적인 제도였다. 여당의 득표율이 가장 높을 것으로 전제하고 집권당에게 의회 내 안정 의석을 확보해 주려 했던 비민주적 안전장치였다(중앙선거관리위원회 1973, 81-84).

정당과 선거에 관한 이와 같은 제도적 장치는 야당의 조직과 활동에 적지 않은 영향을 미쳤다. 우선 무소속 후보 배제 장치는 정치 지망생들로 하여금 정당 가입을 강요함으로써 정당의 난립을 부추기는 제도적 요인이 되었다. 그러나 정당의 난립은 강화된 정당 설립 요건을 통해 억제되었다. 또 단순다수결에 의한 대통령 선출 방식, 그리고 소선거구제와 단순다수결 제도를 결합시킨 국회의원 선출 방식은 정당제도의 양당제 경향을 강화시켜 줌으로써 난립한 이 시기 야당들이 궁극적으로 신민당으로 통합하는 데 중요한 제도적 요인이 되어 주었다. 또 제1당과 제2당에 극도로 유리하게 조작된 불평등한 비례대표제 역시 양당제로의 경향을 강화시켜 주었다.

그러나 군사정권이 중단시켰던 정치활동을 다시 허용했을 때 민간 정치세력은 단일 정당을 결성하는 데 실패했다. 1962년 정치활동정화법 제정을 통해 4천 명 이상의 정치활동을 금지시켰던 군사정권은 1963년 2월 말까지 이들 중 대략 2천 7백여 명을 해금시켰다(이기택 1987, 173-175). 정치 해금에 따른 야당 조직의 복원은 과거 민주당과 신민당에 속해 있던 정치인들이 주도했다. 이들은 군사통치 종식을 위한 단일 야당 형성을 약속하고 천명했지만 이 약속은 지켜지지 않았다(유진산 1972, 252-256; 이기택 1987, 192). 1963년 3

월경부터 본격화된 민간 정치인들의 정당 재건운동은 반년 남짓 복잡한 제휴와 대립 및 그에 따른 이합집산을 거친 끝에 구 민주당의 복원을 내세운 민주당, 구 신민당 세력을 주축으로 한 민정당, 그리고 과도정부 수반을 맡았던 허정을 중심으로 한 국민의 당이라는 주요 3당이 병립하고 그 외에 많은 군소정당이 난립하는 모습을 띠게 되었다(심지연 2004, 167-179; 이기택 1987, 175-200; 이계희 1991, 114-120).

야당 조직의 이와 같은 분열에 가장 큰 영향을 미친 것은 앞 장에서 살펴본 제2공화국 정당정치의 후유증이었다. 민주당과 신민당의 조직분열로 이어졌던 민주당 신·구파 간의 뿌리 깊은 알력은 군정세력이라는 강력한 적을 목전에 두고도 해소되지 않았다. 이들의 분열은 특히 대통령 후보 선출과 당 지도체제를 둘러싼 대립과 파국으로 구체화되었다. 당의 이념이나 정책노선을 둘러싼 갈등과 대립이 아니라 권력자원의 배분에 대한 합의 실패가 조직 분열의 원인이었던 것이다.

이들은 비록 정당조직의 통합에는 실패했지만 대통령 후보 단일화는 선거 막판에 간신히 실현시켰다. 민정당의 윤보선 후보를 제외한 모든 주요 후보가 군정 종식과 민정 수립을 위해 사퇴했던 것이다. 민간 정치세력의 이처럼 뒤늦은 노력에도 불구하고 박정희는 윤보선을 15만 표(1.5%) 차이로 제압하고 대통령에 당선되었다 (대한민국선거사 제1집 1973, 513-518).

대통령 선거에 이어 실시된 제6대 국회의원 총선거에는 무려 12개 정당의 1,001명에 달하는 후보가 난립했다. 야당 진영은 입후보자의 난립, 선거운동 자금의 부족, 조직력의 미비로 대단히 불리한 입장에 있었다. 선거 결과는 분열된 야당의 참담한 패배로 나타났다. 민주공화당은 이미 언급한 유리한 선거제도와 야당의 난립에 크게 힘입어 불과 33.5%를 득표하고도 전체 의석의 63%인 110석을 장악했다. 반면 민정당, 민주당, 국민의 당, 자유민주당 등 야당을 대표하던 네 주요 정당은 합쳐서 50.6%를 득표하고도 65석밖에 획득하지 못했다. 군정이 만든 국회의원 선거법이 이미 이와 같은 결과를 예비하고 있었음에도 불구하고 민간 정당의 조직적 사분오열은 국회의원 선거에서 이처럼 참담한 결과를 초래했던 것이다(대한민국선거사 제1집 1973, 519-526).

2. 조직 통합과 신민당 출범

대통령 선거에 패배하고 또 국회 절대다수 의석을 단일 여당에게 넘겨준 채 사분오열되었던 야권에게 무엇보다 시급한 것은 분열된 야당 조직의 통합이었다. 그러나 각 정당 지도자들 사이에 형성된 갈등의 골은 야당 통합을 가로막는 가장 큰 걸림돌이었다. 이에 덧붙여 야당의 반대 방식을 둘러싼 새로운 갈등과 분열 요인이 자라고 있었다.

새로운 갈등은 제1야당인 민정당 내에서 불거졌다. 1964년 한일국교정상화 반대투쟁이 학원과 거리에서 격화되고 있을 때 민정당 내에서 발생한 '제1차 진산파동'은 야당 내 파벌투쟁을 새로운 차원으로 전환시키는 계기가 되었다. 파동의 표면적인 발단은 정부와 여당이 반대여론을 탄압하기 위해 제정한 언론윤리위원회법의 국회 본회의 통과를 저지하지 못한 데 책임을 물어 윤보선이 유진산의 제명을 요구했고 민정당 당무회의와 중앙상무위원회가 이 요구를 받아들여 진산의 제명을 결의한 사실이다(이기택 1987, 189-190; 이영석 1981, 13-28). 그러나 이 파동의 근본적인 원인은 윤보선이 주도한 한일회담 반대를 위한 원외 강경투쟁 노선에 대해 유진산이 대표하던 원내 온건세력이 반감을 가지고 소극적으로 저항함으로써 빚어진 갈등에 기인한다. 대통령직에 강한 집착을 보여 온 윤보선으로서는 압도적 다수의석을 장악하고 있던 공화당과 원내에서 합법적 테두리 내에서 무기력한 경쟁을 하는 것보다 국가와 시민사회가 대결하고 있던 원외에서 정부에 대한 저항의 지도자로서 강력한 이미지를 구축하는 것이 자신에게 훨씬 유리하다고 계산했다. 그러나 그의 이와 같은 원외투쟁 전략은 다수의 원내세력에게는 대단히 위험하고도 힘겨운 투쟁이었고 이들은 윤보선이 계속 이를 강요하는 것에 반발하지 않을 수 없었다.[4] 즉 윤보선의 비타협적이고 강경한 원외투쟁 노선에 대한 원내 온건파의 비협조와 소극적 저항이 윤보선으로 하여금 진산의 제명이라는 충격요법을 구사하도록 만들었던 것이다. 그 결과 반대의 방식을 둘러싼 노선투쟁이 과거 전통적 인맥을 중심으로 형성된 파벌 구도를 서서히 대체해 가기 시작했다.

민정당이 이처럼 진산파동으로 심각한 내홍을 겪고 있을 때 민주당과 국민의 당은 공식적으로 합당을 선언했다. 윤보선이 이끄는 민정당은 이에 대응해 자유민주당을 흡수, 합당했다. 이로써 야당은 구 민주당의 신파와 구파, 그리고 제2공화국의 민주당과 신민

---

[4] 유진산은 윤보선이 당 소속 국회의원을 효과적으로 장악하지 못했고, 또 그의 지도력에 대한 당내 불신이 증대하자 불안해했다고 술회하고 있다(유진산 1972, 313).

당으로 양분되었던 전통적 형세를 민주당과 민정당의 양대 조직으로 재현하는 듯한 모습을 보여주었다(이기택 1987, 192-200; 심지연 2004, 189-190). 그러나 양대 조직의 저류에는 반대전략을 둘러싼 노선갈등이라는 새로운 전선과 그에 따른 세력 재편의 기운이 강하게 흐르고 있었다.

민정, 민주 양당의 통합 필요성은 양측 모두 절감하고 있었다. 1965년 한일회담이 본격화하고 이에 대한 시민사회의 반대투쟁이 격화함에 따라 야당통합에 대한 사회적 압력 역시 커져 갔다. 특히 한일협정 조인이 임박한 가운데 이 조약의 국회 비준을 효과적으로 저지하려면 양당의 통합이 절실하다는 상황 인식 역시 통합을 촉진하는 요인이 되어 주었다. 1965년 5월 마침내 양당은 통합해서 민중당을 출범시켰다(이기택 1987, 205-206).

창당 전당대회에서 민중당은 집단지도체제의 당헌을 채택하고 대표최고위원 경선을 치렀다. 그런데 이 경선에서 민정당 출신 윤보선이 민주당 출신 박순천에게 패배했다. 이어 열린 최고위원 선출에서도 민주계 출신 허정과 서민호가 선출되었을 뿐 아니라 지도위원회와 중앙상무위원회 구성에서도 윤보선계는 패배하여 당 운영과정에서 완전히 배제되었다(이기택 1987, 207).

이 결과는 새로 창당된 민중당 내에 당의 투쟁노선을 둘러싸고 강경파와 온건파 사이에 새로운 대결구도가 형성되었고, 이 대결에서 보다 온건하고 실용적인 노선을 견지하던 민주당과 민정당 내의 진산계 연합세력에게 윤보선이 이끌던 강경파가 완패했다는 것을 의미했다. 강경파 패배의 원인은 구 민주당 신파와 윤보선의 오랜 불화의 유산에 유진산과 윤보선의 갈등이 겹친 데서 찾을 수 있다. 그러나 윤보선의 패배 원인이 그의 '대안 없는 부정적 자세'

(유진산 1972, 321)에 있었다고 유진산이 술회했듯이, 지속적인 비타협적 투쟁에 대한 피로가 민정당과 민주당 소속 의원들 사이에 상당히 누적되어 있었고, 수단과 방법을 가리지 않는 강경투쟁이 초래할지도 모를 정치적 파국에 대한 우려 역시 확산되어 가고 있었다. 어쨌든 "강력한 야당 건설의 명분하에 추진돼 온 통합야당 민중당의 당권경쟁에서 강경한 리더십을 추구하였던 윤보선이 온건파 연합세력에 의해 밀려나게 됐다는 것은 아이러니"(이계희 1991, 131)였으며, 신생 통합야당의 전도에 어두운 그림자를 드리우게 되었다.

6월 22일 한일협정이 정식 조인되자 이에 대처하는 방식을 둘러싸고 강경파와 온건파는 정면으로 대립했다. 윤보선이 이끄는 강경파는 의원직 총사퇴와 당의 해체를 주장했으며, 박순천 중심의 온건파는 국회의원 신분을 유지한 채 원내투쟁을 전개하자는 입장을 고수했다(이기택 1987, 208-210). 8월 11일 공화당 단독으로 한일기본조약 비준동의안이 통과되자 민중당은 긴급 의원총회를 열어 의원직 총사퇴를 결의하였다. 그러나 당권을 쥐고 있던 온건파는 9월 말 "원내에 복귀하여 독재정치에 맞서 투쟁한다"고 결의하고 10월 하순까지 47명이 국회에 복귀하였다. 그러자 윤보선이 이끄는 강경파는 탈당을 결행하고 신당 창당을 선언하였다(이기택 1987, 208-212).

강경파의 신당 창당 선언에 따라 통합야당은 창당 5개월 만에 사실상 분당 상태에 빠졌다. 1966년 3월 30일 윤보선을 총재 겸 차기 대통령 후보로 옹립하고 신한당이 정식 창당함에 따라 야당의 조직 분열은 다시 한 번 공식화되었다(이기택 1987, 213-217). 정권에 대한 반대 및 투쟁의 전략과 방식을 둘러싸고 전개된 노선투쟁이 필경 분당(分黨)으로 이어지는 반대정당의 교과서적인 전형을 한국 야당 역시 재현해 보였던 것이다.

윤보선이 떠난 민중당은 자체 대통령 후보로 재야의 원로 헌법학자 유진오를 영입했다. 그러나 유진오는 후보 공천 전당대회 수락연설에서 야당 대통령 후보 단일화를 역설함으로써 신한당과 대화의 길을 열었다(이기택 1987, 212). 대여 투쟁노선을 둘러싼 대립의 결과 분당한 두 정당이 이처럼 불과 몇 달 만에 다시 통합을 모색하지 않을 수 없었던 것은 눈앞에 닥친 대통령과 국회의원 양대 선거를 야당이 전처럼 분열된 채 치른다면 또다시 처참한 패배를 당할 수밖에 없다는 현실 인식에 기인했다. 특히 1967년 대통령 선거가 국가의 명실상부한 최고지도자가 될 수 있는 마지막 기회였던 윤보선으로서 야당 후보 단일화는 대단히 절실한 과제였다. 그리하여 1967년 1월 윤보선의 제의로 시작된 일련의 협상 끝에 마침내 윤보선을 대통령 후보로 하고 유진오를 총재로 하는 양당 합당 안이 확정되었다. 1967년 2월 7일 신민당은 창당대회를 열어 민중당과 신한당을 다시 결합한 통합야당으로 재탄생했다(이기택 1987, 221; 이영석 1981, 218-220).

3. 세대교체와 당권투쟁

박정희와 윤보선의 사실상 재대결로 치러진 1967년 대통령 선거는 윤보선의 참패로 끝났다. 유권자들은 지난 4년 동안 신민당이 전개한 정치적 반대투쟁보다 박정희 정부가 일구어 낸 경제적 성취를 더 높이 평가했던 것이다(대한민국선거사 제1집 1973, 532-547). 이어서 실시된 제7대 국회의원 총선거에서 공화당은 원내 전체 의석의 74%를 장악함으로써 여당 단독 개헌에 충분한 의석을 확보했다. 이 선거 결과는 3선개헌을 염두에 두고 박 정권이 계획적이고 조직적으로 자행한 부정선거에 기인했다(대한민국선거사 제1집 1973, 547-548).

신민당은 국회의원 등록을 거부하고 대학생을 포함한 시민사회 내 저항세력과 함께 전면적인 6·8부정선거 무효화투쟁에 돌입했다(이기택 1987, 233-236). 그러나 신민당은 공화당의 끈질긴 회유에 못 이겨 시국 수습을 위한 여야 협상에 임했다. 공화당은 군소정당의 난립을 막고, 양당제를 강화하기 위한 정당법 개정을 약속하고, 기탁된 정치자금 중 40%를 야당에 배분할 수 있도록 정치자금법 개정을 약속하는 등 신민당을 회유하기 위해 적지 않은 노력을 기울였다. 그 결과 여야는 11월 20일 원내 복귀에 합의했다(대한민국정당사 제1집 1972, 573-576; 이기택 1987, 237-239).

협상 결과의 추인을 놓고 신민당은 강온으로 나뉘었다. 비주류와 원외세력이 강경론을 피력하고 유진오를 중심으로 한 주류와 대부분의 당선자들은 온건론을 폈다. 11월 27일 열린 당선자대회는 마침내 11월 29일 등원을 결의함으로써 6·8부정선거를 통해 조성된 투쟁과 대립의 국면을 사실상 마무리했다. 6개월 가까운 투쟁을 통해 신민당은 실질적으로 얻은 것 거의 없이 원내 3분의 1 의석에도 훨씬 못 미치는 군소정당으로 의정활동에 복귀하는 데 동의했던 것이다. 이 시기 신민당에 무엇보다 절실한 것은 윤보선의 뒤를 이어 대여 투쟁을 이끌 강력한 지도력이었다. 신민당은 새 리더십을 모색하는 힘겨운 과정에 돌입했다.

공화당이 날치기 처리한 3선개헌 안을 저지하는 데 실패한 후 신민당은 당 총재 유진오의 와병에 따라 1970년 1월 임시 전당대회를 개최했다. 이 대회에서 유진산이 당수에 선출됨에 따라 신민당은 온건한 실용주의 노선이 주도하는 시대로 진입했다(이기택 1987, 253-257). 그는 3선개헌 통과 후 7개월 동안 지속된 원외투쟁을 종식하고 일방적인 등원을 결정했을 뿐 아니라 박정희와의 영수회담을 통해 여야 간 대화 정치를 주도해 갔다. 그의 이러한 행적은 시민사회뿐 아니라 신민당 내부에서도 격렬한 비판을 불러일으켰다. 젊은 지도자들은 이를 계기로 당권에 대한 도전을 본격화했다. 이 도전의 선봉에 선 인물은 바로 유진산계의 김영삼이었다.

1969년 11월 '40대 기수론'을 표방한 김영삼의 대통령 후보 지명전 출마 선언은 이듬해 1월 김대중의 출마 선언으로 이어졌다. 여기에 이철승까지 가세한 젊은 지도자들의 압력에 의해 마침내 유진산은 대통령 후보 출마를 포기했다(김영삼 1권 2000, 332-340; 이기택 1987, 257-258). 1970년 9월 대통령 후보 지명을 위한 임시전당대회에 출마를 선언한 김대중, 김영삼, 이철승 3인은 각기 전국 지구당을 순방하며 치열한 선거운동을 전개했다. 이들의 과열 경쟁은 특히 당 원로들의 비판을 받기도 했지만, 새로운 세대가 주도한 선의의 경쟁은 1967년 선거 참패 이후 강력한 지도력의 부재와 그에 따른 지도노선의 혼란으로 침체와 혼란 상태에 빠져 있던 신민당에 새로운 활력과 희망을 불어넣는 중요한 계기를 제공했다.

김대중은 두 차례의 표 대결 끝에 김영삼에게 극적인 역전승을 거두고 대통령 후보로 선출되었다. 김영삼은 이 결과에 깨끗이 승복함으로써 전당대회를 축제의 장으로 만들었고 또 선거를 앞둔 당의 전열 정비에 크게 기여했다(김영삼 1권 2000, 343-347).

1971년 제7대 대통령 선거에서 신민당 후보 김대중은 과거 윤보선 식의 정치적 비판 일변도를 지양하고 수준 높은 정책대안을 제시하며 정책대결을 시도했다(이기택 1987, 260-272). 이에 비해 공화당은 갈수록 지역주의에 입각한 동원전략을 노골화했다(김만흠 1991). 이 선거에서 박정희는 634만 표를 얻어 540만 표를 얻은 김대중을 약 95만 표 차이로 누르고 대통령에 당선되었다. 박정희는 영남지역에서 김대중에게 150만 표 이상 득표함으로써 결정적 승기를 잡았다. 대략 영남 유권자의 72%가 박정희를 지지했으며, 호남 유권자의 64%는 김대중에게 표를 몰아주었다. 지역균열이 유권자의 선택에 강력한 지배력을 행사하기 시작한 것이다(대한민국선거사 제1집 1973, 580-583).

대통령 선거 후 신민당은 치열한 당권투쟁에 돌입했다. 유진산의 당권에 대한 집착, 대통령 선거전에서 선전했던 김대중의 당권 도전 의지, 그리고 이것을 저지하려는 김영삼과 이철승의 견제가 겹치고, 여기에 본격적 권위주의 체제로의 전환을 준비하고 있던 박정희 정권이 이에 대한 신민당의 저항을 극소화하려고 신민당의 내분을 부추기기 위한 정치공작을 적극적으로 전개해 나감으로써 신민당은 격심한 내분과 혼란 상태에 빠졌다.

신민당 내분의 첫 계기는 국회의원 선거를 앞두고 당수 유진산이 자신의 지역구에 박정희의 처조카인 장덕진이 출마하자 지역구를 무명의 당원에게 양보하고 전국구 1번으로 옮겨감으로써 촉발된 '제2차 진산파동'이었다. 유진산이 사태를 수습하기 위해 당수직을 사임하고 또 김대중의 당권 장악을 저지하려는 김영삼과 이철승의 노력에 의해 김홍일이 당수권한대행을 맡음으로써 파동은 수습의 가닥을 잡았다(이영석 1981, 256-271; 이기택 1987, 274-276; 김영삼 1권 2000, 350-353). 신민당이 이처럼 당권투쟁에 골몰하는 동안 박정희 정권은 제2의 헌정 쿠데타를 위한 준비를 착실하게 해 나가고 있었다.

"공포정치의 어두운 그림자가 내려 덮이고 있었던"(김영삼 1권 2000, 55) 위급한 정세 속에서 신민당은 미해결 상태로 남겨 두었던 지도체제의 실질적 확립을 위한 전당대회 소집을 둘러싸고 다시 한 번 심각한 내분에 휩싸였다. 전당대회를 통해 공식적으로 당권을 되찾으려 했던 유진산은 원래 1972년 5월로 예정되어 있던 전당대회의 정상적인 개최를 추진했다. 그러나 김홍일, 김대중, 양일동 등 반(反)진산 연합세력은 급박한 정국에 대한 대처를 명분으로 전당대회 연기를 주장했다. 이에 유진산 측 대의원들은 9월 26일 전당대회를 단독 개최해 만장일치로 유진산을 대표위원으로 선출했다. 반(反)진산 세력은 그 다음날 김홍일 대표위원 집에서 별도의 전당대회를 개최하여 전날 대회의 무효를 선언하고 전당대회를 12월로 연기할 것을 결의했다(이기택 1987, 289-293; 이영석 1981, 272-284). 1967년 선거의 패배와 윤보선의 퇴진으로 시작된 신민당 지도부의 세대교체와 그에 따른 당권투쟁은 이처럼 5년간의 격심한 내분 끝에 마침내 신민당을 수습 불능의 양분 상태에 빠뜨렸다. 양측은 법통을 둘러싼 시비를 법정으로 끌고 가는 서글픈 모습을 연출하다가 10월 17일 모든 정당 활동을 중지당하고 강제로 국회를 해산당하는 10월유신을 맞았다.

제4절 유신시대 반대전략과 노선투쟁

　본격 권위주의 체제 하에서 신민당의 위상은 위축되었다. 권력에 대한 합법적 도전이 사실상 불가능해진 상황에서 야당은 국가가 강요하는 체제의 틀 내에서 온건한, 그러나 영원한 반대세력으로 안주하거나, 아니면 국가에 대한 저항을 강화해 가고 있던 시민사회와 연대해서 체제에 대한 본격적인 투쟁을 전개해야 했다. 유신시대를 일관해서 야당 내에서 반복된 치열한 당권투쟁은 바로 이 반대의 전략을 둘러싸고 벌어진 노선투쟁을 반영하고 있었다. 이 노선투쟁과 당권의 향방은 권위주의 정권의 집요한 정치공작, 원내 의원들 사이에 팽배해진 체제 안주에 대한 유혹, 이들의 지지를 바탕으로 당내 지위를 유지하려 한 파벌 지도자들의 태도, 시민사회의 동향과 압력, 그리고 시민사회의 동향에 민감하게 반응한 원외의 하부 대의원들의 정서 등이 결합한 복합 요인이 좌우했다.
　유신시대 국회의 행정부 견제 기능은 극도로 위축되었다. 더욱이 야당이 획득할 수 있는 국회 의석의 최대 기대치를 전체 의석의 3분의 1로 사실상 제한시켜 놓음으로써 야당이 의정활동을 통해 체제에 효과적으로 저항할 수 있는 길은 봉쇄되었다. 반면 1구2인 선출의 중선거구제는 사실상의 양당제 하에서 여야 의원의 동반 당선 가능성을 활짝 열어 놓았다. 그 결과 국회의원 직은 권위주의 체제에 안주해서 제한된 특권을 누리기를 원하는 정치 지망생들에게 체제 수용의 대가로 제공되는 달콤한 이권(spoils)으로 전락했다. 그러나 선거구가 73개로 대폭 축소되고 또 국회의원 임기가 6년으로 늘어남에 따라 이 이권의 희소가치는 더욱 커졌고, 그 분배를 둘러싼 내부경쟁은 더욱 치열해질 수밖에 없었으며, 공천 지분의 행사를 둘러싼 당내 파벌정치는 그에 따라 더욱 심화되어 갔다(문용직 1986; 양성은 1998).

유신체제 하에서 신민당 내부는 의원직 분배를 둘러싸고 후원·고객의 관계를 형성한 당내 파벌정치의 심화와 더불어 체제와의 관계 설정을 둘러싼 노선투쟁이 복합적으로 전개되는 양상을 보여주었다. 그에 따른 신민당의 노선은 체제 수용형 반대(loyal opposition), 체제 타협형 반대(semi-loyal opposition), 체제 부정형 반대(disloyal opposition)라는 세 가지 유형 사이에서 불안정한 진동을 거듭해 가면서 유신체제의 전개와 그 파국적 결말에 비록 제한적이지만 결코 무시할 수 없는 영향을 행사했다.

1. 유진산 체제와 체제 수용형 반대

유신헌법이 확정되고 그에 따라 사실상 3권을 통할하는 강력한 권위주의 통치체제가 확립된 후 정치활동이 다시 허용되었을 때 신민당 내에서 유진산의 리더십에 도전할 사람은 없었다. 그의 가장 강력한 라이벌 김대중은 일본에 체류 중이었다. 반 유진산의 기치를 내걸었던 김홍일, 양일동 등은 신민당을 떠나 1973년 1월 민주통일당을 창당했다(김용술 1980, 492; 대한민국정당사 제2집 1980, 315-318). 그 해 5월 7일 열린 신민당 전당대회는 무투표 만장일치로 유진산을 총재로 선출했다. 전당대회는 5명의 부총재를 포함한 모든 당직의 임명권을 총재에게 부여하고, 또 30인 이내의 정무위원 선정 권한 역시 총재에게 백지 위임함으로써 총재의 당권을 크게 강화시켰다(이영석 1981, 286-287).

　당 체제를 측근들 중심으로 구축한 유진산은 '참여 하의 부정'이라는 지도노선을 설정하고 여당과의 대화를 통한 동반관계를 유지하려 했다(이기택 1987, 303). 그는 여러 차례 대통령과의 면담을 요청해서 6월 21일 청와대에서 여야 영수회담을 성사시켰다. 6월 23일 "평화통일 외교정책에 관한 대통령 특별선언"이 발표되었을 때 유진산은 이것을 '불가피한 결단'으로 긍정하는 당의 공식 입장을 발표하게 했으며 이에 대한 국회의 지지 결의안을 만장일치로 채택하는 데 협조할 것을 지시했다(이기택 1987, 303-304). 이후 신민당 소속 국회의원들은 주로 정권 홍보를 주된 목표로 하는 의원외교에도 적극 참여하는 등 일관되게 체제에 순응하는 자세를 보여주었다. 1973년 8월 김대중 납치사건이 일어났을 때도 신민당은 철저히 무력한 대응 자세를 견지했다. 따라서 유신 출범 초기 신민당은 급속하게 체제의 '위성정당'(satellite party)(Sartori 1976, 231)으로 전락해 갔다.

　유진산의 이러한 지도노선에 대한 불만과 비판의 목소리가 당 내부에 확산되었다. 그 비판의 선봉에 나섰던 인물은 김영삼이었다. 그는 12월 17일 외국 특파원과의 기자회견을 통해 헌법개정과 민주체제 회복 및 중앙정보부 해체 등을 요구하고, 이 요구사항을 관철시키기 위해서 학생, 기독교도 등과 연대해서 투쟁할 것임을 밝혔다(김영삼 제2권 2000, 40-41). 그의 이 선언은 무기력한 체제 순응 자세로 일관하던 신민당 내부에 노선투쟁의 불씨를 지폈다. 그의 선언은 당시 시민사회에서 분출하고 있던 반정부운동의 기운에 부응한 것이기도 했다. 학원가에서는 유신반대와 김대중 사건의 진상규명을 요구하는 데모가 터져 나오고 있었고, 언론계에서도 사실 보도를 다짐하는 선언이 잇따르고 있었다. 1973년 12월 24일 장준하와 백기완 등 재야인사 3,009명의 주도로 개헌청원 100만인 서명운동이 전개되기 시작했다.

시민사회의 이러한 기운에 발을 맞추어 김영삼을 중심으로 한 신민당 내 반(反)유진산 세력은 개헌추진을 정식 당론으로 채택할 것을 요구했고, 1974년 1월 8일 정무회의는 격론 끝에 유신헌법 개정을 당론으로 채택했다. 그러나 정부는 같은 날 긴급조치 1, 2호를 선포해 유신헌법을 부정·왜곡·반대·비방하는 모든 행위를 금지하고, 유신헌법의 개정, 폐지를 주장·발의·제안·청원하는 행위 역시 금지했으며, 이 조치 자체를 비방하는 자까지도 법관의 영장 없이 구속하여 비상군법회의에서 15년 이하의 징역형에 처할 수 있도록 하였다. 그 이틀 후 유진산은 병으로 입원했고 신민당은 급변하는 정국에 적절한 대응책을 마련하지 못하고 시간을 보내야 했다. 학원가에서 소위 민청학련사건이 터지고 학생운동을 탄압하기 위한 긴급조치 4호가 발동되는 등 국가와 시민사회 사이의 대립이 첨예해져 가던 4월 28일 유진산은 타계했다. 유진산의 타계는 "김성수, 신익희, 조병옥, 장면, 윤보선으로 이어져 온 정통 보수야당 제1세대의 막이 내려진 것을 의미했다"(김영삼 제2권 2000, 42). 또 그의 퇴진과 함께 유신체제 하의 체제 수용형 반대노선은 일단 종지부를 찍고 새로운 노선 정립을 향한 당권 경쟁의 막이 올랐다.

2. 김영삼 체제와 체제 타협형 반대

　유진산 이후 신민당을 이끌 새 지도자를 뽑는 전당대회는 8월 22~23일 열렸다. 야당의 전당대회 역사상 지도노선과 선명성에 관한 논의가 이 대회처럼 초점이 되었던 적은 없으며, 또 일반 당원과 국민들의 전례 없는 관심과 주시 속에 대회는 개최되었다(이계희 1991, 198-199).
　전당대회 이전에 김영삼, 고흥문, 이철승, 김의택, 정해영 등 5인이 당권 도전을 선언했지만 관심의 초점은 유진산의 체제수용 노선을 계승한 김의택과 선명야당과 민주회복 투쟁노선을 천명한 김영삼의 승부였다(이영석 1981, 290-292). 김영삼은 조직 면에서 범(凡)진산 계파를 승계한 김의택에 비해 현저히 열세였고, 자금 면에서도 정권의 압박을 받는 상황이었으며, 소위 '보이지 않는 손'의 방해 역시 뚫고 가야 하는 처지에 있었다(이영석 1981, 292).5) 김영삼의 투쟁노선은 보다 현실적이고 타협적인 의원들을 비롯한 당 상층부보다는 "수난 속에서도 국민의 성원에 따랐고, 집권에 대한 열망과 확신이 당을 결속시켰던 옛 민주당 시절을 소망"(이영석 1981, 291)하고 있던 원외 대의원들의 뜨거운 호응을 받고 있었다. 이들 사이에는 시민사회 저류에서 분출하던 민주회복에 대한 열망이 커다란 공감대를 형성하고 있었으며 신민당의 야당성 회복을 갈구하는 분

---
　5) 당시 중앙정보부의 개입과 직·간접적인 탄압에 관한 김영삼의 증언은 김영삼(제2권 2000, 43-51) 참조.

위기 역시 폭넓게 확산되어 있었다(최시중 1974, 83).

총재 선거는 두 차례의 표결 끝에 김영삼의 승리로 귀결되었다. 그의 승리는 유신체제에 대한 도전과 대결을 요구하는 시민사회와 야당 대의원들의 요구를 반영한 것이었다. 따라서 그의 당선은 체제 순응형 반대노선의 청산과 새로운 반대노선의 출발을 의미했다. 전당대회는 5명의 부총재 제도를 폐지하고 총재에게 정무위원 임명의 전권을 부여해 총재의 권한을 강화시켜 주었다.

반대정당 내부의 노선투쟁이 으레 그러하듯이 강경노선을 표방한 김영삼의 지지기반은 이처럼 원내나 고위 당료보다는 원외와 하부 당원들에게 있었다. 이러한 지지구조는 시민사회의 강력한 지원을 받을 경우 엄청난 위력을 보일 수도 있지만, 원내의 현상유지 세력과 이들의 파벌 보스들의 반발과 도전에 직면하게 될 개연성 역시 크다. 바로 이 점이 김영삼 체제의 장점이자 한계였다.

김영삼은 8월 27일 내외신 기자회견에서 "대여투쟁 기본원칙은 의회 본위, 국회 본위가 될 것이며, 뚜렷한 야당 노선에 입각하여 강력한 투쟁을 전개할 것"(김영삼 제2권 2000, 58)이라고 천명했다. 즉 그는 체제에 대해 정면으로 도전하되 투쟁의 장소는 의회가 될 것임을 분명히 했다. 전면적인 반체제투쟁은 그의 의도가 아니었던 것이다. 따라서 그의 반대는 권위주의 체제의 제도적 틀 내에서 체제개혁을 추구하는 체제 타협형 반대노선으로 규정할 수 있다.

김영삼은 이 반대노선에 입각해 10월 7일 정기국회 대표 질의를 통해 현재의 난국을 극복하는 길은 헌법을 개정해 민주주의를 회복하는 길밖에 없다고 선언한 다음, 국회에 여야 공동으로 헌법개정심의위원회를 구성할 것을 정식 제의하고, 또 긴급조치에 의해 구속된 모든 인사들의 석방 및 사면, 김대중에 대한 정치적 재판의 취소 및 활동의 자유와 해외여행 자유의 부여, 중앙정보부 해체, 언론과 학원의 자유 신장 등을 요구했다. 신민당은 이에 따라 10월 21일 '헌법개정기초특별위원회 구성결의안'을 국회에 제출했다. 이때부터 11월 중순까지 신민당은 국회를 무대로 헌법개정을 요구하는 파상적인 절차적·선동적 전술을 구사하면서 개헌을 여야의 공식 의제로 삼으려는 공세를 펼쳐 나갔다(이기택 1987, 313-315).

그러나 11월 15일 여당이 단독으로 국회 운영위원회를 소집해 개헌특위 구성안을 폐기시켜 버림으로써 김영삼의 원내투쟁 노선은 벽에 부딪혔다. 이에 김영삼은 기자회견을 열어 개헌을 위한 원외투쟁 전개를 공식 선언했다(김영삼 제2권 2000, 59-66). 그의 이 선언은 신민당 의원들의 가두시위 시도와 단식농성, 그리고 개헌추진 시도 지부장 임명과 지역별 현판식 거행으로 이어졌다. 11월 27일 윤보선, 유진오 등 정계원로와 재야인사들이 '민주회복국민회의'를 발족하고 '국민선언'을 채택했을 때 김영삼 총재와 고흥문 정무회의 부의장이 이에 합세함으로써 시민사회의 투쟁에 야당이 참여하는 민주회복 반체제운동의 전형을 재현했다. 김영삼은 1975년 1월 15일 연두기자회견을 통해 신민당의 새해 정책목표를 '민주회복을 위한 개헌투쟁'이라 규정하고 이를 위한 재야와의 연대투쟁을 강조했다.

개헌에 대한 재야와 야당의 압력이 이처럼 커지자 박정희는 1월 22일 유신헌법에 대한 찬반 국민투표 실시를 공고했다. 국민의 이름으로 개헌운동에 쐐기를 박으려 했던 것이다. 야당과 재야세력의 맹렬한 국민투표 거부운동에도 불구하고 2월 12일 국민투표는 강행되었고 유신헌법은 73.1%의 지지를 획득했다. 그러나 신민당과 재야는 국민투표 결과를 완전히 무시하고 개헌운동을 강화해 나갔다. 3월 말과 4월 초 김영삼 총재와 양일동 통일당 총재, 윤보선, 김대중 4인은 여러 차례 회동해서 개헌투쟁 강화와 수권태세 확립을 위해 야당통합을 적극 추진하기로 합의했다(이기택 1987, 314-319; 김영삼 제2권 2000, 77-80).

김영삼 체제 출범 직후 원내에서 전개된 신민당의 개헌투쟁은 현실적·제도적 벽에 부딪히자 이처럼 장외투쟁으로 방향을 전환했으며, 이 과정에서 당과 재야의 결속 역시 강화되었다. 김영삼과 신민당의 투쟁이 이 노선을 견지했다면 이들의 반대는 체제 타협형 반대의 수준을 넘어 체제 부정형 반대로 나아갔을 것이다. 그러나 김영삼과 신민당은 급작스럽게 투쟁노선을 전환했다. 그 표면적 계기는 인도차이나 사태라는 외생 변인이 제공해 주었다.

4월 17일과 30일 캄보디아와 월남이 각각 공산세력에 의해 장악당한 인도차이나 사태는 재야와 야당의 파상적인 개헌 공세에 직면해 있던 박정희 정권으로 하여금 북의 공산화 위협에 대처한 안보태세의 점검과 강화를 내세워 국면을 전환할 수 있는 절호의 기회를 제공해 주었다. 이 국면에서 신민당은 그 보수적 속성을 놀라울 정도로 선명하게 드러내면서 공세적 개헌투쟁을 신속히 접었다.[6] 정부는 5월 13일 '국가안전과 공공질서의 수호를 위한 긴급조치 제9호'를 선포하고 유언비어의 날조와 유포, 헌법 개폐 주장, 학생들의 불법집회 및 정치 관여 행위 등을 엄격히 금지하는 조치를 취했다. 신민당은 이처럼 정부의 통제와 억압이 대폭 강화되었는

---

[6] 김영삼(제2권 2000, 81)은 당시 상황에서 "불가피하게 개헌투쟁을 완화할 수밖에 없었고 국회도 안보결의안을 채택해야 했다"며 여전히 강력한 보수적 입장을 피력하고 있다.

데도 크게 저항하지 않고 오히려 5월 20일 국회에서 '국가안보에 관한 결의문'을 여당과 함께 만장일치로 채택했다. 그리고 그 다음 날 김영삼은 청와대에서 박정희와 여야 영수회담을 열었다.[7]

결국 체제 타협형 반대를 넘어 체제 부정형 반대로 치닫던 김영삼 체제의 개헌투쟁은 1975년 4월을 고비로 급선회해 오히려 체제 수용형 반대 노선으로 기울어 갔다. 김영삼 체체 반대 노선이 이처럼 급선회한 요인을 몇 가지로 나누어 추정해 볼 수 있다.

첫째, 김영삼이 정권의 회유에 넘어갔다고 추정해 볼 수 있다. 인도차이나 사태 직후 대통령과 단독 면담한 다음 곧 해외순방을 하고 온 김영삼의 행보는 과거 유진산이 보여준 것과 정확하게 일치한다. 이와 관련해 주목을 끄는 것은 박정희가 김영삼과 단독 면담했을 때 김영삼에게 차기 집권을 약속하며 그를 회유했을지도 모른다는 고흥문의 추측이다(고흥문 1989). 그러나 김영삼 자신이 시인하지 않는 한 회유설이나 매수설을 입증할 방법은 없다.

둘째, 김영삼과 신민당의 보수·반공적인 성향에 비추어 볼 때 인도차이나 사태가 불러일으킨 실체 없는 안보위협에 그대로 공감했을 개연성 역시 적지 않다.

---

7) 당시 김영삼은 회담이 퍽 유익했지만 대통령과의 약속 때문에 회담 내용을 모두 밝힐 수 없다고 함으로써 그 자신에 대한 '선명성 시비'를 자초했다. 그가 최근 공개한 바에 의하면 박정희는 이 회담에서 비록 시기를 명확히 하지 않았지만 대통령 직선제와 민주회복을 하겠다고 김영삼에게 약속했으며, 김영삼은 이것을 박정희가 이번 임기를 끝으로 물러가겠다는 뜻으로 이해했다는 것이다. 그리고 그는 박정희의 이 발언이 처음부터 자기를 속이려고 꾸며낸 거짓말이었음을 나중에야 깨닫게 되었다고 덧붙였다(김영삼 제2권 2000, 82-89).

셋째, 비타협적인 개헌투쟁에 대한 당내 반대세력들의 비판과 저항은 갈수록 확산되었고 김영삼은 이 압력에 굴복할 수밖에 없었다는 것이다. 사실 대다수 신민당 국회의원들은 재야와 강력히 연대해 전개한 원외투쟁 노선을 결코 탐탁해하지 않았다. 심지어 지난 전당대회에서 김영삼을 지지했던 고흥문, 정해영 같은 계파 보스들도 그 투쟁노선에 반기를 들었다. 차기 전당대회를 불과 1년도 남겨 두지 않은 시점에서 김영삼은 이와 같은 현실적 압력에 굴복했을지도 모른다.8)

어쩌면 위의 추정 모두가 사실일 수도 있다. 그러나 이 중 둘째와 셋째 요인만으로도 김영삼으로 하여금 투쟁노선을 수정하도록 강요하기에 충분했을 것이다. 아무튼 김영삼 체제 반대노선 급선회와 더불어 신민당은 노선투쟁과 당권경쟁의 격랑 속으로 빨려 들어갔다.

3. 이철승 체제와 체제 수용형 반대

김영삼의 투쟁노선에 대한 원내세력들의 불만과 저항을 가장 강력하게 대변하면서 김영삼에 대한 도전세력의 대표로 부상한 인물이 이철승이다(이영석 1981, 299). 그는 김영삼의 체제 저항노선에 불안감을 느끼고 있던 모든 원내세력을 결집해 반(反)김영삼 연합전선을 형성하는 데 성공했다. 1976년 1월 이들 비주류연합은 이철승

---

8) 김영삼 투쟁노선이 당내의 이러한 역풍에 의해 좌절될 수밖에 없었다는 주장은 특히 이영석(1981, 298-299) 참조.

주도로 '신(新)민주전선'을 결성했는데, 여기에는 이철승, 고흥문, 신도환, 정해영, 김원만, 정운갑 등 거의 모든 계파 수장들이 집결했다(이기택 1987, 323).

이때부터 불붙기 시작한 양측의 치열한 당권경쟁은 마침내 5월 25일 전당대회장에서 양측 청년당원들이 각목을 휘두르는 폭력사태를 연출하고 또 양측이 따로 전당대회를 개최하는 파국으로 치달았다.9) 자칫 당 조직이 또 다시 분열될 수도 있었던 위기는 6월 11일 김영삼이 총재직을 사퇴하고 이충환을 총재권한대행으로 지명함으로써 수습의 실마리를 잡았다. 이후 내분 수습을 위해 결성된 특별위원회는 3개월여의 절충 끝에 당 지도체제를 집단지도체제로 개정하기로 합의하고 9월에 전당대회를 개최했다. 대표최고위원 경선에는 김영삼, 이철승, 정일형이 나섰는데, 두 차례 표결 끝에 이철승이 김영삼을 제압하고 당권을 장악했다(이기택 1987, 323-327; 이영석 1981, 305-308).

김영삼의 패배는 곧 그의 선명노선의 패배를 의미했으며 신민당의 반대노선이 또 다시 체제 수용형 반대노선으로 전환했음을 뜻했다. 권위주의 정권과의 극한 대결이 초래할 위해에 대한 의구심

---

9) 시민회관에서 열린 비주류 전당대회에는 34명의 국회의원을 포함해 372명의 대의원이 집단지도체제로 당헌을 개정하고 김원만 대표최고위원 등 최고위원 5명을 선출했다. 한편 중앙당사에서 열린 주류 측 전당대회에는 21명의 국회의원을 포함해서 415명의 대의원이 모여 단일지도체제 하에 김영삼 총재를 만장일치로 재선출했다. 여기에서 주목할 만한 것은 온건노선의 비주류 측에 원내세력이 보다 많이 모인 반면 강경노선의 주류 측에는 원외 대의원들이 보다 많이 결집했다는 점이다(이기택 1987, 325).

이 당내 거의 모든 계파 의원들에게 팽배해 있었으며, 바로 이 의구심이 신민당 노선의 이와 같은 전환을 강요했다. 이철승이 표방한 '참여 하의 개혁'은 바로 이 온건세력의 여망을 결집한 체제 수용형 반대노선이었던 것이다.

이철승 체제 하에서 신민당은 안보문제에 관해서 정부와 보조를 완전히 같이했다. 또 신민당은 일체의 원외투쟁을 지양하고 원내 활동에 치중했으며, 국회 내에서도 체제에 대한 비판보다 정부안을 수정하는 실질 투쟁을 택했다(이기택 1987, 328-330). 이철승은 또 미국과 일본을 방문해 "야당은 자유를 신장해 나가되 안보와 균형을 맞추어 나가야 하며, 한국의 특수 사정을 감안해서 당을 초월한 안보 일체감의 조성이 필요하다"고 역설하는 한편 해외에서 반정부활동을 하는 인사들을 강력하게 비난했다(이기택 1987, 331).

이철승의 이러한 언행은 다시 당내 비판을 고조시켰다. 1977년 4월 김영삼, 이충환, 고흥문, 김재광, 정해영계의 중견 당원 33명은 이철승의 중도통합론에 반기를 들고 선명야당의 재건을 표방하면서 '야당성회복투쟁동지회'를 출범시켰다. 야당 내부의 미묘한 기류에 접한 박정희는 즉시 이철승과 회담을 갖고 여야 상호 노력에 의한 정치발전을 도모하고 국회를 보다 활성화하기 위해 노력할 것 등을 합의해 주었다. 체제 순응형 반대노선을 취한 야당과 권위주의 정권의 밀월과 협력의 관계는 이처럼 돈독했던 것이다(이기택 1987, 333-336).

1978년 12월 국회의원 총선거는 야당 정치사에 새로운 이정표를 세웠다. 이 선거에서 신민당은 비록 61석밖에 못 얻었지만 득표율에서 공화당의 31.7%를 미세하게 앞지른 32.8%를 기록했다. 이 선거 결과는 유신체제에 대한 국민들의 염증이 특히 대도시를 중심으로 폭넓게 확산되고 있음을 보여주었다(이기택 1987, 336-342). 체제에 순응하고 있던 이철승 세력보다 김영삼이 영도하는 체제 저항 세력에게 보다 고무적인 결과였다. 이때부터 신민당은 또다시 반대노선과 당권의 향배를 둘러싼 대결국면으로 돌입했다.

4. 김영삼 체제와 체제 부정형 반대

1979년 5월 30일 치러진 신민당 전당대회는 이철승의 체제 수용형 반대노선과 김영삼의 체제 부정형 반대노선이 건곤일척의 승부를 벌인, 유신체제의 앞날에 결정적인 영향을 미치게 될 정치사회 최대의 승부처였다. 또 바로 그런 이유로 이 대결은 권위주의 체제의 주 전선에서 대치하고 있던 국가와 시민사회의 대리전적인 성격 역시 띠었다. 이철승을 돕기 위한 정권의 개입은 그만큼 노골적이었으며 김영삼에 대한 시민사회의 지지와 성원 역시 그만큼 직접적이고 공개적이었다.

정부는 김영삼의 자금원을 완전히 봉쇄하고 그의 가택과 연구소를 압수수색했으며 대통령이 노골적으로 김영삼이 총재가 되어서는 안 된다는 발언을 흘릴 뿐 아니라, 중앙정보부장은 김영삼을 직접 만나 총재 경선 포기를 종용했다(김영삼 제2권 2000, 102-110). 반면 이철승은 막대한 자금력과 조직력으로 김영삼을 압도하려 했다(이영석 1981, 321). 그러나 김영삼에 대한 정권의 이와 같은 탄압은 시민사회의 열화 같은 지지에 의해 상쇄되고 있었다. 정당의 집회에 결코 참석한 일이 없던 민주회복운동의 지도자 함석헌은 4월 30일 김영삼의 지구당 개편대회에 참석해 공개적으로 그의 노선을 지지했다. 유신체제 내내 재야에서 반정부운동을 전개하던 윤보선과 김대중도 그때까지의 침묵을 깨고 당권경쟁에 공개적으로 개입해 김영삼을 지지했다. 특히 김대중은 그를 추종하던 조윤형, 김재광, 박영록으로 하여금 경선 참여를 포기하도록 종용했을 뿐 아니라 전당대회 전날 김영삼 지지세력들의 단합대회에 직접 참석해 김영삼 지지를 역설했다. 전당대회 당일에는 수천 명에 달하는 학생과 시민들이 대회장인 신민당사 앞에 집결해 김영삼의 승리를 연호했다(이영석 1981, 322-323; 김영삼 제2권 2000, 111-113). 바로 이런 견지에서 이 전당대회는 유신체제의 앞날을 걸고 펼친 국가와 시민사회의 대리전이었던 것이다. 그리고 이 싸움에서 승리한 것은 시민사회가 지지한 김영삼과 그의 체제 부정형 반대노선이었다.

　김영삼 체제 출범 후 급격히 얼어붙은 정국은 8월에 발생한 YH사건과 함께 파국을 향해 치달렸다. YH사건은 그 배경에 1970년대 후반 세계 자본주의를 강타한 구조적 위기, 그리고 그 와중에 중화학공업화 전략을 추진한 박정희 정권이 직면해야 한 최악의 경제위기가 자리 잡고 있었다. 그러나 이 사건은 경제위기를 기화로 국가에 대한 저항을 강화시켜 가던 시민사회의 투쟁에 정치사회 영역의 야당을 직접 연루시키는 극적인 계기를 제공해 주었다. 신민당사에서 농성 중이던 여공들의 강제해산 과정에서 정권이 휘두른 무차별적인 폭력은 국민적 공분을 자초했을 뿐 아니라 신민당을 본격적인 반체제정당(anti-system party)으로 탈바꿈시켰다. 그 뒤를 이어 정권이 신민당과 김영삼에게 가한 무모한 일련의 탄압은 김영삼의 체제 부정형 반대노선에 대한 신민당의 지지와 단합을 더욱 강화시켰다. 더욱이 정권의 무모한 탄압은 김영삼의 지역 거점에서 시민사회의 폭발적인 저항을 분출시켰고, 이에 대한 대처 방안을 모색하던 정권 내부에서 불거진 갈등은 박정희의 사망과 유신체제의 급작스런 붕괴로 이어졌다.

제5절 결 론

한국 현대정치사에서 박정희 시대는 군부가 주도하던 형식적 민주주의와 본격적 권위주의가 연이어 지배체제를 형성한 시기였다. 이 시대는 또 국가와 시민사회의 성장과 대립이 지배적인 정치전선을 형성한 시기였으며, 의회와 정당으로 대표되는 정치사회의 역할과 비중은 갈수록 위축되던 시기였다. 이러한 구조적 조건 속에서 야당은 억압체제의 지속적 강화와 정치공간의 지속적 축소에 저항하거나 이를 시정하는 데 어쩔 수 없는 한계를 노출시켰다. 이 시기 야당은 오히려 보수독점의 정치구조 속에서 군사정권이 제공해 주던 권력자원의 한 조각을 탐하는 정상배들이 집결해서 파벌적 쟁투를 전개하던 곳이었다고 치부할 수도 있을 것이다. 최장집(1989, 191)의 평가처럼 "야당은 파벌적 충성에 따라 분열된 정치 지망자들의 모임 이상의 것이 아니었고, 시민사회 내의 반대의견들을 의미 있는 방식으로 대변하지 못했다"고 볼 수도 있을 것이다.

그러나 이 시기 야당의 내부에는 이처럼 전통적인 파벌구조에 덧붙여 체제에 대한 반대 방식을 둘러싼 노선투쟁의 구조가 뚜렷이 형성되어 이 두 개의 구조가 병존하는 독특한 모습을 보여주었다. 박정희 시대 야당사 전체를 조망해 볼 때 전통적 파벌구조보다는 노선투쟁 구조의 동태적 변화가 야당의 성격과 역할을 더 강하게 규정했다.

반대전략을 둘러싼 노선투쟁의 동학에 이처럼 주목할 경우 체제의 동태적 변화에 미친 야당의 역할을 전적으로 무시할 수만은 없다.[10] 권위주의 체제 하에서 반대의 주 전선은 명백히 국가와 시민사회 사이에 형성된다. 이때 야당의 반대는 부수적이며 부차적이다(Dix, 1976). 그러나 제2장에서 언급했듯이 체제 동학에 대한 야당의 역할이 완전히 무시되어서는 안 된다. 의회와 선거는 여전히 체제 저항을 위한 동원과 선동에 대단히 효과적인 공간을 제공해 주고 있으며, 이 공간을 활용할 수 있는 조직은 바로 정당이기 때문이다. 야당이 행할 수 있는 동원과 선동의 기능 때문에 시민사회는 야당의 협력을 필요로 하고, 또 국가 역시 야당을 적절히 통제할 필요성이 생기는 것이다. 박정희 시대 한국의 야당 역시 이러한 역할을 제한적으로 수행했다. 즉 시민사회의 국가에 대한 도전과 저항이 미약할 때 야당은 국가의 제도적 틀 내에 안주하려는 경향을 보인 반면, 시민사회의 저항이 거셀 때 정당은 정치적 동원과 선동의 기능을 적극적으로 수행하려 했을 뿐 아니라 시민사회와 연대해 체제에 대한 직접적인 도전을 감행하기도 했던 것이다. 물론 유신체제가 야당에 의해 직접 붕괴되지는 않았다. 그러나 야당이 체제의 변화에 비록 제한적이지만 의미 있는 역할을 수행했던 것만은 부인할 수 없다.

---

10) 이와 상반되는 대표적인 견해로 이계희(1991) 참조.

제7장 | 민주이행기 한국 정당정치의 비판적 성찰

제1절 서 론

안정된 정당체계의 확립이 현대 민주정치 발전에 핵심적 요소임은 재론의 여지가 없다(Sartori 1976, Chs. 1-3; Sartori 1987, 148; Mainwaring, et al. 1992, 10). 그러나 한국의 정당정치는 1987년 민주개방 이후 격심한 조직적 이합집산을 거듭해 왔다. <표 7-1>에서 보듯이 2000년 이전 대략 4년여의 주기로 조성되었던 세 차례의 선거국면에 존재한 주요 정당의 정식 명칭이 하나도 일치하지 않는다는 사실이 정당조직의 높은 유동성을 극명하게 보여준다. 반면 통일국민당과 신정당을 제외한 모든 주요 정당의 리더십은 노태우, 김영삼, 김대중, 김종필 4인에 의해 사실상 독점되었다. 또 1987년부터 1996년에 이르기까지 이들의 조직적 행로를 살펴보면(김영삼: 통일민주당→민주자유당→새한국당; 김대중: 통일민주당→평화민주당→민주당→새정치국민회의; 김종필: 신민주공화당→민주자유당→자유민주연합) 한국의 정당정치가 지금까지 보여 온 극도의 유동성은 이들 간에 지속되어 온 제휴와 대립의 역학관계의 동태적 변화가 빚어낸 결과였

〈표 7-1〉 1987년 이후 대통령 선거 및 국회의원 선거에 참여한
주요 정당과 지도자

1987년 대선	민주정의당	통일민주당	평화민주당	신민주공화당
1988년 총선	(노태우)	(김영삼)	(김대중)	(김종필)
1992년 총선	민주자유당	민 주 당	통일국민당	신 정 당
1992년 대선	(노/YS/JP)	(김대중)	(정주영)	(박찬종)
1996년 총선	신한국당	새정치국민회의	자유민주연합	통합민주당
	(김영삼)	(김대중)	(김종필)	(집단지도)

음을 쉽게 감지할 수 있다.

이렇게 볼 때 한국의 정당정치는 아직 '정당체계'(party system)라든지 소위 '양당제', '다당제'와 같은 분석적 개념을 적용시킬 수 있는 단계에 이르지 못했다고 할 수 있다. 정당체계에 관한 체계적 분류와 이론을 제시한 바 있던 사르토리의 입론에 따를 경우 구조적으로 안정된 정당체계는 대중정당(mass party)이 그 핵심적 구성요소가 되어 주어야 한다(Sartori 1976, 244). 이때 대중정당은 단순히 당원의 양적 팽창으로 확립되는 것이 아니다. 사르토리에 의하면, 대중정당은 무엇보다 정당 지도자에 대한 정당조직의 우위를 확고하게 확립해야 하고, 전국에 걸친 조직체계를 갖추어야 하며, 또 지도자 개인의 카리스마나 인기가 아니라 이념적·정책적으로 추상화된 정체성을 갖추고 이를 토대로 대중적 지지기반을 구축해야 한다. 사르토리는 이 대중정당을 엘리트-명사정당(élite-notability party)

과 대비시키고 있다. 후자는 명사나 대중적 인기를 얻고 있는 정치엘리트가 조직보다 우위에 서서 이끌어 나가는 대단히 깨지기 쉬운 정당조직을 의미한다. 그리고 이러한 유형의 정당 간에 형성된 느슨하며 변화무쌍한 제휴와 대립의 체계는 결코 참된 의미의 정당체계가 될 수 없다고 단정한다(Sartori 1969, 281, 292-95; Sartori 1976, Ch.8).

한국의 정당정치가 이 후자의 수준에 머물고 있음은 명약관화하다. 따라서 한국 정당정치를 분석할 때 정당체계라든가 정당제도라든가 하는 개념을 원용하는 것은 적절하지 못하다. 또 한국의 정당제도가 4당제에서 양당제로, 다시 4당제로, 또다시 3당제로 변해 왔다는 식의 어법(語法)도 적절하지 않다. 현 시점에서 한국의 정당체계는 차라리 '무체계'(無體系)라고 일컫는 것이 정확한 표현일 것이다.

정당조직의 높은 유동성은 사실 민주이행기 정치의 보편적 현상이었다. 제1차 세계대전을 전후해서 대중민주주의로의 이행을 완료한 서유럽 국가들도 1920년대에 정당체계가 '동결'(凍結)되기까지 상당히 긴 조직적 격변기를 겪어야 했다(Lipset and Rokkan 1967). 제2차 세계대전 후 서독은 1949년 첫 총선 이후 12년이 경과한 1961년에 비로소 기민련, 자민당, 사민당으로 이루어진 소위 '2.5정당체계'를 확립했다(Burkett 1975, 19). 일본의 경우 자민당과 사회당 사이의 불균형한 대립을 기본 축으로 하는 소위 '1.5정당체계' (Scalapino and Masumi 1962, 150)가 구축되기까지 약 10년의 세월을 필요로 했다. 남유럽의 신생 민주국가 스페인 역시 현재와 같은 정당체계를 1982년에 확립시키기까지 1975년 프랑코가 사망한 이후 7년을 기다려야 했다(Gunther, et al. 1986).

이와 같은 유동성은 민주이행기 정치의 보편적 특성에서 연유한다. 첫째, 민주이행기에는 '민주 대 반민주'라는 정치적 대립 축을 중심으로 형성되었던 정치세력의 제휴와 대립의 구조가 점진적으로 혹은 급속하게 해체되어 간다. 둘째, 정치적 억압기제의 해체와 민주제도의 확립은 정치공간을 급속도로 팽창시키고, 정치동원의 물결을 사회 전체로 파급시키며, 그 결과 정당을 위시한 정치·사회조직의 폭발적 증가를 초래한다. 셋째, 이와 같은 동원과 조직화에 편승해서 분출되는 수많은 사회적 요구와 갈등요인 가운데 몇 가지 핵심적인 균열이 성장하여 정치전선을 단순화시켜 주고, 이처럼 단순화되고 고정된 정치전선에 따라 안정된 사회적 지지기반을 갖춘 정당이 배열함으로써 확립되는 정당체계의 구조화에는 적지 않은 시간을 필요로 할 수밖에 없다.
　위에서 예를 든 국가들은 대체로 민주화 초기에 극도의 난립상을 보이던 정당구도가 시간이 흐름에 따라 점차 이념적·정책적 전선을 따라 축소되고 안정되어 가는 경향을 공통적으로 보여주었다. 그러나 민주이행 이후 한국의 정당정치는 이들 국가의 경험과 매우 다른 궤적을 그려 왔다. 민주이행 직후 민주·반민주 대립전선은 명백히 소멸했다. 그러나 이를 대체할 이념적·정책적 대립전선은 여전히 성립될 기미를 보이지 않고 있다. 오히려 한국의 정치사회를 분할·장악하고 있는 극소수 정치엘리트들의 정략적 이합집산이 한국의 정당정치를 표류시켜 왔다. 따라서 아무리 정당조직의 유동성이 민주이행기의 보편적 정치현상이라 하더라도 한국의 그것은 지극히 병리적이라고 볼 수밖에 없다.
　우선 그것은 정치엘리트들의 봉건적 지역할거형 세력 형성과 그 정략적 재편의 반복에 불과했다. 즉 이들의 정치적 진퇴와 정략적 합종연횡에 따라 정당조직은 합당, 분당, 해산, 신설을 거듭해 왔다. 이와 같은 조직적 이합집산이 시민사회의 정치적 의사나 요구와 철저히 유리된 것이었음은 물론이다. 수많은 정당조직이 명멸했으나 이들 간에 정책적·이념적 차별성은 거의 발견할 수 없었다. 정치세력 확대와 정치권력 획득이라는 목표를 위해 정치 엘리트들이 경쟁적으로 자행해 온 원칙 없는 충원전략은 주요 정당 내부에 이념, 노선, 경력 면에서 융합하기 힘든 다양한 인물들을 병립시킴으로써 정당의 이념·정책적 특성을 더욱 퇴색시키고 정당조직의 만성적 불안정성을 더욱 강화시켜 왔다. 이러한 상황 속에서 안정된 민주적 정당체계의 확립은 요원할 수밖에 없다. 이처럼 후진적인 정당정치는 한국 민주주의 발전에 결정적인 걸림돌이 되고 있는 것이다.

그러면 이러한 병리적인 정당정치는 언제까지 지속될 것인가? 한국 정당정치의 최상층부에 자리 잡고 있는 정치 엘리트들의 퇴진과 더불어 정당정치의 제도화는 이루어질 수 있을까? 이 장에서는 민주개방 이후 약 10년에 걸친 한국 정당정치의 표류과정을 비판적 시각에서 개관해 보고, 또 한국의 사례를 민주적 정당체계를 성공적으로 확립시킨 스페인의 사례와 대비시켜 봄으로써 한국 정당정치의 제도화를 가로막고 있는 요인을 추출해 본 다음, 민주적 정당체계 확립을 위한 방향을 모색해 보고자 한다.

제2절 정당대결 구도의 동태적 변화

1. 민주화투쟁기

한국에서 민주이행을 향한 정당 대결의 구도는 1983년 전두환 정권이 배제적(exclusionary) 방식에서 포섭적(inclusionary) 방식으로 통치방식의 전술적 전환을 단행한 이후 점진적으로 확대되던 정치적 공간 내에 마침내 신한민주당이라는 공개적인 '반체제정당'(anti-system party)(Sartor 1976, 132-133)이 1985년 1월 창당되면서 조성되었다. 김영삼, 김대중 두 정치지도자들의 원격 지원 하에 조직된 신한민주당은 창당과 함께 정당 활동의 목표를 '독재타도'에 둠으로써 반체제정당으로서의 성격을 명확히 했던 것이다.[1]

신한민주당 창당 2주 만에 치러진 2·12총선은 한국 정치지형에 민주·반민주 전선을 지배적인 정치전선으로 확립시켰다. 조직적 정비를 채 갖추지 못한 가운데 선거를 치러야 했던 신한민주당은 독재타도와 민주화를 기치로 내건 선동(agitation)과 동원(mobilization)의 전략으로 선거에 임했고, 비슷한 시기에 시민사회 내에서 조직

---

[1] 신한민주당의 형식적 대표 이민우는 <크리스천 사이언스 모니터>지와의 회견에서 "우리는 단지 전술적인 필요에 입각해 선거에 참여할 뿐이다. 우리의 활동목표는 민주회복에 있다"고 천명했다. *Christian Science Monitor*, 1985. 1. 25.

적 기반을 확대해 나가고 있던 학생운동 및 재야운동 조직들과 포괄적인 연합전선을 구축함으로써 특히 대도시를 중심으로 폭발적인 대중적 지지를 이끌어 낼 수 있었다. 그 결과 배제적 권위주의 체제 하에서 오직 '위성정당'(satellite party)(Sartori 1976, 231)의 역할만을 수행해 오던 민주한국당과 국민당을 대체하고 제1야당으로 올라선 신한민주당은 민정·신민 양당이 정치사회에서 정면 대립하는 민주·반민주 정치전선을 구축해 낼 수 있었던 것이다.

반체제정당으로서 신한민주당은 소위 장내투쟁과 장외투쟁으로 표현되는 절차적 전술과 선동적 전술을 병행해 가면서 민주화투쟁을 전개해 나갔다. 그러나 이 시기부터 1987년 6월 29일에 이르기까지 정치지형을 지배한 민주·반민주 대립전선은 본질적으로 국가와 시민사회 간에 형성되었고, 협소한 정치적 공간 내에 포진해 있던 정당의 역할은 제한적이었다. 민주화를 향한 시민사회의 투쟁이 가열될수록 신한민주당은 선동적 장외투쟁으로 나아갈 수밖에 없었고, 국가에 의해 포섭된 당내 일부 세력에 의한 노선의 혼선은 정당의 해체와 신설로 이어졌다. 1987년 5월 통일민주당이라는 새 조직으로 전열을 정비한 반체제정당은 이 달 말 시민사회 각 세력과 집단의 대표들로 조직된 포괄적 민주화 연합조직인 민주쟁취국민운동본부에 정치사회의 일원으로 '가입'했다. 결국 2·12총선 이후 6·29선언에 이르기까지 형성된 민주·반민주 대립전선에서 정치사회와 정당이 차지한 공간은 지극히 협소했고 또 정당이 수행할 수 있는 역할 역시 지극히 제한적이었다(최장집 1989, 210-221; 최장집 1993, 155-197).

2. 제도개혁과 지역할거 구도의 정립

6·29선언은 한국의 민주이행을 결정적으로 시민사회와 국가 간의 투쟁국면으로부터 정치사회 내의 정치 엘리트들 간의 협약의 국면으로 전환시켰다(임혁백 1994, 246-252). 시민사회의 투쟁을 주도한 민주화 연합세력인 국민운동본부와 국가권력의 핵심세력이 민주이행을 위한 협약의 당사자로 나선 것이 아니라 정치사회 내의 민정당과 민주당이 협약의 주체가 되었다. 민정당이 권위주의 국가 내부에서 조율된 전략을 수행하고 있었다는 점은 최근 분명해졌다. 그러나 민주당은 결코 민주화투쟁에 가담한 시민사회 모든 세력의 이익과 요구를 대표할 수 있는 정당이 아니었다. 그러기에는 그 계급적 기반이 지나치게 협소했을 뿐 아니라 이념적 스펙트럼 역시 지나치게 협애했다. 지난 2년 남짓 기간 동안 시민사회의 영역에 머물며 민주당을 원격 통제해 온 김영삼과 김대중은 6·29선언 이후 신속하게 정치사회로 진입한 다음 민정당과의 협약에서 재빨리 주도권을 장악했다. 양당에 의한 협약과정의 독점은 결과적으로 시민사회 내의 다양한 관심과 이해가 균형 있게 이행과정에 반영되는 길을 봉쇄해 버렸다. 민정당과 통일민주당의 개헌협상은 "자신들의 집권확률을 높일 수 있는 제도적 규칙을 확보하려는 양당의 선거적 이해의 절충으로 나타났다. 대통령의 임기, 부통령제의 도입, 김대중의 대통령 후보 자격을 둘러싼 대통령 후보의 국내 거주기간 조항, 유권자의 연령 제한 등이 주요 협상 의제가 되었다는 것은 헌법개정 협상이 국민들의 실질적 이익의 보장과는

상관없이 진행된 엘리트 간의 대화였음을 보여주는 것이다"(임혁백 1994, 290-291).

이처럼 정치사회를 독점·장악하고 있던 보수 편향적인 양대 정당이 민주이행을 위한 협약을 독점한 결과 정치적 공간을 모든 시민사회 세력들에게 광범위하게 개방해 주기 위해 필수적인 개혁조치는 1987, 1988년의 소위 '정초선거'(founding elections)(O'Donnell and Schmitter 1986, 61)에 앞서 취해질 수 없었다. 그 결과 이념과 정책을 기존의 보수정당과 달리하는 진보적 정치세력이 정치사회에 진입할 수 있는 가능성은 사실상 봉쇄되고 말았다. 민주화 이행국면에 정치적 대립구도가 이념적·정책적 전선을 중심으로 재편될 가능성은 이와 함께 무산되고 말았던 것이다.

그러나 민주이행기 한국 정당정치의 왜곡은 여기서 그치지 않았다. 정치사회에서 민주화 세력을 대표하고 있던 통일민주당의 분열은 한국의 정초선거가 민주·반민주 대립전선을 중심으로 치러지는 것마저 불가능하게 만들어 버렸다. 1987년 10월과 11월에 김종필과 김대중을 정점으로 하는 신민주공화당과 평화민주당이 출현함으로써 정치사회는 전두환/노태우, 김영삼, 김대중, 김종필을 정점으로 하는 보수 4당 간의 대결구도를 정립했다. 특히 민주화 정치세력의 분열은 민주·반민주 대결구도의 와해를 결정적으로 초래했고, 진보세력의 정치사회 진입이 봉쇄된 상태에서 이념적·정치적 전선이 이를 대체할 수도 없는 상황이 조성되었다. 그 결과 경북, 경남, 호남, 충청이라는 상이한 지역 거점을 확보하고 있던 정치 엘리트들의 정략적 선택에 의한 지역주의적 전선이 정치사회 내에서 급속히 형성되었고, 또 이 전선은 대통령 선거운동을 거치면서 시민사회에 본격적으로 하향 부과되었던 것이다.

민주화 추진세력의 참패로 끝이 난 대통령 선거는 이처럼 짧은 기간에 강력하게 하향 부과된 지역주의의 위력을 여실히 드러내 주었다. 이 선거에서 노태우 후보는 대구·경북지역에서 68.1%, 김영삼 후보는 부산·경남에서 53.7%, 김대중 후보는 호남 전 지역에서 88.4%, 또 김종필 후보는 충남북에서 34.6%(그 외의 지역에서는 8% 미만)의 득표율을 각각 기록했던 것이다(정대화 1995, 162; 김형국 1990).

한편 대통령 선거 직후 민정, 민주, 평민 3당의 협상과정을 거쳐 개정된 국회의원 선거법은 소선거구와 단순다수결제도를 주축으로 하고 의석비율에 입각한 전국구제를 가미한 선거제도를 도입했다. 이 제도는 새로운 정치세력이 시민사회로부터 정치사회로 진입할 가능성을 제도적으로 봉쇄해 버림으로써 정치사회를 독점하고 있던 보수적 정치 엘리트들에 의한 시민사회의 지역적 분할장악을 더욱 강화시켜 주었다. 이와 같은 결과는 새 선거법의 단독 통과를 강행한 민정당, 처음부터 오로지 당략적 계산에 입각해서 소선거구제를 주장한 평민당, 중선거구제와 소선거구제 사이에서 방황을 거듭한 민주당 모두의 공동책임으로 돌려야 할 것이다(박찬욱 1990, 187-188).

1988년 4월 26일 치러진 제13대 국회의원 선거에서 4대 보수정당의 지역할거 구도는 확고하게 정착되었다. 이 선거에서 민정당은 대구·경북지역의 29개 의석 중 25석을, 민주당은 부산·경남지역의 37석 중 23석을, 평민당은 호남지역의 37석 전부(선거 직후 입당한 한겨레민주당 당선 지역 1구 포함)를, 공화당은 충청지역 27석 중 15석을 각각 획득했다. 민정당에 이어 원내 제2당의 위치를 점유한 평민당은 호남과 수도권을 제외한 나머지 지역에서는 한 개의 의석도 획득하지 못했다(정대화 1995, 180).

3. 여소야대의 정국과 3당합당

제13대 총선에서 민정당은 예상과 달리 과반수에 훨씬 못 미치는 의석을 획득함으로써 한국 헌정사상 최초로 행정부와 의회를 여·야가 분할 장악하는 결과를 초래했다. 민주적 대통령제가 지니는 한 가지 중요한 특성은 국민이 자신의 주권을 대통령과 의회에 이중으로 위임한다는 것이다. 이때 대통령과 의회가 이처럼 상이한 정치세력에 의해 분할 장악될 경우 형성될 수 있는 정치적 교착상태에 대한 제도적 해결방안을 대통령제 자체가 마련해 두고 있지는 않다. 다만 미국, 프랑스 등 선진 대통령제의 사례들이 시사하는 것은 상호 견제와 균형에 의한 타협과 협상의 기제와 관행을 점진적으로 확립해 가는 것이 이 문제에 대한 바람직한 해결책이라는 것이다(Lijphart 1992).

민주이행의 과도기에 이와 같은 상황에 직면한 한국의 정당정치로서 이것은 커다란 시련이었지만, 한편으로는 안정된 견제와 균형의 관행을 일찌감치 확립시킬 수 있는 기회이기도 했다. 그러나 이 시기의 권력구조와 정당구도가 이와 같은 타협과 협상의 관행을 성립시키기에는 너무 불안정했다. 우선 새로 권력을 획득한 노태우 정권은 소위 5공 세력으로부터 독립적인 입지를 구축하는 데 상당한 시간과 노력을 경주해야 했다. 한편 총선 직후 신속히 확립된 야 3당 공조체제는 민주·평민당과 공화당 간에 엄존했던 이질적 요소, 그리고 양대 선거를 치르면서 악화될 대로 악화된 민주당과 평민당 간의 반목과 갈등 등을 감안하면 근본적으로 취약할 수 밖에 없었다. 이와 같은 구조적 조건 속에서 민주적 제도와 관행의 발전보다는 정치권력의 획득과 유지를 우선시했던 정치 엘리트들의 정략적 계산은 이와 같은 교착상태를 이들 간의 폐쇄적인 담합을 통해 정당구도를 근본적으로 재편함으로써 해소하려는 지극히 비민주적이고 파괴적인 정치행동에 나서도록 부추겼던 것이다.

5공청산과 중간평가 정국을 거칠 때까지 야 3당 공조체제를 바탕으로 대여 공세와 대여 협상을 주도했던 평민당은 집권 민정당과 구심적(centripetal) 협조체제를 서서히 강화시켜 나갔다. 여소야대 상황하의 제1야당으로서 정국의 주도권을 폭넓게 확보하고 있던 평민당으로서 원활한 대여 협상을 통한 구심적 정국운영은 김대중의 정치적 위상을 제고하는 한편 최대 정적인 김영삼을 상대적으로 압박·소외시킴으로써 김대중으로 하여금 차기 대권고지를 향한 유리한 입지를 확보하도록 해 주는 핵심적 전략이었다. 즉 여소야대 정국의 현상유지와 구심적 대여(對與) 협력체제 유지가 이 시기 평민당의 기본전략이었던 것이다.

평민당의 이러한 전략은 행정부와 의회를 여야가 분할 지배하고 있는 당시 상황 하에서 명백히 견제와 균형에 입각한 타협의 관행을 정립하는 데 긍정적인 측면이 있었다. 그러나 그와 함께 필연적으로 강화될 평민당과 김대중의 정치적 위상은 집권 민정당의 정권 재창출 전망을 어둡게 할 것이 분명했다. 그 결과 민정당은 평민당의 기대와 달리 구심적 현상유지가 아니라 원심적 현상타파를 선택했다.

민정당의 이와 같은 선택은 시민사회의 동향에도 크게 영향을 받은 것이었다. 보수정당 간 담합의 결과 정치사회로의 진입이 사실상 봉쇄된 시민사회 내의 개혁 및 진보세력은 특히 1988~89년 파상적인 노동운동과 통일운동을 통해 보수적이며 또 여전히 억압적인 국가에 거센 도전을 계속했다. 진보적 시민사회의 이와 같은 도전은 정치, 경제, 사회 모든 영역의 보수세력에게 심각한 위기감을 불러일으켰고, 그 결과 보수세력의 광범위한 연대의 필요성이 보수진영 내의 여러 부문에서 제기되었다. 집권 민정당의 정계개편 구상은 이와 같은 상황에서 특히 일본의 보수 지배체제를 모델로 한 소위 보수대연합을 통한 정계개편과 내각제개헌으로 구체화되어 갔던 것이다. 진작부터 정국의 보혁구도로의 전환과 내각제개헌을 주장해 왔던 김종필의 신민주공화당, 자신의 대권 전망에 짙은 암운이 드리우고 있는 정치구도의 근본적인 타파를 열망하고 있던 김영삼의 민주당, 그리고 집권 민정당 간의 정치적 담합에 의한 삼당합당은 이렇게 이루어졌다. 각 정치엘리트의 완벽한 통제 하에서 사실상 이들의 사당(私黨)으로 전락해 있던 한국 정당의 후진성이 담합에 의한 정당구도 재편을 가능하게 해 주었던 추가 요인이었음은 물론이다(정대화 1995, 제4장).

3당합당은 이미 엷어질 대로 엷어져 있던 민주·반민주 전선을 결정적으로 해체시켜 버렸다. 합당을 주도한 세력, 그 중에서도 특히 민정당과 공화당은 내각제라는 새로운 제도적 틀 내에서 보수세력이 압도적 우위를 유지하는 보혁 대립구도가 민주·반민주 대립구도를 대체해 주기를 희망했다. 그러나 이들이 진정 보혁구도로의 정치지형 재편을 원했다면 국가보안법의 폐지와 노동조합의 정치활동 보장 등 그에 상응하는 개혁조치를 단행했어야 했다. 그러나 서경원, 문익환, 임수경의 방북으로 이어진 학생·시민사회의 초강경 통일운동과 전투적 노동운동의 폭발적 공세에 직면해 있던 지배세력들이 결코 이와 같은 개혁을 단행할 수는 없었다. 오히려 마침내 의회의 견제로부터 벗어난 지배세력은 시민사회에 대한 탄압과 공세를 더욱 강화해 나갔다.

3당합당을 전후해서 집권세력이 펼친 이와 같은 탄압정책은 그들이 모방하기를 원한 일본의 경험과 극도로 상치되는 것이었다. 1955년 소위 1.5정당체계의 성립과 함께 굳건히 뿌리를 내린 일본의 보수 지배체제는 사회당의 급속한 성장이 초래한 위기의 산물이었다. 사실 민주적 정치체제 하에서 성립된 보수 지배체제의 안정성은 대단히 역설적이지만 혁신적 정치세력의 지속적인 위협이 담보해 왔다. 이것은 제2차 세계대전 이후 가장 안정된 보수 지배체제를 구축한 일본의 자민당 지배체제와 이탈리아의 기민당 지배체제 모두에게 해당된다. 이 양국에서 보수지배체제를 유지하는 데 일본 사회당과 이탈리아 공산당의 지속적인 위협은 핵심적 요건이었다. 1980년대 이후 이 두 정당의 동시 쇠퇴가 1990년대 초 양국에서 자민당, 기민당 지배체제를 종식시켰다는 사실은 위의 진술을 강력하게 뒷받침해 준다.

한국의 합당 세력은 정치적 공간을 진보세력에게 개방하려는 조치를 아무 것도 취하지 않았다. 정치지형을 보혁구도로 재편해 보려는 실천 의지는 이들에게 전혀 없었던 것이다. 그 결과 3당합당 이후 한국 정당정치의 구도는 보다 단순화되고 또 보다 심화된 지역적 대립구도를 띠게 되었다. 즉 4당에 의한 지역할거 구도는 거대한 비호남세력에 의한 호남의 포위라는 호남 대 비호남의 불균형 대립구도로 전환되었던 것이다. 시민사회의 의사와 전혀 무관하게 오직 정략적 계산에 의한 담합을 통해 단행된 삼당합당은 국민들의 정치에 대한 회의와 불신을 심화시킨 반면 보다 강화된 보수세력에 의한 시민사회의 억압과 분열을 지속시키고 또 지역균열이라는 전선을 본질적으로 온존시켰다. 따라서 "현상의 변화를 통한 본질의 불변성 유지"(Everything must change so that everything can stay the same)(Sassoon 1995, 124)를 목표로 이탈리아 정치사회에 깊숙이 뿌리내렸던 변형주의(trasformismo)의 한국판으로 3당합당을 평가한 최장집의 분석은 날카로운 혜안을 담고 있다(최장집 1995).

  진보적 정치세력의 위협이 전무한 가운데 이처럼 단행된 비호남 보수대연합에 심대한 타격을 가한 것은 바로 독점재벌 정주영이 창당한 통일국민당이었다. 민자당과 국민당의 대립을 국가의 간섭과 통제로부터 자유롭기를 원하는 독점자본과 여전히 강력한 통제력을 행사하려는 국가 사이에 자본주의 발달의 특정 국면에서 빚어진 갈등의 산물로 해석해 볼 수도 있을 것이다(손호철 1992; 백종국 1992). 그러나 이와 관련해 특히 강조돼야 할 것은 자본의 이와 같은 직접적 정치세력화는 혁신세력의 정치적 위협이 존재하지 않는 정치적 구도 하에서 발견된다는 사실이다. 이것은 사회당의 급속한 성장과 통합에 위협을 느낀 일본의 재벌들이 보수세력 통합을 강력히 종용한 1950년대 중반 일본의 사례와 극명한 대조를 이룬다. 반면 공산당과 사회당의 쇠퇴 및 붕괴 조짐이 완연한 정치적 상황 하에서 이탈리아의 재벌 베를루스코니(Silvio Berlusconi)가 정치사회에 성공적으로 진입해 연립정부를 이끌었던 사실, 그리고 사회민주당의 쇠퇴가 완연한 1991년의 스웨덴 총선에서 역시 스웨덴의 두 기업가가 조직한 신민주당이 20석의 의석을 획득한 사실 등은 정주영의 국민당 현상과 본질적으로 유사성을 지닌다(Wörlund 1991).

  통일민주당의 잔류 세력과 평민당이 합쳐 조직된 민주당이 호남

대 비호남의 대립구도를 깨뜨리기에는 명백히 역부족이었다. 민주당 내에서 김대중의 위치는 여전히 절대적이었으며, 두 차례의 정초선거를 거치면서 형성된 그의 강력한 지역적 이미지는 민주당에 고스란히 각인될 수밖에 없었다. 한편 비슷한 시기에 창당된 민중당은 재야 진보세력 전체의 지지를 확보하지 못했을 뿐 아니라 스스로 대표한다고 자부했던 민중세력 어디에도 조직적 뿌리를 내리지 못한 상태에서 정치사회의 높은 관문을 마주하고 있었다.

1992년 3월 24일의 14대 국회의원 선거는 결국 호남 대 비호남이라는 대립축을 중심으로 치러질 수밖에 없었다. 이 총선에서 민주당이 획득한 지역구 의석은 호남지역에서 37석, 수도권에서 34석, 충청지역에서 4석이었다(정대화 1995, 272; 박찬욱 1992, 202-204).

이 선거에서 민자당은 과반수 의석조차 획득하지 못하는 참패를 했지만 이 선거결과는 오히려 김영삼의 정치적 승리를 담보해 주었다. 즉 이 선거는 민자당 단독으로 내각제개헌을 관철시키는 것을 불가능하게 만들어 버렸을 뿐 아니라 다가오는 대통령 선거의 후보 선택과 관련해서 당내에 소위 김영삼 이외의 '대안 부재론'을 확산시키는 계기를 마련해 주었던 것이다. 김영삼과 14대 대통령 선거에서 다시 맞선 김대중은 여전히 자신의 지역적 기반인 호남표의 동원을 극대화하는 한편 소위 '뉴DJ플랜'을 통한 보수중산층 끌어안기라는 구태의연한 전략을 구사했다. 그의 이와 같은 노력에도 불구하고 그를 패퇴시킨 것은 지역주의와 소위 '색깔론'이었다. 김대중은 그가 획득한 표의 81%를 호남과 수도권에서 얻었다. 호남 대 비호남의 대립구도는 또 다시 그 위력을 발휘했던 것이다(최장집 1993, 399-411).

4. 김영삼 정부와 정당재편

김영삼 정부 출범 당시 형성된 민자(민정, 민주, 공화계), 민주, 국민, 신정의 4당 구도는 극도의 유동성을 보여 그로부터 불과 3년이 경과하면서 이들의 명칭은 한국 정치사회에서 차례로 사라져갔다. 이들 중 가장 먼저 희생되어야 했던 것은 지난 총선과 대선을 통해 민자당과 김영삼을 끈질기게 괴롭힌 정주영의 국민당이었다. 정부의 전면적인 공세에 변변한 저항조차 못하고 스스로 조직을 해체해야 했던 정주영과 국민당의 운명을 통해 우리는 자본에 대한 국가의 강력한 우위를 다시 한 번 확인하게 된다. 국민당의 해체로 이제 정치지형은 사실상 민자, 민주 양당의 대결구도로 바뀌었다. 이 대결구도에서 가장 두드러진 현상은 김대중의 정계 은퇴였다. 김영삼 정권이 집권 초기에 강력하게 추진한 사정과 개혁정책은 민주당의 주체적인 노력에 의한 전선의 재편 및 그에 따른 지역구도 탈피의 기회를 사전에 봉쇄해 버리는 결과를 가져왔다.

반면 김영삼 정부의 개혁정책은 삼당합당 이후 온존해 오던 민정, 민주, 공화 세 계파 간의 알력과 갈등을 심화시켜 갔는데, 이것은 소위 TK세력의 일부 탈퇴에 뒤이어 마침내 김종필과 그 추종세력의 탈당 및 자유민주연합 결성으로 이어졌다. 민자당의 이와 같은 해체는 정책적·이념적 차별성이 거의 없는 민자, 민주 두 정당이 병립하고 있던 단순화된 정치지형 하에서 민자당 내부에 강경 개혁세력과 강경 보수세력이 병존하고 있던 구조적 조건이 초래한 필연적인 결과였는지도 모른다. 즉 탈지역적 전선이 형성되지 않은 상태에서 지역적 엘리트의 물리적 결합으로 구성되어 있던 민자당은 항시적인 분열요인을 안고 있었다고 보아야 할 것이다.

　김영삼 개혁의 표류와 잇단 대형 참사에 의해 정권과 개인에 대한 인기도가 급락하고 있는 가운데 마침내 김대중은 정계 은퇴를 번복하고 정계복귀를 선언했다. 정계에 복귀하자마자 그가 내세운 '지역등권론'은 명백히 내각제개헌을 염두에 둔 것이었다. 대통령제 하에서 의회와 행정부 사이의 권력분립은 존재한다. 그러나 상이한 정치세력 간의 권력분점(power sharing)은 대통령제 하에서는 사실상 불가능하다.2) 김대중의 지역등권론은 종교, 언어, 인종적으로 깊숙이 분절된 네덜란드, 벨기에, 스위스 같은 국가에서 발전한 소위 '협의민주주의'(consociational democracy)(Lijphart, 1977)를 염두에 둔 것이었으며, 이 기제는 의원내각제를 전제로 해서만 작동이 가능하다.

　그러나 1995년 6월 27일 치러진 지방자치 선거에서 집권 민자당이 참패하고 민주당이 눈부신 약진을 기록하자, 김대중은 의원내각제를 염두에 두고 내세웠던 지역등권론을 일단 접어 넣고 대권을 향한 일사불란한 지휘체계 확립을 위해 새정치국민회의를 창당함으로써 야당의 조직적 분열을 다시 한 번 주도했다. 새로 창당된

---

2) 아마 만델라가 이끄는 남아프리카공화국의 민족통합정부(Government of National Unity)가 채택한 권력분점 방식이 대통령제 하의 사실상 유일한 권력분점 방식일 것이다. 그러나 이 과도정부의 지배체제는 결코 순수한 대통령제로 보기 힘들 정도로 내각제적 요소를 폭넓게 도입하고 있다. 순수 대통령제를 채택한 헌법개정에 불만을 품은 백인 정당 국민당(NP)이 만델라가 이끄는 과도정부와 결별했다는 사실은 대통령제 하 권력분점의 불가능성을 여실히 보여준다.

국민회의 역시 집권 민자당과 마찬가지로 오직 총재의 지도력에 추종하기만 한다면 진보와 보수를 구별하지 않고 정치 지망생들을 충원해 들임으로써 정당의 이념적·정책적 노선을 극도로 모호하게 만들었다. 반면 지역에 기반을 둔 가신(家臣)들이 조직의 전면에 부상함으로써 정당의 전근대적 특징은 더욱 노골적으로 드러났다.

이로써 김영삼 정부 출범 2년여 만에 한국의 정당정치는 김영삼, 김대중, 김종필 3인을 정점으로 하는 3대 보수정당이 정치사회를 지배하는 봉건적 지역할거 체제로 다시 한 번 복귀했다. 탈3김과 세대교체를 표방하고 시민사회에서 조직되었던 정치개혁시민연합과 민주당 잔류 세력이 통합해서 결성된 통합민주당만이 지배적 정치구도의 이단아로 남았다. 1996년 4월 11일 14대 국회의원 선거는 이처럼 새로 형성된 지역할거 구도를 유권자들이 또 다시 추인해 주는 결과를 가져왔다. 이제 명실상부하게 김영삼의 정당으로 재편된 신한국당은 부산과 경남북을, 김종필의 자민련은 충청과 대구를, 김대중의 국민회의는 호남을 확고한 지역기반으로 점거했다. 이러한 가운데 수도권에서 국민회의를 압도한 신한국당의 승리는 확연한 것이었다. 국민회의는 호남에서 36석, 그리고 수도권에서 30석을 획득했을 뿐 나머지 전 지역에서 전멸함으로써 과거 평민당과 같은 완전한 호남당으로 전락해 버렸다. 또 탈3김과 지역주의 청산을 표방하고 선거에 임한 통합민주당은 서울을 비롯한 6대 도시에서 오직 1개의 의석밖에 획득하지 못하는 참패를 당했다. 이것은 지역주의 정서가 이제 도시와 농촌을 가리지 않고 시민사회 전역에 깊숙이 침투해 버렸음을 여실히 증명해 주는 현상이었다.

표류에 표류를 거듭하던 한국의 정당정치는 민주개방 직후의 지역할거형 구도로 사실상 복귀했다.[3] 소위 '3金'이라는 정치 엘리트를 정점으로 하는 전근대적 정당정치는 그대로 온존되었으며 각 정당의 이념적·정책적 노선은 더욱 불투명해졌다. 반면 국민들의 정치에 대한 혐오와 불신은 더욱 깊어졌다. 1988년 총선에서 75.8%를 기록했던 투표율이 1996년 총선에서 63.9%로 급락한 사실이 이를 여실히 증명해 준다. 정치 엘리트들의 정략적 필요에 의해 확대·심화되어 온 지역균열은 이제 도시와 농촌을 가리지 않고 시민사회 전역에 깊숙이 뿌리를 내렸다. 이와 같은 상태에서 한국의 정당정치가 안정된 민주적 정당체계로 이행할 수 있는 전망은 그다지 뚜렷해 보이지 않는다. 과연 무엇이 문제이고 또 그 개선책은 무엇인가? 민주이행 7년 만에 민주적 정당체계를 성공적으로 안정시킨 스페인의 사례를 간략히 살펴봄으로써 그 해답을 모색해 보도록 하자.

제3절 스페인 정당체계의 확립과정

1975년 프랑코의 사망과 함께 본격적으로 민주이행기에 돌입한

---

[3] 1988년 총선에서 민정당은 34.0%를 득표했고 1996년 총선에서 신한국당은 34.5%를 득표했다. 또 1988년 총선에서 통일민주당과 평민당의 득표율은 합해서 42.1%를 기록했는데, 1996년 총선에서 국민회의와 통합민주당의 득표율은 합해서 36.5%를 기록했다. 1988년 신민주공화당의 득표율은 15.6%였으며 1996년 자민련의 득표율은 16.2%였다.

스페인에 현재와 같이 안정된 정당체계가 확립된 것은 1982년이었는데, 스페인은 그 사이에 세 차례의 총선을 치렀다(Penniman and Mujal-León 1985). 스페인과 한국의 민주이행은 그 배경과 방식에 몇 가지 유사성이 존재한다. 우선 양국은 모두 자본주의 경제의 비약적인 신장과 그에 따른 시민사회의 급속한 성장을 이루었고, 또 이런 점이 민주이행의 사회경제적 토대가 되어 주었다(Gunther, et al. 1986, 24-34). 그리고 스페인 역시 한국과 마찬가지로 정치 엘리트들 간의 협약과 타협에 의한 민주이행의 경로를 택했다(조효래 1995).

그러나 양국의 유사성은 대체로 여기서 끝난다. 우선 스페인은 민주이행의 초기에 일찌감치 선거제도부터 새로 확정지었다. 새 선거제도는 한국과 달리 비례대표제를 골간으로 했다. 다만 정당의 지나친 난립을 방지하기 위해 각 선거구별로 3% 득표의 제법 높은 문턱을 설정하는 한편 의석 배분방식 역시 소수당보다 다수당에 유리한 d'Hondt공식을 채택했다(Gunther, et al. 1986, 43-53). 그리고 이 선거법의 확정에 이어 제도개혁의 주도권을 국왕으로부터 위임받은 수아레스(Adolfo Suárez)는 곧바로 공산당의 합법화를 단행함으로써 모든 정치세력의 정치사회 진입을 전면적으로 허용했다(Gunther, et al. 1986, 34-36). 이 두 가지 조치는 궁극적으로 스페인 정당체계가 이념적·정책적 전선을 따라 재편되게 이끌어 준 핵심적 개혁이었으며 한국과 스페인의 차이가 무엇보다 확연하게 드러나는 부분이다. 스페인은 또한 1977년 첫 총선을 치른 다음에 비로소 모든 정치세력의 참여 하에 새 헌법의 기초작업에 들어갔고 그 후 1년여에 걸친 협의 끝에 의회민주주의와 입헌군주제를 골간으로 하는 헌법안을 확정지었다. 이와 같은 절차는 극도로 폐쇄된 정치적 공간 내에서 오직 선거에서의 승리를 목표로 한 보수적 정치 엘리트 간의 정략적 담합에 의해 헌법을 개정한 한국의 사례와 극명하게 대비된다.

스페인에는 한국에 비해 훨씬 복잡한 사회적 균열요소가 있다. 산업화에 따른 계급균열의 정치적 영향은 스페인 내전 이전까지 소급된다. 여기에 교회주의(clericalism)와 반교회주의(anti-clericalism) 간의 대립, 그리고 카탈로니아(Catalunya), 유스카디(Euskadi), 갈리시아(Galicia) 지역에 깊숙이 뿌리내리고 있는 분열주의 움직임에 의한 지역균열의 사회정치적 영향 역시 심각하다(Gunther, et al. 1986, 178-261).

이와 같은 배경 하에서 1977년 치러진 민주이행기 최초의 총선에는 전국적으로 100개가 넘는 정당이 경합을 벌였다(Gunther, et al. 1986, 43). 그러나 이 선거에서 공산당(PCE), 사회노동당(PSOE), 중도민주연합(UCD), 그리고 우파인민연합(AP) 4개 정당이 80% 이상의 표와 의석을 장악함으로써 정당의 극단적 난립은 효과적으로 봉쇄되었다. 카탈로니아와 바스크 지역을 중심으로 한 10개가량의 군소 지역정당이 나머지 의석의 대부분을 차지한 것은 지역균열의 국지적 영향 때문이었다(Penniman and Mujal-León 1985, 319-323).

이 첫 선거에서 스페인의 주요 정당은 이미 이념적·정책적 스펙트럼에 입각한 정렬을 마쳤다고 할 수 있다. 이 중 민주이행을 주도하고 있던 민중주의적 지도자 수아레스의 영도 하에 조직된 UCD는 이념적·종교적·지역적으로 가장 포괄적인 민주화 연합체로서 민주이행기 정치지형의 중앙에 위치해서 1977년, 1979년 두 차례의 선거에서 최고의 정치적 지지를 동원해 낼 수 있었다(Gunther, et al. 1986, 127-144; Gómez 1985). 사실 이 두 차례의 총선을 지배한 균열구조는 민주 대 반민주 대립구도였고 민주이행의 중심적 역할을 수행하고 있던 수아레스와 UCD에 정치적 지지가 집중된 것은 자연스러운 현상이었다.

그러나 1979년까지 스페인의 민주적 제도이행은 사실상 완결된다. 이와 함께 민주 대 반민주 대립전선은 해체되고 계급, 지역, 종교 등 여타의 균열요소가 정당 간의 세력판도를 급속히 재편해 나갔다. 정치적 전선의 이와 같은 재편은 다계급, 복합 이념적 민주화 연합체인 UCD에게 가장 치명적인 타격을 가했다. 절차적 민주화의 완성을 주도한 UCD는 이제 이념과 계급노선에 따른 조직의 분열, 이혼법 제정을 둘러싸고 형성된 교회주의·반교회주의에 의한 분열, 지역주의와 중앙집권주의 간의 대립에 의한 분열 등에 휩싸여 불과 3년 이내에 그 조직이 사분오열되고 말았다. 그 결과 UCD는 1982년 총선에서 불과 6.7%의 득표율을 기록하는 대참패를 거친 다음 조직 자체가 완전히 소멸해 버렸다. 결국 민주이행의 완성과 그에 따른 민주·반민주 전선의 소멸은 그 이행을 주도한 UCD의 발전적 해체를 가져왔던 것이다. 이 시점부터 스페인의 정치지형은 이념적·정책적 전선의 압도적인 영향력 하에 들어갔고 정당체계 역시 이에 의거하여 안정되었던 것이다(López-Pintor 1985).

제4절 결론: 민주적 정당체계 확립을 위한 제언

한국과 스페인 정당정치의 이와 같은 상이한 궤적이 한국 정당정치의 발전을 위해 시사하는 것은 무엇인가?

첫째, 제도개혁의 필요성이다.

비록 프랑코 독재의 공백기를 거쳤지만 스페인 정당정치의 오랜 전통이 정당체계의 성공적 정착에 끼친 긍정적 효과를 전혀 무시할 수는 없을 것이다. 그러나 민주·반민주 전선이 자연스럽게 이념적·정책적 전선으로 재편될 수 있었던 것은 모든 사회세력들의 정치사회 진입을 허용한 제도개혁의 영향이 거의 결정적이었다. 로칸과 립셋은 일찍이 사회균열이 정당체계로 전환하는 데 영향을 미치는 네 가지 제도적 관문을 제시한 바 있다(Rokkan and Lipset 1967). 첫째, 정당화의 관문은 반대와 비판의 권리를 보장해 주는 정도를 뜻한다. 둘째, 통합의 관문은 특정 운동이나 사회세력의 정치사회 진입에 대한 제도적 방벽의 유무와 높낮이를 뜻한다. 셋째, 대표성의 관문은 새로운 정치세력과 조직이 정치사회 내에 독자적인 조직을 뿌리내릴 수 있는 제도적 장치 ― 주로 비례대표제 ― 가 얼마나 구비되어 있는가와 연관된다. 넷째, 다수결의 관문은 다수결에 의한 승자독식의 제도인가 아니면 비례적 권력분점을 허용하고 있는가와 연관된다.

한국의 경우 통합의 관문, 대표성의 관문, 다수결의 관문이 모두 지극히 높게 구축되어 있다. 그 결과 시민사회 내의 새로운 정치세력이 정치사회 내에 진입해 존립의 기반을 확보하기란 대단히 어렵다. 그리고 이것은 이념적·정책적 전선에 의한 정치지형의 재편을 심각하게 저해하고 있다. 단순다수결제를 골간으로 하는 선거제도와 진보세력의 정치세력화를 방해하는 여러 유형의 제도적 방벽은 지역균열을 대체할 새로운 정치전선의 구축을 저해하고 있을 뿐 아니라 오히려 지역할거형 정당정치를 확대 재생산하는 제도적 기반이 되어 주고 있다. 따라서 현재와 같은 전근대적 정당정치를 청산하기 위해서는 위에 열거한 제도적 관문들을 대폭 낮추어 줄 필요가 있다.

둘째, 정치 엘리트들의 각성이다.

위와 같은 제도개혁은 현재 한국 정치사회를 분할·장악하고 그 의제(agenda)를 독점하고 있는 정치 엘리트들의 동의 없이 이루어내기 힘들다. 또 아무리 훌륭한 제도일지라도 그 제도를 도입한 취지와 목적에 맞게 운용이 될 때 그 진가가 발휘되는 것이다. 현재와 같은 한국의 정치상황 하에서 정치제도의 합목적적 운용 역시 정치 엘리트들의 책임 하에 실천되어야 할 영역이다.

스페인 정당체계의 성공적인 형성과정을 분석한 군터, 사니, 샤바드는 정치 엘리트들의 긍정적 역할을 가장 중요한 요인으로 지목했다. 그들에 의하면 선거법과 정당법은 엘리트 간의 협의와 타협의 산물이었다. 또 각 정당조직의 확립과 변화를 주도한 것도 엘리트들이었고, 그들이 채택한 선거전략이 정당의 이념적·정책적 위치와 포괄적 이미지를 결정지었다. 신생 민주국가의 전반적인 정치적 흐름을 이들이 주도해 왔으며 여론의 형성과 시민의 정치적 동원에도 바로 이들이 결정적인 영향력을 행사했다. 정당에 대한 전통적 결속도가 존재하지 않던 새로운 정치상황에서 유권자들은 정당에 대한 일체감과 지지를 그 지도자들에 입각해서 선택하려는 강력한 경향을 또한 보여주었다(Gunther, et al. 1986, 395-400).

스페인 정치 엘리트들이 민주이행기에 담당한 이와 같은 역할을 한국의 정치 엘리트들 역시 민주이행 이후 담당해 왔다. 그러나 스페인의 정치 엘리트들이 자국의 정당정치와 민주제도의 발전을 위해 대단히 긍정적인 역할을 수행했음에 비해 한국의 정치 엘리트들이 보여주었던 정치활동은 오히려 정당정치의 제도화를 가로막았다. 이것은 한국 민주주의의 발전을 위해서 대단히 불행한 일이었다. 정치 엘리트들이 선거에서의 승리를 통한 권력획득이라는 단기적 목표를 추구하는 것은 비난받을 일이 못 된다. 그러나 그 목표의 추구는 자신이 이끌고 있는 정당조직의 안정과 민주적 정치제도의 발전이라는 장기적 목표와 조화를 이루어야 한다. 정치 엘리트들이 오로지 단기적 승리를 목표로 이들이 마땅히 수행해야 할 다른 역할을 모조리 수단화해 버릴 경우 그 폐해는 대단히 심각하다. 한국의 정치사회와 시민사회 전반에 여전히 짙은 음영을 드리우고 있는 지역주의 확산의 일차적 책임은 무엇보다 이들 정치 엘리트가 져야 한다. 한국의 정당정치와 민주제도의 발전에 가장 큰 영향을 미치게 될 것도 바로 이들의 결정과 결단일 것이다.

제3부

민주주의 이론과 한국 민주주의

제8장 | 민주화 이론에 관한 고찰

제1절 서론

민주화의 '제3의 물결'(Huntington 1991)이 1970년대 중반 시작된 이래 오늘에 이르기까지 그 물결은 전 세계로 퍼져 가고 있다. 남유럽에서 중남미, 아시아, 동유럽, 아프리카를 휩쓸어 온 이 물결은 급기야 2008년에는 히말라야 산줄기를 타고 올라 은둔의 왕국 네팔과 부탄까지 민주화의 대열에 동참시켰다. 제3의 물결이 시작된 이래 줄곧 전 세계 국가들의 자유화 수준을 조사·발표해 온 프리덤하우스(Freedomhouse)의 분석에 의하면 자유국가의 숫자는 1972년 44개국에서 2000년 86개국으로 늘었고 2007년 말 현재 91개국에 이르렀다. 같은 기간 비자유국가는 67개국에서 47개국을 거쳐 43개국으로 줄었고, 부분 자유국가는 36개국에서 60개국으로 늘었다 (<표 8-1> 참조). 20세기는 분명 '민주주의의 세기'(Rueschemeyer, et al. 1992, 2)였지만 민주화는 여전히 현재진행형이다.

정치학이 독립적인 학문체계로 발전한 이래 아마 민주주의에 관한 연구만큼 숱한 연구와 분석이 이루어진 연구 주제도 없을 것이다. 제3의 물결이 시작된 이래 수많은 학자들이 민주화의 원인과

〈표 8-1〉 자유국가의 증가 추세[1]

	자유국가	부분 자유국가	비자유국가
1972	44	36	67
2000	86	59	47
2007	91	60	43

*출처: http://www.freedomhouse.org/uploads/FIWAIScores.xls

과정을 규명하려는 연구를 거듭해 왔다.[2] 이들의 노력 덕분에 우리는 체제변동의 거시적 동학, 민주이행과 공고화의 과정과 단계, 민주화에 적극적 혹은 소극적인 사회계급 등에 관해 많은 지식을 축적하게 되었다. 그럼에도 불구하고 현재 진행 중인 민주화의 도도한 역사적 물결을 설명해 주는 결정적 이론은 아직 나오지 않고 있다. 민주화 물결에 참여한 국가는 대단히 다양하다. 따라서 이 모든 사례에 부합하는 이론화의 시도는 어쩌면 불가능할지도 모른다. 그러나 왜 하필이면 20세기 후반에 이르러 민주주의가 '시대정

---

1) 프리덤하우스는 자유(free)국가, 부분 자유(partly free)국가, 비자유(non free)국가를 분류하는 데 정치적 권리(political rights)와 시민적 자유(civil liberties) 두 지표를 활용한다. 정치적 권리는 선거과정, 정치 다원주의와 참여의 수준, 정부 기능에 대한 조사를 통해 점수를 매기며, 시민적 자유는 표현의 자유, 결사와 조직의 자유, 법의 지배, 개인의 자유와 권리 수준을 조사해 점수를 매긴다. 각 지표마다 1점에서 7점까지 점수를 매기는데, 점수가 낮을수록 자유와 권리의 수준이 높은 국가다. 두 지표 평균이 1.0에서 2.5에 속하는 국가는 자유국가, 3.0에서 5.0(2003년까지는 5.5)에 속하는 국가는 부분 자유국가, 5.5(2003년까지는 6.0)에서 7.0에 속하는 국가는 비자유국가로 분류된다.
2) 민주화에 관한 연구를 개관하고 있는 주요 문헌으로는 Shapiro(2002), Mahoney(2003), Kjær(2004) 등을 참조.

신'(Zeitgeist)으로 자리 잡게 되었고 지구상의 모든 지역으로 민주화의 물결이 확산하게 되었는지 최소한의 설명은 필요할 것이다.

이 장에서는 민주화에 관한 그 간의 연구성과를 크게 '거시 비교사적 연구'(macro historical analysis)와 '이행론적 연구'(transition analysis)로 대별해서 각 연구의 특성과 장단점을 밝혀 보고자 한다. 또 공고화와 민주주의 수준에 관한 최근의 논의를 살펴본 다음 민주화의 폭발적 진행에 관한 저자의 견해를 피력해 보고자 한다. 마지막으로 한국 민주화에 관한 대표적인 거시 역사적 연구와 이행론적 연구를 비판적으로 검토해 볼 것이다.

제2절 민주화에 관한 연구의 흐름

1. 거시 비교사적 연구

민주화에 관한 거시 비교사적 연구는 기능주의적 근대화 이론의 몰역사성을 비판하고 이에 대한 대안으로 1970년대 이후 등장하여 비교정치 연구의 또 하나의 강력한 이론적 흐름을 형성한 비교역사적 분석(comparative historical analysis)의 연구성과를 토대로 민주화의 구조적 조건과 체제변동의 동학을 규명하려는 연구 흐름이다.[3]

---

[3] 비교역사적 연구에 관한 개괄은 특히 Skocpol(1984)과 Mahoney and Rueschemeyer(2003) 참조.

이 연구 흐름을 앞장 서 이끌었던 대표적 학자는 무어(Barrington Moore)이고 그의 저서 『독재와 민주주의의 사회적 기원』은 민주화에 관한 거시 비교사적 연구의 선구적 저작이다.

무어(Moore 1966)는 민주주의로 연결되는 근대화의 경로를 파시즘과 공산주의로 연결되는 경로와 구별해서 분석하는데, 이처럼 상이한 체제변동의 동학을 초래한 구조적·사회계급적 요인을 제시한다. 그는 민주주의로의 체제변동을 위해서는 무엇보다 강제노동력을 필요로 하는 농촌 대지주가 약한 반면 도시를 거점으로 한 강력한 부르주아가 성장한 계급구조가 가장 유리하다고 보았다. 또 그는 민주이행은 과거와의 혁명적 단절을 통해 이루어진다고 보았다.

무어의 이러한 주장에 입각해 현재 진행되고 있는 범지구적 민주화를 이해하는 데는 적지 않은 문제가 있다(Mahoney 2003, 137-145). 사실 민주화의 제3의 물결은 이 책이 출간된 지 10년 정도 지난 후 시작되었다. 그의 연구가 이 포괄적인 변동을 설명할 수 없는 것은 명백하다. 뿐만 아니라 무어의 연구는 이미 먼저 민주화를 이룬 서구 소국들의 사례 역시 설명해 내지 못한다(Katzenstein 1985, 181-185). 무어의 제자 스카치폴은 체제변동에 관한 무어의 거시역사적 분석에서 민주주의로의 이행은 '잉여범주'(residual category)로 해석하는 것이 타당하다는 주장을 제기한 바 있다(Skocpol 1973). 그러나 많은 약점에도 불구하고 무어의 연구는 거시 비교사적 연구를 개척한 선구적 연구였으며 이후 많은 후속 연구를 이끌어 냈다.

무어의 연구에 직접 영향을 받은 대표적인 연구로 자본주의 성장과 민주주의를 인과적으로 결합시킨 뤼쉬마이어 등(Rueschemeyer et al. 1992)의 연구를 들 수 있다. 이 연구를 선행했던 스티븐스

(Stephens 1989)는 자신의 연구가 무어 입론의 테스트임을 명확히 하고 있다.

이들의 연구는 경제성장과 민주주의의 인과관계를 논한 립셋(Lipset 1959) 류의 근대화 이론과 좋은 대조를 보인다. 경제성장을 부르주아 혹은 중산층의 성장으로 연결하고, 이들에 의해 민주주의가 확립되고 안정될 수 있다는 근대화 이론의 핵심 주장에 이들은 동의하지 않는다. 이들은 역사적으로 부르주아가 민주화에 호의적이거나 민주화를 주도한 계급이 아니라고 본다.[4] 이들은 대토지를 소유한 지주들이 민주화에 가장 적대적인 계급이라는 무어의 입론을 받아들인다. 그러나 이들은 민주화 투쟁에 가장 적극적이었던 계급은 부르주아가 아니라 노동계급이었다고 밝힌다. 자본주의 발전은 민주화에 적대적인 대지주계급을 약화시키고 노동계급을 강화시키는 방향으로 계급구조의 변화를 초래하고, 그 결과 민주화를 촉진시킨다는 것이다.

이들은 이처럼 무어의 입론을 부분적으로 수용하되 창조적으로 변형시켜서 근대화 이론과 뚜렷이 대조적인 민주화 이론을 제시했다. 무어의 연구가 영국, 프랑스 등 유럽 대국의 사례에 한정되었던 반면, 이들의 연구는 서유럽 전체와 남·북아메리카 대륙 전체를 포괄한다. 그럼에도 불구하고 노동계급이라는 특정 계급에게 민주화를 이끈 결정적 역할을 부여한 것은 이 연구의 가장 큰 약점이 되고 있다.

노동계급이 과연 민주화를 이끈 주도세력인지 집중적으로 분석한 대표적인 연구는 콜리어(Collier 1999)에 의해 수행되었다. 그녀는

---

4) 이 주장을 담은 많은 문헌을 Mahoney(2003, 148)에서 발견할 수 있다.

19세기와 20세기 서유럽과 라틴아메리카 국가들의 민주화에서 노동계급이 담당한 역할을 포괄적으로 비교·분석한 다음 노동계급이 주도적 역할을 했던 사례도 많았지만 또 이들의 역할이 대단히 미미했던 사례도 많았음을 밝힌다. 이를 바탕으로 그녀는 "민주화는 대단히 다양한 집단과 행위자들, 그리고 이들의 복합적인 이해관계가 얽혀 있는 복잡하고 다면적인 과정이며 매우 다양한 궤적을 그린다"(Collier 1991, 166)고 결론을 내린다. 민주화에 관한 거시 비교사적 연구 흐름을 개괄한 마호니 역시 "민주화는 종종 여러 단계를 거치며 각 단계마다 다른 계급 혹은 행위자들이 중요한 역할을 맡는다"(Mahoney 2003, 149)고 비슷한 결론을 내리고 있다.

저자는 이미 현대 민주주의의 역사적 기원을 16세기 유럽에서 찾아야 하며, 이 시기에 출현한 자본주의와 근대국가의 동시 성장이 서유럽 근세사에 구축해 놓은 거대한 구조와 그 동태적 변화의 커다란 과정이 20세기 초 의회민주주의를 성립시켰다고 분석한 바 있다(김수진 2001, 21-65). 저자의 연구가 민주화를 특정 계급의 구상과 청사진의 결과물은 결코 아니었다고 결론짓고 있지만, 이 연구 역시 시간적·공간적으로 한계가 있다.

민주화에 관한 거시 비교사적 연구는 이처럼 체제변동을 일으키는 구조적 변인들을 끄집어내서 이들 변인이 체제변동을 이끌어내는 동학을 거시적으로 분석한다. 이들 연구는 20세기 초 민주주의가 서구에서 먼저 확립되게 된 역사적 요인, 그리고 20세기 후반 민주주의가 범세계적으로 확산하게 된 거시 역사적 요인을 규명하는 데 주목할 만한 성과를 거두었다. 그러나 이들의 거시요인 분석만으로 범지구적 민주화 현상을 설명하기는 쉽지 않다. 또 이들의 연구는 대체로 개별 국가의 민주화가 진행되는 미시적 과정에 대한 분석을 결여하고 있다. 무엇보다 오늘날 글로벌한 현상이 되어 버린 민주화를 특정한 경제적·구조적·계급적 요인으로 환원시키려는 시도는 위험하다.

2. 이행론적 연구

민주화에 대한 이행론적 분석은 민주화 혹은 체제변동의 구조적 원인을 거시 역사적 흐름 속에서 파악하려 하기보다는 분석의 초점을 제제변동의 각 단계와 과정에 맞추어 분석하려 한다. 즉 이행이론가들은 권위주의 체제의 붕괴로부터 민주주의의 확립과 공고화로 이어지는 과정을 단계적으로 분석하는 전략을 채택한다. 이들의 연구에서 정치행위자들과 그들 사이의 갈등과 협상이 분석의 중심을 차지하게 된다(Kjær 2004, 155).

로스토우(Rustow 1970)는 민주화를 구조가 아닌 행위자 중심으로 파악하려 하고 또 민주화의 원인보다는 과정에 분석의 초점을 맞춘 선구적 연구를 수행한 바 있다. 그는 민주이행의 단일 유형은 없으며 또 이를 주도하는 단일 계급도 존재하지 않는다고 보았다. 그는 "극도로 다양한 사회갈등과 정치적 이슈들이 민주주의와 결합할 수 있다"(Rustow 1970, 345)고 보고 민주화에 관한 인과요인 분석을 포기하는 대신 민주이행을 세 단계로 나누어서 그 과정을 분석하는 데 주력했다.

린쯔와 스테판(Linz and Stepan 1978)은 민주화가 아니라 민주체제의 붕괴를 연구했지만, 이들의 분석은 이후 민주이행 연구의 이론적 초석을 깐 것으로 평가받고 있다. 이들은 구조적 요인이 체제변동의 기회와 제약을 가하지만, 실제 체제변동은 정치행위자들, 특히 정치 엘리트들이 구조적 요인이 가하는 제약 속에서 내리는 전략적 선택에 좌우된다고 본다. 이와 같은 분석 관점에 입각해서 이들은 민주체제 붕괴의 정치적 과정과 단계를 집중적으로 분석한다. 체제 효율성 저하, 해결 불능 사태들의 출현, 체제 전반의 정통성 추락, 강력한 체제 부정형 반대세력 출현, 민주체제 붕괴로 이어지는 각 단계에 대한 이들의 치밀한 분석은 이후 권위주의 체제의 붕괴로부터 민주주의 체제 확립으로 이어지는 민주이행 과정 분석에 중요한 지침이 되어 주었다.

이행이론에 입각한 민주화의 연구는 민주화의 물결이 중남미를 거쳐 아시아로 퍼져 가던 1980년대 이후 본격화되었다. 오도넬 등(O'Donnell, et al. 1986)의 연구는 이행이론에 입각한 민주화 연구의 체계를 확립한 연구로 평가할 수 있다. 남유럽과 중남미 권위주의 체제의 붕괴와 민주화의 동학을 연구한 이 방대한 저작의 결론 부분을 집필한 오도넬과 슈미터(O'Donnell and Schmitter 1986)는 이후 이행론자들이 사용하게 될 핵심 개념을 체계적으로 제시하고 있다. 그들은 이행(transition), 자유화(liberalization), 민주화(democratization) 등의 개념을 명확히 정의해서 제시하는 데 주력하는 한편 권위주의로부터 민주주의로 이행하는 과정상에 형성되는 과두적 체제로 '자유화된 권위주의'(dictablanda)와 '제한적 민주주의'(democradura)라는 개념을 또한 제시한다. 이들은 또 이후 이행론자들의 핵심 분석틀이 될 체제 내 강경론자와 온건론자들과 민주화를 요구하는 강경론자와 온건론자들 간의 협상과 협약을 개념화한다. 또 체제의 개방, 시민사회의 부활, 정초선거(founding election)에 이르는 민주이행의 단계를 제시한다. 이와 같은 치밀한 분석틀을 제시한 후 이들은 민주이행 과정을 지배하는 특징은 '높은 수준의 불확실성과 비결정성'(high degree of uncertainty and indeterminacy)이라고 결론짓는다(O'Donnell and Schmitter 1986, 66).

오돈넬과 슈미터가 개발한 개념과 분석틀을 활용해서 진행된 이행론적 분석은 근본적으로 '인과과정에 대한 지식 축적이 제한적'(Mahoney 2003, 158)이라는 약점을 지닌다. 소위 '자발주의 메타이론'(voluntarist meta-theory)"(Mahoney 2003, 159)의 범주에 속하는 이 연구 흐름은 연구의 초점을 구조가 아니라 엘리트, 협약, 리더십 등 미시적 대상으로 이동시킨 후 인과분석보다는 과정분석에 주력한다. 그 결과 각 민주이행의 독특성과 불가측성이 강조되는 반면, 포괄적인 일반화는 거의 시도되지 않는다(Mahoney 2003, 160).

한편 민주이행을 주도하는 핵심적인 행위자들의 협상을 분석하는 데 합리적 선택이론이 발전시킨 게임이론을 도입함으로써 민주이행 과정의 분석을 논리적으로 더욱 정교하게 하려는 시도가 진행되었다(Przeworski 1991; Geddes 1999). 특히 쉐보르스키(Przeworski 1991)는 권위주의 정권의 강경파와 온건파, 그리고 민주화 세력 내의 최대주의파와 최소주의파라는 네 세력이 구사하는 전략이 어우러진 정교한 게임(four-player game)모형을 통해 체제변동의 다양한 가능성을 분석해 내고 있다. 그러나 그 역시 "민주주의는 확정되지 않은 영역이며 그 미래는 씌어 있지 않다"(Przeworski 1991, 95)고 민주이행의 비확정성을 강조하고 있다. 이렇게 볼 때 민주화에 관한 이행론적 분석을 통해 민주화의 제3의 물결을 설명해 줄 수 있는 이론이 발전할 가능성은 커 보이지 않는다.

3. 공고화론과 결손민주주의론

민주이행의 방식과 과정에 대한 이행론자들의 관심은 자연스럽게 민주이행을 완료한 이후 신생 민주주의가 제대로 정착되고 확립되는 조건과 과정에 대한 연구로 확대되었다. 소위 '공고화'(democratic consolidation)에 관한 연구는 이행과정에 대한 연구의 논리적 연장선에 놓여 있고, 따라서 이 연구 역시 핵심적 이행론자들이 주도해 왔다. 오돈넬(O'Donnell 1992)과 발렌수엘라(Valenzuela 1992)의 선도적인 연구가 수록된 메인웨어링(Mainwaring, et al. 1992)의 편저를 필두로 린쯔와 스테판(Linz and Stepan 1996) 및 다이아몬드(Diamond, et al. 1997) 등의 주요 연구가 이어졌다.

오돈넬과 발렌수엘라는 공고화된 민주주의의 특징을 나열하는 한편 공고화에 긍정적인, 그리고 부정적인 다양한 요소를 제시하려 시도한다. 현실적으로 제3의 물결에 편승한 민주화가 세계적으로 확산되면서 소위 이행과정에 있거나 혹은 이행을 완료했지만 아직 공고화의 수준에 이르지 못한 국가들이 무수히 늘어났다. 다이아몬드의 지적처럼, "민주화의 제3의 물결은 그 깊이보다 폭이 훨씬 넓다.…… 부유하고 산업화된 일부 국가를 제외하면 민주주의의 깊이는 여전히 얕고 자유화와 제도화의 수준 역시 낮다. 대부분의 신생 민주국가들이 붕괴의 위협에 직면해 있지는 않다. 그러나 이들이 공고화를 완료했다는 분명한 증거도 없다"(Diamond 1997, xv). 린쯔와 스테판(Linz and Stepan 1996)은 분석의 폭을 넓혀 비민주적 체제의 유형을 분류하고 이처럼 상이한 체제가 행위자들에게 가하는 기회와 제약을 비교·분석한 다음 성공적인 민주이행과 공고화 전망의 차별성을 체계적으로 제시하려 시도한다.

민주주의 공고화에 관한 많은 연구에도 불구하고 공고화를 완성한 국가에 대한 객관적 기준을 공고화론자들은 확정짓지 못했다. 소위 정초선거의 실시가 민주이행의 완료를 표상한다면, 공고화 완료의 기준은 무엇이며 또 공고화를 완료한 나라들은 얼마나 되는가? 민주이행을 완료한 국가 중 아직 공고화를 완료하지 못한 나라가 압도적으로 많다면 이들은 모두 불안정한 과도적 단계에 놓여 있다는 뜻인가? 이와 같은 질문이 소위 공고화론자들을 괴롭히는 핵심 난제들이다.

샤피로는 민주이행에 관한 연구 흐름을 개괄하면서 "민주주의인가, 아닌가 하는 질문"(whether-or-not question)보다 "어느 정도 민주적인가 하는 질문"(more-or-less question)으로 질문 내용을 바꿀 필요가 있다고 제언한다(Shapiro 2002, 241). 이럴 경우 공고화의 조건을 확정 짓는다거나, 아니면 특정 국가의 민주주의가 공고화의 관문을 넘어섰는지에 관한 논란을 비켜 갈 가능성이 열린다.

이와 관련해 주목할 만한 연구 경향은 불완전한 민주체제에 관한 개념화와 분류의 시도이다. 권위주의 체제변동과 민주이행 연구의 핵심적 주도자인 오돈넬은 라틴아메리카 민주주의의 불안정성에 주목해 일찌감치 '위임민주주의'(delegative democracy)라는 개념을 제시한 바 있다(O'Donnell 1994). 공고화 조건에 관한 연구에 주력해 오던 다이아몬드는 권위주의적 요소와 민주주의적 요소를 부분적으로 공유하고 있는 지배체제 유형을 '하이브리드 정권'(hybrid regime)으로 개념화해서 제시했다(Diamond 2002).

불완전한 민주주의에 관한 이와 같은 연구는 머켈에 의해 종합되었다(Merkel 2004). 그는 잘 착근된 민주주의(embedded democracy)가 갖추어야 할 제도적·비제도적 요소를 체계적으로 제시한 다음 이들 요소의 일부를 갖추지 못한 지배체제를 결손민주주의(defective democracy)라 지칭한다. 그는 결손민주주의의 유형으로 배제적 민주주의(exclusive democracy), 유보영역 민주주의(domains democracy), 비자유 민주주의(illiberal democracy), 위임 민주주의(delegative democracy) 네 가지를 제시하는 한편, 각 체제가 내적 지속성을 지니는 만큼 이들을 굳이 과도적 체제로 간주할 이유는 없다고 주장한다.

머켈의 결손민주주의론은 자유화, 민주화, 공고화에 이르는 이행론자들의 기계적 분석틀에서 벗어나 민주화 연구의 새로운 지평을 열었다고 평가할 수 있을 것이다. 그러나 그가 제시한 결손민주주의의 네 가지 유형이 모든 불완전한 민주주의를 체계적으로 포괄할 만큼 완벽한 유형 분류는 되지 못한다.

우리는 따라서 샤피로의 제안에 다시 주목해 볼 필요가 있다. 프리덤하우스의 단순한 지표를 넘어서는 보다 정교한 민주화 수준에 관한 지표를 개발해 민주화의 물결에 합류한 많은 국가들의 민주화 수준을 비교하고 분류하는 작업이 절실하다. 그러나 민주화의 역사적 물결을 어떻게 이해해야 하는가 하는 근본적인 의문은 여전히 남는다. 마호니의 평가처럼 민주화에 관한 많은 연구는 "민주 이행을 가능하게 하는, 혹은 용이하게 하는 구조적·제도적·정치적 요인에 대한 지식과 정보를 제공해 주었다.…… 그러나 이들 연구는 조심스럽게 선택된 사례 영역에서 드러난 패턴을 포착하려 할 뿐 모든 사례에 적용될 수 있는 일반적 주장을 제공하지는 않는다"(Mahoney 2003, 167).

4. 민주화의 세계적 확산에 관한 이해

민주화에 관한 거시 비교사적 연구와 이행론적 연구를 종합해 볼 때 민주화를 특정 계급의 단독 프로젝트로 간주할 수는 없다. 또 민주화를 경제적 요인에 입각해서 설명하는 것도 쉽지 않다. 고대 아테네의 민주주의, 중세 이탈리아 상업도시에서 발달했던 공화정, 그리고 20세기 초 서유럽 의회민주주의의 발전 등은 각 시기에 각 지역이 보여주었던 경제성장을 얘기하지 않고 설명할 수 없다. 그러나 20세기 후반 이후 범세계적으로 확산되고 있는 민주화의 물결은 결코 단일 변인으로 포착되지 않는다. 이를 이해하려면 질문의 내용을 바꿀 필요가 있다.

20세기 후반 범세계적 현상이 된 비민주적 지배체제의 위기와 붕괴는 다양한 요인에 의해 촉발되었다. 경제위기뿐 아니라 경제적 성공이 권위주의 체제를 퇴진시키기도 했다. 전쟁의 패배가 체제 붕괴로 이어진 경우도 있으며 국제사회가 가해 오는 압력에 의해 체제가 붕괴하기도 했다. 또 전통적 군주정이 백성들의 적극적인 요구나 투쟁이 없었음에도 불구하고 계몽된 군주의 결단에 의해 막을 내리기도 했다. 이처럼 권위주의 체제가 20세기 후반 이후 막을 내린 이유와 방식은 대단히 다양하다. 여기서 제기되어야 할 질문은 왜 이처럼 다양한 이유로 붕괴된 비민주적 체제가 그 대안으로 거의 예외 없이 민주주의를 선택하는가이다. 린쯔와 슈미터의 표현처럼 민주주의는 왜 20세기 후반에 '시대정신'(Zeitgeist)(Linz and Schmitter 1996, 74)이 될 수 있었을까?

이를 이해하려면 민주주의가 가능한 조건을 찾기에 앞서 민주주의가 지니는 본연의 가치에 먼저 주목해 볼 필요가 있다. 정치를 정의(正義)의 실천으로 규정할 경우 민주주의는 이 정의 실천의 과정에 모든 시민이 자유롭고 대등한 자격으로 참여하는 것을 보장해 주는 유일한 지배체로서의 가치를 지닌다.

민주주의는 또 모든 계층과 집단이 자신이 옳다고 믿는 사회경제적 질서를 추구하고 확립할 수 있는 가능성을 열어 놓고 있다. 쉐보르스키의 표현처럼 '불확실성을 제도화'해 놓았다기보다는 '열린 가능성을 제도화'해 놓은 체제가 민주주의이다. 억압적인 권위주의 체제에 저항하는 다양한 사회세력이 정의로운 질서에 대한 입장과 전망을 달리함에도 불구하고 민주화를 위해 힘을 합칠 수 있는 이유가 여기에 있다.

그렇다면 민주주의의 이와 같은 본원적 가치와 민주주의가 열어 주는 이와 같은 가능성에 대한 인식과 확신이 왜 20세기 후반에 범세계적으로 확산되었을까? 이 문제와 관련해서 특히 주목해야 할 것은 현대 민주주의의 긍정적 효과가 발휘된 역사는 지극히 짧다는 사실이다. 현대 민주주의가 가장 먼저 확립된 곳과 시기는 20세기 초 서유럽이었다. 그러나 이들 국가는 민주주의의 확립 이후 오랜 기간 동안 엄청난 정치적·사회적·경제적 혼란과 고통을 감내해야 했을 뿐 아니라 두 차례의 처절한 세계대전 또한 치러야 했다. 따라서 최소한 1950년대 초까지 이들 민주국가를 본받을 만한 지배체제로 삼아야 할 경험적 근거는 없었다. 제2차 세계대전 이후 신생 독립국가들에 이식된 민주체제가 거의 예외 없이 붕괴의 길로 간 이유를 근대화 이론은 민주주의 유지를 위한 조건 미비에서 찾았다. 그러나 많은 신생국가 엘리트들의 눈에 민주주의는 사회

정치적 불안정과 경제적 혼란의 원인으로 간주되었을 뿐이다.

선진 민주주의의 위력은 1950년대 이후 본격화되었다. 기본권의 실질적 보장과 정치적 자유와 참여의 확대를 통한 정치적 활력, 같은 시기 이들 국가가 보여주었던 눈부신 경제성장, 민주적 정책 경쟁의 찬란한 결과물이었던 복지국가의 확립과 계급투쟁의 약화 등 선진 민주국가의 경이적인 성취는 20세기 후반에 와서야 달성되었다. 민주화를 향한 제3의 물결은 선진 민주국가가 이와 같은 성취를 보여주기 시작한 지 한 세대도 채 경과하지 않았을 때 시작되었던 것이다.

결국 선진 민주국가가 20세기 후반에 구현한 정치적 · 경제적 · 사회적 · 문화적 성취가 민주화 물결의 동력이었다. 이들의 이와 같은 성취를 견문(見聞)하면서 비민주국가의 국민들 사이에 민주주의의 본원적 가치와 그것이 제공하는 열린 가능성에 대한 확신이 자리 잡게 되었던 것이다. 따라서 헌팅턴이 묘사한 '전시효과'와 '눈덩이효과'는 민주화 물결의 핵심 요소라고 할 수 있다(Huntington 1991, 100-106). 20세기 후반의 정보혁명은 이를 촉진시킨 기술적 요인이었다.

민주화는 이처럼 경제적 · 구조적 혹은 계급적 조건의 충족 여부와 무관하게 무차별적으로 범지구적으로 확산되어 왔다. 그러나 다양한 탈권위주의 국가가 선택한 민주주의가 무차별적으로 이들 국가에 공고화되고 착근될 수는 없을 것이다. 따라서 민주화의 전반적 확산을 거시적으로 이해하고 통찰하는 것과 민주이행을 단행한 개별 국가가 신생 민주질서를 정착시키는 구체적인 과정을 분석하는 것은 별개의 문제이다.

제3절 한국 민주화에 관한 성찰

　민주화 이론에 관한 이와 같은 고찰을 토대로 한국 민주화에 관해 간략한 성찰을 시도해 보자. 한국 민주화를 구조적·거시 비교사적 관점에서 연구한 대표적인 학자는 최장집과 손호철이며 이행론적 관점에 입각한 연구는 임혁백의 연구가 독보적이다. 우선 이들의 연구를 살펴보도록 하자.
　최장집은 일찍이 1960년대 이후 국가 주도 하에 폭발적 성장을 시작한 한국의 자본주의가 국가의 힘과 능력의 신장을 가져다주었을 뿐 아니라 동시에 시민사회의 급속한 성장을 유발시켰고, 이처럼 "서로 팽창된 국가와 시민사회의 대립과 충돌"이 정치갈등의 상승작용을 불러일으켜 궁극적으로 '시민사회의 폭발'에 의해 민주주의로의 이행을 주도한다고 분석한 바 있다(최장집 1993, 195-196). 이와 같은 그의 시각은 서구 의회민주주의의 거시 역사적 동인을 분석한 저자의 견해와 매우 근접해 있다(김수진 2001). 즉 한국 민주화의 동인은 본질적으로 서구 민주주의의 역사적 동인과 유사하다는 것이 최장집의 인식이다.
　최근 그는 그람시의 '수동혁명' 개념을 활용해서 한국 민주화의 불완전성을 비판적으로 분석한다(최장집 2006). 즉 한국 민주주의는 민중부문의 성장과 분화를 통해 가해 올 체제개혁에 대한 본격적인 압력을 차단하기 위해 보수적인 지배 엘리트들이 민중의 요구를 제한적으로 수용한 일종의 수동혁명의 결과라는 것이다. 그 결과 권위주의 시대를 지배했던 냉전반공주의와 발전주의의 헤게모니가 그대로 유지된 불완전한 민주화 혹은 헤게모니 변화 없는 민주화가 한국 민주화의 특징이 되었다고 비판적으로 평가한다. 그의 이와 같은 비판은 특히 보수적 혹은 신자유주의적 지배세력을 대체할 대안적 정치세력이 조직되고 성장하지 못하는 현실에 대한 강한 불만을 담고 있다. 따라서 한국 민주주의의 내용에 대한 그의 관심은 절차적 민주주의의 완결보다 실질적 민주주의의 확대에 초점을 맞춘 것으로 보인다. 민주주의의 외연을 사회적·경제적으로 확대해 줄 수 있는 대안적 정당의 조직화를 한국 민주주의가 당면한 최우선적 과제라고 최장집은 보고 있다.

손호철에 의하면 한국의 산업화는 시민사회의 내부 구성을 민주화에 유리하게 변화시켜 주었는데, 특히 산업화에 의한 민중부문의 성장을 구조적 토대로 해서 민주화가 이루어졌다는 것이다(손호철 1999). 그의 이와 같은 분석은 자본주의의 성장이 계급구조를 민주화에 유리한 방향으로 변화시켜 민주화를 성취시킨다는 뤼쉬마이어 등(Rueschemeyer et al. 1992)의 이론적 관점과 궤를 같이한다. 그에 의하면 민주화 이후 시민사회는 진보적 민중운동과 자유주의적 시민운동으로 양분되었으나, 그 주도권은 점차 자유주의적 시민운동이 장악해 갔고 그 결과 시민사회는 보수화한다. 정치사회 역시 자율적이어야 할 국가에 대해 종속적인 반면, 대표해 주어야 할 시민사회로부터 대표성을 상실한 채 사당정치의 지배를 받고 있다. 그는 한국 민주주의의 이와 같은 보수성과 한계를 비판하지만, 이런 특수상황을 연출한 구조적 요인을 명확하게 제시하지는 못하고 있다. 손호철의 이론은 과도한 구조결정론의 한계를 안고 있다는 것이다.

한편 임혁백은 민주화에 대한 이행론적 연구를 가장 탁월하게 한국 민주화 과정에 적용해서 분석한다(임혁백 1994, 227-297). 특히 그는 쉐보르스키가 오돈넬과 스테판의 연구를 바탕으로 정교하게 발전시킨 4자 게임(four-player game) 분석과 게임나무(game tree)를 탁월하게 한국 민주화 과정에 적용시킨다. 구체적으로 1979~80년 박정희 사망 후의 민주화 실패는 민주화 추진 세력이 반권위주의적 대안 조직에 실패하고 또 강경 신군부가 권력을 장악함에 따라 권위주의 블록 내에 민주적 타협을 요구하는 목소리가 제거된 데 기인한다. 그리고 1985년부터 1987년 6월까지 이어졌던 민주화 세력과 권위주의 세력 간의 대치 상태는 권위주의 블록 내에서 타협을 요구하는 세력이 자율적인 권력 기반을 갖추지 못했던 반면, 시민사회의 온건 반대세력 역시 급진파의 목소리를 통제하지 못했기 때문이었다. 반면 1987년 6월 이후 체제 내 개혁파의 독자적인 권력 기반이 조성되고 또 온건 반대세력의 주도권이 민주화 세력 내부에서 확립됨에 따라 이들 간의 '협약'에 의한 민주화가 가능했다는 것이다.

민주화 과정에 대한 그의 분석은 치밀하지만, 다른 이행론적 연구들과 마찬가지로 민주화가 '왜' 일어났는가에 대한 설명보다 '어떻게' 진행되었는가에 대한 미시적 분석에 초점이 맞추어져 있다.[5]

이행론적 분석을 수행한 학자들이 그러하듯이 임혁백은 한국 민주주의의 공고화에 관해서도 연구를 수행한다(임혁백 2000, 245-290; Im 2004). 그는 1997년 김대중에 의한 정권교체 실현을 통해 최소한

---

5) 이에 대한 신랄한 비판은 특히 손호철(1999, 97-111) 참조.

소극적 정의에 비추어 본 공고화는 실현되었다고 주장한다. 특히 이 시기에 한국 민주주의는 머켈이 얘기하는 결손민주주의의 어떠한 특성도 보여주지 않는다고 주장한다. 다만 보다 적극적으로 공고화를 정의할 경우 한국 민주주의는 적지 않은 과제를 남긴다고 주장하며, 국민통합, 헌정주의와 법치, 정치적 접근성 증대, 정치적 경쟁성 증대, 민주적 책임성 확보 등 다양한 개혁 과제 또한 제시한다. 결국 임혁백 역시 다른 공고화론자들과 마찬가지로 공고화의 확정된 지표를 제시하지 못하고 있으며, 또 공고화의 실질적 성취를 위해 한국 민주주의가 필요한 개혁과제를 추상적으로 열거하고 있을 뿐이다.

이들의 연구를 자세히 분석하고 또 이를 비판하고 평가하는 대신 민주화 이론에 대한 지금까지의 고찰을 바탕으로 한국 민주화의 특성에 대한 저자의 인상을 단편적으로 서술해 보고자 한다.

한국 민주화는 분명 서유럽 민주화의 역사적 과정과 유사한 점이 있다. 산업자본주의의 성장과정 속에서 억압적인 국가와 자율적인 시민사회가 나란히 성장했고, 이들 사이에 누적되어 온 갈등의 파국적 결말이 1987년의 민주이행이었던 것이다. 이에 관해서 저자는 최장집과 견해를 같이한다.

그러나 민주이행 이후 한국 민주주의가 밟게 될 경로를 정확히 이해하려면 한국적 특수성 역시 간과해서는 안 된다. 무엇보다 분단과 한국전쟁이 가져온 반공이념의 압도적인 헤게모니 효과에 대한 성찰 없이 한국 민주주의의 특수성을 이해할 수는 없을 것이다.

한편 1960년 4·19혁명은 대단히 특이한 정치현상이었다. 한국전쟁 이후 미국이 한국에 행사해 온 절대적 영향력을 배제한 채 4·19혁명을 설명하는 것은 불가능하다. 극단적 음모론자들은 당시 한국의 운명을 손아귀에 쥐고 있던 미국이 귀찮은 늙은 지도자 이승만을 제거하고 보다 안정된 보수정권을 수립시키려 한 것이 4·19혁명이었으며, 그 결과 탄생한 민주당 정권이 극도의 불안정성과 분열상을 보이고 또 그에 따라 사회적 혼란을 제대로 수습하지 못하자 군부세력의 쿠데타를 사주해서 반공정권을 확립시켰다고 주장할 수도 있을 것이다. 그러나 굳이 이처럼 극단적 음모론에 입각하지 않더라도 4·19혁명은 미국의 압도적 영향력 때문에 가능했던 것으로 보아야 한다. 1950년대 미국은 한국에 반공이념의 헤게모니만 심어 주었던 것이 아니라 자유민주주의의 긍정적 가치를 특히 지식인 사회에 깊숙이 심어 주었다. 4·19혁명을 주도한 대학생과 지식인들이야말로 이 가치에 가장 크게 영향 받은 집단이었고 또 가부장적 독재체제가 강화되어 가던 정치현실에 가장 강력한 거부감을 키운 세력이었다. 산업화가 채 본격화하기도 전에 이처럼 왜소한 시민사회의 짧지만 강력한 민주화 요구를 견뎌내지 못할 정도로 이승만 지배체제는 취약했던 것이다.

  1979년 10·26사태와 박정희의 사망, 12·12 내부 쿠데타와 1980년 서울의 봄, 광주 민주항쟁과 전두환 군부 권위주의 정권의 확립에 이르는 일련의 정치과정이 제기하는 핵심적인 질문은 왜 박정희 체제의 붕괴가 민주이행으로 연결되지 못하고 또 다른 권위주의 정권으로 이어졌느냐는 것이다.

  민주화 세력이 통일된 대안을 조직하는 데 실패했고 또 군부 내 강경파가 득세했기 때문이라는 임혁백의 전술한 분석은 이 질문에 대해 다소 형식에 치우친 해답을 제공해 준다. 그의 분석이 결여하고 있는 것은 '왜'에 대한 문제이다.

  우선 박정희 정권은 왜 1970년대 후반 위기에 빠져들었고 박정희를 사망에까지 이르게 했는가? 이에 관한 거시 역사적 설명을 위해서 우선 주목해야 할 것은 1970년대 중후반 세계 자본주의를 강타했던 스태그플레이션이다. 유신체제 수립 이후 야심찬 중화학공업화를 적극 추진하던 박정희 정권은 산업화 추진 이후 최대의 위기와 시련에 직면했다. 1978~79년 박정희 정권에 대한 도전의 선봉에는 이 위기에 따른 고통을 가장 아프게 감내해야 했던 노동자들이 있었다. 유신체제를 파국으로 이끌었던 YH투쟁과 부마항쟁의 중심 세력이야말로 노동자들이었던 것이다.

박정희 유신체제의 붕괴에 노동자들이 담당했던 역할은 이처럼 뚜렷하다. 그러나 노동자들의 박정희 체제에 대한 저항은 민주화 투쟁으로 연결되지 못했다. 박정희 사망 후 권위주의적 통제와 억압이 확연히 약해지자 노동자들은 민주화 투쟁은 뒤로 미루어 놓고 노동시장에서 대단히 전투적인 경제투쟁을 전개했다. 조선, 건설 등 대단위 사업장에서의 파업과 전투적인 투쟁, 그리고 탄광노동자들의 읍내 장악 등 한국 노동자들은 산업화 이래 처음으로 물리적·계급적 잠재력을 전 국민들에게 과시했다. 노동자들의 이런 모습은 한국 부르주아들의 불안 심리를 자극하기에 충분했던 것으로 보인다. 광주에서의 유혈 참극에도 불구하고 부르주아들은 군부 권위주의 정권의 재집권을 묵인해 주었던 것이다.

1987년의 성공적인 민주이행은 대단히 다른 상황적 조건 속에서 다른 방식으로 진행되었다. 당시 한국경제는 눈부신 성장세를 과시하고 있었다. 그럼에도 학생과 시민들은 전두환 체제에 강한 거부감과 염증을 쌓아 가고 있었다. 유신정권 말기와 달리 노동자들은 체제를 붕괴시키려는 투쟁에 직접 나서지 않았다. 이들은 대통령 직선제에 대한 요구가 권위주의 세력들에 의해 정식 수용된 후

비로소 폭발적인 노동시장 투쟁을 전개했다. 1987년 민주이행은 물론 재야 민주세력과 학생운동 세력이 주축으로 전개한 투쟁의 성과였다. 그러나 부르주아 계급, 특히 도시 화이트칼라 계급의 적극적인 참여와 가세가 없었다면 성공적인 민주이행은 아마 불가능했을 것이다.

이렇게 볼 때 시민사회의 성장과 분화가 한국 민주화를 위해 대단히 긍정적인 구조적 조건을 형성시켜 주었지만, 민주이행의 실질적인 성취는 부르주아 계급의 민주화 투쟁에 대한 동참이 있어야 가능했다. "부르주아 없이 민주주의 없다"는 무어의 입론이야말로 1980년의 실패와 1987년의 성공을 설명해 주는 명쾌한 지표인 것처럼 보이기도 한다.

그러나 최장집과 손호철이 비판적으로 지적하듯이 한국 부르주아들의 개혁적·진보적 성향은 지극히 취약하다. 1980년의 예에서 보듯이 이들은 필요할 경우 민주주의에 대한 적극적인 지지를 철회하거나 유보하려는 강한 성향을 지닌다. 반공이념의 헤게모니적 영향으로부터 결코 자유로울 수 없었던 한국의 부르주아가 중심이 되어 이루어 낸 민주화는 보수적일 수밖에 없었다.

결국 한국 민주이행이 시민사회의 성장과 분화를 바탕으로 이루어진 만큼 민주주의의 성공적인 정착 가능성은 비교적 높은 편에 속한다. 그러나 보수적 민주화라는 한국 민주이행의 특수성 때문에 민주이행 이후 한국 민주주의의 경로는 선진 민주국가와 뚜렷한 차이점을 보여주었고 민주주의 발전 속도는 대단히 느릴 수밖에 없었다.

제9장 | 한국 민주주의의 현황과 과제

 민주화 20년을 넘긴 한국 민주주의는 성인의 나이에 걸맞을 만큼 성장과 진화를 거듭해 온 것도 사실이지만, 여전히 개선되어야 할 문제점과 과제를 적지 않게 안고 있다. 대의민주주의 기제는 숱한 우여곡절을 거치며 개선되어 왔지만, 이에 대한 국민들의 불만과 불신은 위험수위를 넘나들고 있다. 반면 한국의 시민사회는 지난 15년 동안 대단히 폭발적인 성장과 진화를 거듭하면서 참여민주주의의 독특한 양식을 발전시켜 왔다.
 이 장에서는 한국 민주주의의 이러한 변화 과정을 비판적으로 추적해 본 다음 한국 민주주의의 견실한 성장을 위해 풀어야 할 과제를 다루어 보고자 한다.

제1절 87년 체제와 대의민주주의의 파탄

1. 기형적 민주이행과 '3김정치'

소위 '3김정치'로 표상되는 87년 체제는 기형적인 민주이행에서 비롯되었다. 6월항쟁의 주역이었던 학생과 시민들은 6·29선언 이후 정치전선에서 완전히 퇴진했다. 민주화 이후 한국정치의 제도적 틀은 정치사회를 장악하고 있던 정치인들의 정략적 담합에 의해 만들어졌다. 그 담합의 결과 한국 현대 정치사를 일관해 왔던 보수독점의 정치지형은 온존되었으며, 새 정치세력이 정치사회에 진입해 독자세력을 구축할 가능성은 제도적으로 봉쇄되었다.

기형적 민주이행의 결과 진보적 사회·정치개혁에 대한 신념과 실천의지를 지녔던 '신봉자'(believers)들은 정치사회에서 배제되고 정치적 '경력추구자들'(careerists)이 보수독점적 정치사회를 지배하게 되었다(Panebianco 1988, 25-30). 민주화투쟁을 이끌었던 김대중, 김영삼 양 지도자야말로 정치적 경력추구자들을 영도해서 정치권력을 획득하려 한 대표적인 경력추구자로 변신했다.

보수 일색의 정치적 경력추구자들은 급속히 민주 대 반민주의 대립구도를 지역적 대립구도로 대체시켰다. 그 결과 정치보스들이 국토를 분할·장악해서 지역 유권자들을 식민화하고 또 이를 기반으로 봉건적 사당(私黨)정치를 발전시켰다. 소위 3김식 봉건정치는 특히 김영삼, 김대중 정부를 거치면서 더욱 강화되어 갔고 대의민주주의는 총체적 파탄상태에 빠져들었다.

2. 대통령과 전근대적 사인통치

호남 포위, 그리고 호남·충청 연대라는 지역주의 전략에 입각해서 각각 권력을 획득했던 김영삼, 김대중 대통령은 제왕적 대통령이라는 근대적 용어에 빗대는 것조차 과분할 정도로 권력을 전근대적으로 행사했다. 민주화투쟁 시절부터 이들을 추종했던 소위 상도동, 동교동 세력들은 민주주의 발전과 개혁에 대한 신념보다 정치권력을 추종하는 경력추구자 집단이 되어 있었다. 배타적 지역성, 이념적 보수성, 비전문성을 특징으로 하는 이들 가신 집단은 자신들의 보스가 지역주의를 기반으로 대통령이 된 후 전근대적 사인(私人)통치 체제를 구축했던 것이다.

이들 사인통치 집단들은 국가기구의 인적 충원과정을 지배하고, 선출직 공직후보에 대한 공천권을 장악하고, 또 기업으로부터 엄청난 규모의 정치자금을 수수해서 권력자원으로 활용했다. 대통령 직계가족과 가신들의 부정부패는 절정에 달했고 인사충원의 지역 집중성과 배타성은 강화되었다. 권부는 부패하고 무능한 관료집단을 개혁하려는 의지와 능력을 상실했고, 정책결정의 폐쇄성과 임의성, 그리고 정략적 특성은 장기적 국가이익에 심대한 악영향을 미쳤다.

그 결과 이들 두 대통령은 임기 종료를 1년여 앞둔 시점에 이미 국민들의 신임을 완전히 상실해 버렸다. 국정은 표류하고 국력은 쇠진하고 정국 불안은 가중되었다. 이러한 민주적 통치능력의 파탄은 은연중에 민주주의 자체에 대한 불신과 회의를 사회 전반에 확산시켰다.

3. 정쟁의 장 국회

대통령과 그를 둘러싼 권력기관이 이처럼 비민주적 파탄 상태에 이르렀는데도 국회는 이에 대한 건전한 견제 역량을 전혀 발휘할 수 없었다. 지역주의 투표가 맹위를 떨치는 상황 속에서 국회의원들은 민심과 민의를 살피기보다 공천권을 쥔 정치보스에 맹종하려 했기 때문이다. 민주화 이후 분출했던 다양한 사회적 요구와 갈등 요인들은 국회 내의 합리적·생산적 협의와 조정을 통해 해소되지 않았다. 민생 현안에 대한 논의는 뒷전으로 밀려나고 보수적 정치 계급(political class) 집단들이 권력과 그 부산물을 놓고 정쟁을 벌이는 장소로 국회는 전락해 버렸다.

지역주의 투표라는 한계 속에서도 유권자들은 민주화 이후 치른 모든 총선거에서 대통령 소속 정당에 절대다수 의석을 제공해 주지 않았다. 그러나 유권자들의 의사는 정당조직의 이합집산, 의원 빼오기, 의원 꿔주기 등 다양한 정치 술수를 통해 철저히 외면되고 또 왜곡되었다.

미국의 경우 1970년대 이후 보편화된 분점정부(divided government) 구도 속에서 의회는 착실하게 그 기능과 권한을 확대해 제왕적 경향을 강화해 가고 있던 대통령을 보다 효과적으로 견제하기 위한 제도적·인적·재정적 기틀을 다졌다(최명·백창재 2000, 297-299).

그러나 한국 야당은 스스로 이런 기회를 포기했다. 특히 16대 국회에서 대단히 안정적인 절대다수 의석을 장악했던 한나라당은 국회를 활용해서 건전한 정책대안을 제시하고, 사회갈등을 원내로 끌어들여 해소하고, 국회의 기능과 권한을 건전하게 강화하기 위한 일련의 정치개혁을 단행하려는 의지와 노력을 전혀 기울이지 못하고 오직 정쟁과 대결의 장으로 국회를 이끌고 갔다.

정치개혁에 대한 시민사회의 요구가 빗발침에도 불구하고 폐쇄적·보수적 정치인들은 철저히 자신들의 기득권을 약화시키려는 개혁을 거부한 채 구태의연한 정쟁만 반복함으로써 국회의 건전한 대의기능을 파탄 상태에 빠뜨렸다.

4. 보수독점의 지역주의 사당정치

국회가 이처럼 제 기능을 하지 못하고 파탄 상태에 이른 것은 정당정치의 전근대성과 밀접히 연관되어 있다. 정치사회를 분할·장악한 한국의 정당은 이념적·정책적 차별성이 거의 없는 보수 일색의 정치집단이었다. 이들 정당은 시민사회의 요구를 수렴하고 이해를 조정하는 정당 본연의 기능을 상실한 채 지역 유권자들을 볼모로 한 정치보스의 사당(私黨)으로 전락해 버렸다. 지역 유권자들의 맹목적 투표를 자산으로 공천권과 정치자금까지 장악한 정치보스에 철저하게 맹종하는 경력추구자들의 집결체가 한국 정당의 모습이었던 것이다. 그 결과 정치보스들의 정략적 판단에 따라 정당조직은 해체되기도 하고 합쳐지기도 했으며, 무수한 정치철새들은 이 조직, 저 조직으로 넘나들었다. 전근대적 담합정당(cartel party)의 전형적인 모습을 87년체제 하의 한국 정당들이 보여주었던 것이다.

5. 지역주의 선거

　정치사회를 분할·장악한 사당들이 권력을 얻기 위해 경쟁하는 선거에서 유권자들은 연고와 출신지역을 기준으로 한 선택 이외에 어떤 의미 있는 선택지도 제공받지 못했다. 지역주의는 공세적 지역주의에서 방어적 지역주의로, 감성적 지역주의에서 타산적 지역주의로 변모를 거듭하면서 선거 때마다 가공할 위력을 발휘해 왔다(이갑윤 1997, 2002; 강원택 2003). 그러나 유권자들은 끊임없이 지역주의를 재생산하는 장본인들이 아니라 오히려 지역주의의 피해자들이었다. 지역주의 투표의 일차적 책임은 지역적 계산과 선택 외에 아무런 대안도 제공해 주지 않은 보수일색의 정파들에게 있었다(조기숙 2000). 유권자들의 좌절과 불만은 지속적인 투표율의 감소로 표출되었다. 제도정치권과 대의민주주의 기제 전반에 대한 유권자들의 불신이 감소되는 투표율에 그대로 반영되고 있었던 것이다.

〈표 9-1〉 민주화 이후 대통령 선거와 국회의원 선거 투표율 추이(%)

대통령 선거		국회의원 선거	
연도	투표율	연도	투표율
1987	82.9	1988	75.8
1992	81.9	1992	71.9
1997	80.7	1996	63.9
2002	70.8	2000	57.2
2007	63.0	2004	60.6
		2008	46.1

제2절 87년 체제의 해체

 87년 체제 하에서 대통령과 권부, 국회, 정당, 그리고 선거 등 대의민주주의 핵심 제도와 조직은 이처럼 총체적 파탄 상태에 빠져들었다. 민주주의는 보편적으로 인류가 발명한 가장 탁월한 지배체제로 인정받고 있다. 그러나 민주주의는 인민의 지지가 없으면 결코 존립할 수 없는 지배체제이다. 대의기제의 총체적 파산은 민주주의에 대한 시민들의 회의를 확산시키고 궁극적으로 민주주의 자체를 붕괴시킬 수 있다. 한국의 대의민주주의는 김영삼, 김대중 정부를 거치면서 붕괴 위험성을 심화시켜 오고 있었다.
 김영삼, 김대중 대통령의 실패와 불명예 퇴진은 3김정치의 맹위를 약화시켰다. 냉전 반공주의와 지역주의에 바탕을 둔 보수독점 정치구도에 대한 불만과 저항 역시 사회적으로 확산되었다. 정치개혁과 낡은 정치인 청산에 대한 시민적 요구 또한 커 가고 있었다.
 김영삼 대통령이 퇴진한 한나라당은 정당의 면모를 탈지역적 민주정당으로 바꾸는 데 실패했다. 김영삼 이후 한나라당을 이끈 이회창은 16대 총선을 앞두고 영남에 기반을 둔 일부 구 정치인들을 퇴출시키는 데 성공했지만, 정당조직과 인맥의 근본적 혁파에는 실패했다. 특히 영남의 패권적 지역주의와 보수 기득권층의 동원을 핵심으로 한 구태의연한 대선 전략은 여전히 군부 권위주의, 냉전적 반공주의, 패권적 지역주의를 기반으로 성장한 영남의 정치

토호들을 한나라당의 주력으로 삼았다.

반면 김대중 정부의 파탄과 함께 절체절명의 위기에 직면했던 민주당은 위기 극복의 방안으로 정당조직과 후보경선 방식의 민주화를 시도했다. 특히 대통령 후보 선출을 위해 국민참여 경선제를 도입한 민주당은 지역주의 사당정치의 틀 속에서 성장한 후보가 아니라 새로운 참여정치의 도움을 받은 탈지역적 정치인 노무현을 대통령 후보로 선출했다.

노무현 후보와 이회창 후보의 대결에서 노무현 후보가 이긴 것은 분명 한국사회와 정치의 변화를 갈망한 민심의 승리였다. 사실상 대의민주주의를 파탄상태에 빠뜨린 3김정치와 87년 체제는 이를 계기로 뚜렷한 쇠퇴의 국면에 접어들었다. 노무현의 당선은 또 해방 이후 한국사회를 지배해 온 헤게모니 구조의 근본적 변화를 가져올 수도 있는 계기를 마련했다. 즉 냉전 반공주의, 발전국가주의, 패권적 지역주의에 입각한 한국 보수세력의 헤게모니가 탈냉전 전후(戰後)세대의 거센 도전에 직면했음을 의미했다.

사실 김대중 정부 역시 보수 기득권층과 제한된 전선(戰線)을 형성한 소위 헤게모니 기반을 갖추지 못한 정부였다. 그러나 지역 폐쇄성, 전근대적 사당정치와 사인통치, 부정부패의 질곡에서 벗어나지 못했던 김대중 정권은 보수 헤게모니 세력과의 싸움에 승리하기 위해 무엇보다 요청되었던 시민적 지지를 얻는 데 실패할 수밖에 없었다.

이에 반해 노무현 대통령과 참여정부는 시대의 흐름을 비교적 정확하게 인지하고 대세에 순응한 개혁조치를 초기에 단행했다. 노무현 대통령은 권부와 금권을 활용한 전근대적 통치방식을 포기하고 또 소속정당에 대한 비민주적 지배 역시 포기했다. 검찰과 국정원 등 전통적 권력기관을 사인통치의 수단으로 활용하지 않고 자율성을 대폭 부여한 조치는 정치사회에 만연한 부정부패에 대한 검찰의 자율적인 수사와 혁파로 이어졌다. 그 결과 오염된 정치사회를 정화하고 또 파탄에 이른 대의기제를 회복하기 위한 정치개혁을 단행하라는 시민적 요구를 정치권이 더 이상 외면할 수 없는 상황을 조성했다.

정당에 대한 비민주적 지배를 대통령이 포기함에 따라 정당 민주화 역시 탄력을 얻게 되었다. 사당정치의 잔재를 제거하고 정당의 기반을 탈지역화하려는 노력이 지역주의 정치계급의 저항 때문에 진전을 보지 못하자, 민주당 내 개혁세력은 민주당을 탈당해 열린우리당이라는 신당을 창당하는 정치적 모험을 감행했다. 그 결과 국회 내에 대통령을 지지하는 정파는 3분의 1도 안 되는 군소세력으로 위축되고 대통령에 적대적인 정치세력이 개헌과 탄핵 선을 넘어서는 숫자를 확보하게 되었다.

노무현 정부의 출범에 이은 이와 같은 개혁은 헤게모니 세력의 위기감을 고조시켰다. 노무현 정부는 의회 내에 압도적 다수의석을 장악한 지역주의 보수세력의 무차별적 공세뿐만 아니라 민주화 이후 군부를 대신해 언산정(言產政) 3각 지배체제를 확립한 거대 보수언론의 총공세 등 보수 헤게모니 세력의 조직적 저항에 직면했다. 갓 출범한 정권에 대한 기득권 세력의 대공세는 대통령과 참여정부에 대한 지지율을 급속히 떨어뜨렸다.

그럼에도 불구하고 참여정부의 개혁성에 대한 시민적 지지는 지속되었다. 시민의 지지는 점차 참여정부와 열린우리당 쪽으로 기울고 있었다. 대통령으로부터 자율성을 확보한 검찰은 강력하게 대선자금을 비롯한 정치사회에 만연한 부정부패를 척결해 가기 시작했고 구 정치인들에 대한 시민적 분노는 팽배했다. 정치개혁에 대한 시민적 요구를 거스를 수 없었던 정치권은 비록 제한적이지만 정치자금법, 선거법, 정당법을 개정할 수밖에 없었다.

대통령에 대한 탄핵은 이러한 대립과 변화의 국면 속에서 감행되었다. 사회적 측면에서 탄핵은 헤게모니의 위협을 느낀 수구 기득권 세력의 총체적 반격을 의미했다. 또 정치적 측면에서 볼 때 한나라당, 민주당, 자민련이 연대해서 강행한 탄핵소추야말로 지역주의에 근거한 담합적 정당정치를 파멸로 이끌고 간 최후의 담합 행위였다. 민주화 이후 대의민주주의를 총체적 파탄에 이르게 했던 대표적인 정치세력들은 마침내 대의민주주의를 붕괴 직전의 파국 상태로 몰고 갔던 것이다.

대통령에 대한 탄핵을 시민들은 노무현의 위기가 아니라 한국 민주주의의 위기로 받아들였다. 지난 10여 년 동안 꾸준히 성장해 온 한국 시민사회의 공중(public)들은 대단히 폭발적으로 참여적 기제를 가동시켰다. 탄핵 반대를 위한 범시민적 연대기구는 즉각 조직되었고, 탄핵 반대 및 강행자들에 대한 정치적 심판의 요구와 목소리는 새로운 공론의 장인 사이버 공간을 통해 급속하게 확산되었으며, 거리는 탄핵에 반대하는 촛불시위로 뒤덮였다.

17대 총선 결과는 탄핵에 대한 시민들의 준엄한 심판과 응징 그 자체였다. 민주화 이후 최초로 대통령을 지지하는 정당이 절대다수 의석을 장악했다. 호남과 충청을 대표하던 두 지역정당은 붕괴했다. 김종필의 퇴진과 함께 3김정치는 마침내 공식 종료되었다. 이념적·정책적 차별성과 진보성을 내세운 민주노동당이 원내 제3당으로 약진함에 따라 보수독점의 정치지형 역시 변화의 가능성을 열었다.

민주화 이후 한국 민주주의를 심각하게 왜곡시켜 온 87년 체제는 이렇게 막을 내렸다. 보수적 정치세력의 담합에 의해 출현한 87년 체제는 민주화를 주도한 시민들에 의해 붕괴했다. 6·29선언과 함께 투쟁의 현장에서 생활의 현장으로 후퇴했던 시민들은 대의기제의 왜곡과 파탄을 지켜보며 정치사회에 대한 기대와 지지를 거둬들이는 대신 시민사회를 새로운 공론의 장으로 형성해 나갔다. 한국 민주주의에 새로운 지평이 열리기 시작했던 것이다.

제3절 참여민주주의의 성장

대의민주주의가 사실상 파탄 상태에 이르렀음에도 불구하고 한국 민주주의가 붕괴하지 않은 것은 시민들이 민주주의의 대안적 기제를 놀라울 정도로 발전시켜 온 덕택이었다. 시민들은 피땀 흘려 이룩한 민주화의 과실이 철저하게 지역주의 정치계급에 의해 훼손되는 것을 목격했다. 그럼에도 그들은 민주주의를 포기하려 하지 않았다. 그들은 파탄 상태에 이른 정치사회에 대한 기대를 접는 대신 시민사회의 공적 기능과 특성을 비약적으로 강화해 갔던 것이다.

1. 시민사회의 전근대성, 근대성, 탈근대성

민주화 이후 한국 시민사회의 공적 영역은 전근대성, 근대성, 탈근대성이 혼재하는 특이한 모습을 보여주었다.

민주와 반민주의 대립구도가 급속히 소멸하고 지역 대립구도가 이를 대체하면서 전근대적 지역주의가 특히 선거 국면에서 시민사회 전반의 강력한 저류를 형성했다.

산업자본주의의 발달에 발을 맞추어 성장해 온 노동운동은 한국 시민사회를 근대적인 계급사회로 전환시키려는 흐름을 대표했다. 1995년 민주노총의 조직화로 노동시장의 계급기반을 확보한 노동운동은 김영삼 정부 내 개혁세력이 시도한 노사관계 개혁이 좌절한 후 본격적으로 정치세력화를 추진했다. 2000년 출범한 민주노동당은 이 노력의 산물이었다. 민주노총이라는 노동시장 조직의 지원을 받으며 대중정당 조직노선을 표방한 민주노동당은 계급사회 건설이라는 근대적 흐름을 대표한다.

한편 1990년대 이후 폭발적인 조직화를 과시해 온 시민운동단체들은 탈계급적·탈물질주의적 의제를 앞세운 서구 신사회운동의 탈근대적 경향과 유사한 특성을 띠었다.

2. 정치개혁 운동의 주력 운동화

그러나 한국 시민운동은 서구 신사회운동과 중요한 차이점을 보였다. 선진 민주국가 시민운동이 추구한 다양한 탈물질주의적 의제 중에서 시민들의 폭발적인 참여와 동원을 이끌어 온 주력운동(instrumental movement)은 평화운동이었다(Kriesi et al. 1995, 82-110). 그런데 한국의 시민운동은 정치개혁 운동을 시민적 동원을 위한 주력 운동으로 만들어 갔다. 이것은 무엇보다 한국 대의민주주의 기능의 마비와 파탄에 기인했다.

1990년대 시민단체들이 제기한 수많은 사회개혁 의제는 철저히 보수적·지역주의적·폐쇄적 대의기구와 정치계급들로부터 외면당했다. 환경, 여성, 교육, 문화, 평화 등 다양한 개혁 의제가 제대로 실현되려면 무엇보다 정치사회가 바뀌어야 한다는 것을 시민운동 세력들은 절감했다. 그 결과 이들 다양한 시민운동 단체들은 연대해서 정치사회를 바꾸기 위한 투쟁을 전개해 나갔던 것이다.

2000년 16대 총선을 앞두고 총선시민연대는 이와 같은 배경에서 결성되었다. 이들이 전개한 낙천낙선운동은 폭발적인 시민적 호응과 동원력을 과시함으로써 폐쇄적 정치사회에 커다란 경종을 울렸다. 이 운동의 성공은 정치개혁 운동을 한국 시민운동의 주력운동(instrumental movement)으로 만들어 버렸다. 이때 이후 정치개혁 운동은 범(汎)시민운동 조직의 구심점이며 동시에 시민적 동원과 참여의 기폭제가 되었다.

정치개혁에 대한 범시민적 호응을 확인한 시민단체들은 인적 청산을 넘어 제도·법률을 개혁하기 위해 노력을 기울이기 시작했다. 그것은 파탄으로 치닫는 대의기제를 민주적으로 재건하기 위한 법률적 기틀을 마련하려는 노력이었다. 그 결과 정당법, 선거법, 정치자금법, 국회법 등에 대한 개혁안의 골격이 2002년 초 완성되었고, 그 해 상반기 시민단체들의 협의와 토론을 거쳐 범(汎)시민단체의 개혁안으로 확정되었다.

2002년 대통령 선거를 앞두고 시민단체는 이 개혁안을 관철시키려는 노력과 투쟁을 다양하게 전개했지만, 정치사회, 특히 법제화의 주도권을 쥐고 있던 한나라당은 이를 철저히 외면했다. 법률·제도개혁의 노력이 구태의연한 정치계급에 의해 좌절되었던 것이다. 이 좌절을 통해 시민운동 세력은 법률·제도개혁 실현을 위해 요청되는 것은 인적 청산이라는 사실을 깨달았다.

3. 시민참여의 확산과 탄핵 저지

한편 제도언론이 권력과 정치사회에 대한 건전한 비판기능을 상실하고 오히려 언산정(言産政) 지배연합의 한 부분으로 전환해 가자, 시민들은 전자통신 기술의 발달과 함께 새로이 제공된 사이버 공간을 새로운 참여민주적 공론의 장으로 발전시켜 나갔다. 한국 시민들은 보수 정치인들의 냉전적 상징조작과 지역감정 조작에 일방적으로 압도당하는 우중(愚衆)으로 남으려 하지 않았다. 이들은 시민사회를 단지 사적 이익이 충돌하고 경쟁하는 사적 영역(private sphere)으로만 남겨 두지 않고 공동체 전체의 공익(common good)을 따지고 논하는 공론의 장(public sphere)으로 만들어갔다. 이들은 어리석은 대중이 아니라 국익과 공익을 따지고 논하고 추구하는 공중(公衆, public)으로 변신해 갔던 것이다.

2002년 대통령 선거에서 노무현 후보가 승리한 것은 시민사회의 이러한 변화와 정치개혁에 대한 시민적 요구, 그리고 참여기제의 성장 등을 정확히 이해하고 이를 선거전략과 공약 개발에 적극적으로 활용한 덕택이었다. 취임 후 권부와 정당정치의 개혁에 착수하고 포괄적인 정치개혁 추진을 약속한 노무현 대통령에게서 민주주의 재건의 희망을 보았던 시민들은 보수적 정치세력들이 저지른 대통령 탄핵을 민주주의에 대한 정면 도전으로 받아들였다. 지난 10여 년 동안 꾸준히 성장해 온 시민사회의 공중(public)들은 대단히 폭발적으로 참여기제를 가동시켰다. 탄핵 저지를 위한 범시민적 연대기구는 즉각 결성되었고, 거리는 탄핵에 반대하는 시민들의 촛불시위로 뒤덮였으며, 탄핵을 강행한 보수 지역주의 정치계급에 대한 정치적 심판을 요구하는 목소리는 새로운 공론의 장인 사이버 공간을 통해 급속히 전파되었다. 한국 시민들은 대의민주주의를 파탄과 위기에 빠뜨린 정치인들을 거리에서, 또 투표장에서 심판하고 응징했으며 대의민주주의를 다시 일으켜 세울 시민적 터전을 확고하게 제시했다.

4. 열린우리당의 좌절과 정당정치의 후퇴

시민들의 압도적인 지지를 받아 절대다수 의석을 장악한 열린우리당은 시민들의 기대에 부응하지 못하고 노무현 정권과 함께 붕괴했다. 열린우리당 창당은 탈지역적 개혁정당을 지향한 집권세력의 정치적 모험이었다. 지역주의 정치세력인 한나라당, 민주당, 자민련이 연합해서 대통령을 탄핵한 것은 한국적 담합 정당정치의 가장 극적이며 파멸적인 담합행위였다고 할 수 있다. 시민들은 거리와 투표장에서 이들을 응징했다. 그리고 87년 체제를 대체할 새로운 정당정치, 새로운 대의정치를 열어 갈 책무와 권한(mandate)을 열린우리당에게 부여했던 것이다.

그러나 열린우리당은 이 기대에 부응하지 못했다. 지지기반, 조직, 이념, 정책노선을 유기적으로 결합·조율시킨 정당 제도화에 무참하게 실패했다. 탈지역적 개혁정당을 지향한 열린우리당에게 가장 시급했던 것은 당원과 지지세력이 함께 추구해야 할 집합적 가치를 확정하고 이를 실현하기 위한 정책, 노선을 제시함으로써 당의 정체성을 뚜렷이 하는 것이었다. 그러나 이 과제를 추진할 비전도, 의지도, 리더십도 열린우리당은 보여주지 못했다. 노무현 정부가 시도한 어설픈 당정분리는 치명적으로 당의 활력과 동력을 약화시켰다. 정체성을 확립하지 못하고 또 조직적으로 안정되지도 못한 정당의 핵심 지도자들은 거의 모두 행정부로 진출해 사실상 당의 리더십을 공백 상태에 빠뜨렸다. 열린우리당은 출범하자마자 '선거공학'(electioneering)에만 집착하는 '경력추구자'(careerists) 정당이 되어 버렸던 것이다.

열린우리당의 이런 모습은 같은 시기 절체절명의 위기 상태에 놓여 있던 한나라당의 대응과 뚜렷한 대조를 보였다. 한나라당은 보수우파 정당으로서의 집합적 정체성을 뚜렷이 하면서 위기를 극복해 나갔다. 원내에서의 현저한 수적 열세에도 불구하고 17대 국회 첫 정기국회에서 국가보안법과 사립학교법 등 개혁입법을 몸을 던져 저지하면서 이념적 결속력을 강화했다. 보수언론의 이념공세는 한나라당의 원군이었다. 시민사회에서는 뉴라이트운동을 필두로 한 보수적 시민단체의 조직화가 활발하게 진행되었다. 탄핵과 17대 총선을 통해 진보·개혁세력의 총공세에 압도당하던 보수진영의 결속은 강화되었고 조직적 반격은 갈수록 강화되었다.

열린우리당이 이에 대응할 수 있는 이념적 정체성과 노선을 분명히 하고 보수 대 진보라는 전선을 구축하지 못한 것은 치명적인 전략적 실책이었다. 시민들의 실망은 무서울 정도로 빨랐고 이미 기회를 놓친 열린우리당은 와해의 길로 치달았다. 함께 추구해야 할 집합적 가치조차 갖추지 못한 정당은 대통령 선거와 국회의원 선거를 앞두고 패배가 확실해지자 급속하게 붕괴했다.

열린우리당의 실패는 한국 대의민주주의의 확립에 대단히 부정적인 결과를 초래했다. 정당 제도화는 더욱 멀어졌다. 열린우리당의 붕괴와 조직적 이합집산이 거듭되면서 정당정치 전반은 크게 흔들렸다. 자유선진당이라는 새로운 지역정당이 조직되었고 민주노동당 역시 조직적 분열을 겪었다. 이와 같은 정당정치의 쇠퇴는 대의기제에 대한 시민들의 불신과 거부를 더욱 심화시킬 수밖에 없었다. 무당파는 급증했고 대통령 선거와 국회의원 선거에서 투표율은 급락했다.

5. 각성 혹은 '주술에서 벗어나기'

제17대 대통령 선거와 제18대 국회의원 선거에서 한나라당이 압승을 거둔 것은 무엇보다 지난 20년 동안 지속적으로 좌선회해 왔던 국민들의 정서가 우선회하기 시작했음을 보여주었다. 국민들이 개혁과 진보의 주술(呪術)에서 벗어나(disenchantment) 보수화 경향을 뚜렷이 했다는 뜻이다. 국민들의 각성은 김대중 정부와 노무현 정부에 대한 실망에서 기인한다. 두 차례의 민주정권을 거치면서 정치개혁은 뚜렷한 진전을 보았고 한국 민주주의는 공고화의 문턱에 이르렀다. 그러나 국민들의 전반적인 삶의 질은 이 기간 동안 악화일로를 걸었다.

무엇보다 심각한 것은 고용 불안정의 심화였다. 비정규직 규모는 이 기간 중 전체 노동력의 절반을 뛰어넘었고 청년실업률 역시 격증했다.

공교육은 갈수록 황폐해졌고 사교육비는 격증했다. 2007년 통계

청 자료에 의하면 초중고 재학생의 사교육 참여 비율은 77%에 달하고 학생 한 명당 월 평균 22만 2천 원을 사교육비로 지출해야 했다. 또 한 민간단체의 자료에 의하면 2006년 사교육비 전체 규모는 33.5조 원에 달했고 이는 GDP의 3.75%에 해당한다.

그 결과 같은 기간 동안 가계부채는 격증했다. 1997년 211조 원이던 총 가계부채 규모는 2008년 초 660조 원을 기록했다. 두 정부 10년 동안 가계부채가 세 배 이상 증가한 것이다. 같은 기간 동안 중산층(중위 소득 50%에서 150% 사이) 규모는 72%에서 64%로 떨어졌다. 두 정부는 지속적인 중산층 붕괴를 방치해 왔던 것이다. 소득 분포 하위 25%에 속하는 인구의 비율은 1997년 8% 대에서 2007년 12% 대로 진입했으며 지니계수는 1996년 0.302에서 2006년 0.372로 악화되었다.

결국 김대중, 노무현 정부 10년 동안 국민들은 대한민국에서 가정을 꾸리고 자식을 낳아 잘 교육시키며 밝은 미래와 행복한 삶을 설계할 수 있다는 희망을 잃어버렸던 것이다. 그 결과 1980년대 2.9명이던 출산율은 2005년 유엔인구기금이 발간한 2008년 『세계 인구현황 보고서』에 의하면 1.20명으로 홍콩을 제외하면 세계 최하위를 기록했다.

국민들이 진보와 개혁의 주술에서 깨어난 것은 이처럼 황폐해진 삶의 질 때문이었다. 절차적 민주주의의 진전을 실질적 민주주의의 향상으로 연결시켜 주지 못한 민주세력의 정책적 실패에 국민들은 등을 돌려 버린 것이다.

6. '제4섹터'의 분출

개혁과 진보의 주술에서 각성한 민심이 대통령 선거와 국회의원 선거에서 무엇보다 '경제 살리기'를 앞세운 보수세력에게 기회를 준 것은 당연한 선택이었다. 그러나 많은 유권자들은 아예 투표장에조차 나가지 않았다. <표 9-1>에서 보듯이 양대 선거의 투표율은 민주화 이후 각각 최저치를 기록했으며, 특히 18대 국회의원 선거 투표율은 50%를 훨씬 밑돌았다. 진보와 개혁에 대한 지지를 철회한 많은 유권자들이 아예 대의기제에 등을 돌려 버렸던 것이다.

그러나 이들이 공동선(common good)에 대한 관심을 완전히 버린 것이 아님은 곧 입증되었다. 이들은 새로운 공론의 광장을 만들어 갔던 것이다. 노무현 정부 시절 공익적 시민단체와 정부의 거리는 현저히 좁혀졌다. 물론 시민단체가 정부의 정책과 활동을 감시하고 비판하는 본연의 역할을 소홀히 한 것은 아니지만, 시민단체 출신 인사들의 정부 진출은 두드러졌고 또 정부의 시민단체에 대한 지원 역시 확대되었다. 그 결과 시민운동에 대한 일반 국민들의 높은 신뢰가 흔들리는 조짐이 보였다. 이에 맞추어 보수적 시민단체의 조직화가 활발해졌고 이들은 보수언론과 합세해서 정부와 시민운동에 대한 공세를 강화했다. 그 결과 조직된 비정부기구로 대표되는 '제3섹터'가 뚜렷한 침체 상태에 빠졌다.

새로 들어선 이명박 정부가 시민사회와의 대화와 소통을 일체 거부한 채 일방적이고 독선적인 국정운용을 거듭하자 이에 대한 시민들의 저항은 새로운 방식으로 분출되었다. 이들은 침체 상태에 빠진 제3섹터를 우회해서 조직되지 않은 시민들이 자유롭게 모여 공동의 관심사를 토론할 새로운 공론의 장 '제4섹터'를 개척해 나갔다. 사이버 공간에 폭넓게 펼쳐진 새로운 '아고라'에서 시민들은 제1섹터, 제2섹터, 제3섹터가 제대로 보살펴 주지 않는 자신들의 삶의 질을 어떻게 함께 개선해 갈 것인지 토론하고 논쟁했다. 그리고 시민들은 정부의 미국산 쇠고기 수입 방침을 정면으로 반대하는 격렬한 촛불시위를 통해서 자신들이 마음만 먹으면 언제든지 '현실' 공간에 집결해서 정부에 저항할 힘을 갖추고 있음을 과시했다.

정당정치의 후퇴와 소통을 거부하는 보수정권, 제3섹터의 침체와 제4섹터의 활성화로 이어지면서 한국 민주주의는 급격하게 요동치고 있다. 한국 민주주의는 놀라운 속도로 진화하고 있다고 보는 것이 타당할지도 모른다. 바버의 말처럼 이와 같은 참여민주주의의 성장과 함께 한국 민주주의는 보다 '강한 민주주의'로 변신하고 있는지도 모른다(Barber 1984, 1998). 그러나 이를 위해 해결해야 할 과제는 여전히 남아 있다. 대의기제는 더 정비되고 개혁되어야 한다. 또 빠르게 성장하고 진화하고 있는 참여기제를 민주주의 정치과정 속에 흡수할 제도적 방안을 마련해야 한다.

제4절 한국 민주주의의 과제

대의민주주의 정치과정은 시민사회, 정치사회, 그리고 국가가 수직적 네트워크를 이룬다. 시민사회의 요구는 정치사회에서 수렴되어 국가로 전달되고 국가는 이것을 법률과 정책으로 전환시켜 시민사회로 환류한다. 반면 참여민주주의는 국가와 시민사회 사이의 직접 교류와 협의의 네트워크를 발전시킨다. 이때 대의기제와 참여기제는 서로 균형을 이루어 상호 견제하고 또 보완하면서 국가와 보다 수평적이고 분권적인 교류 체제를 확립한다.

〈그림 9-1〉 민주주의 정치과정 모형

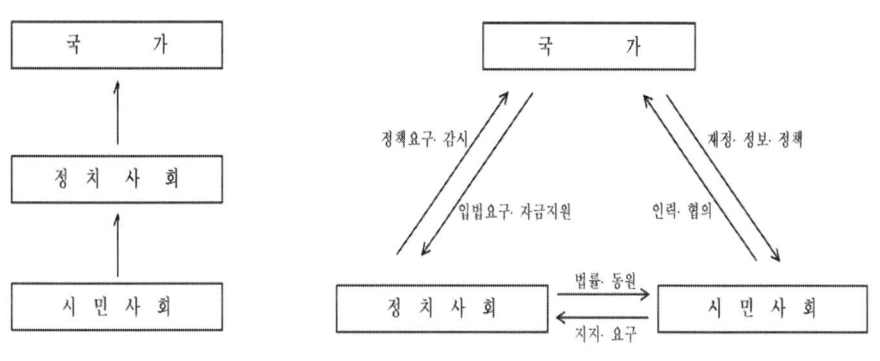

(대의민주주의 모형)　　　　　　　　(대의·참여민주주의 모형)

한국 민주주의는 대의민주주의와 참여민주주의가 유기적인 조화를 이루는 민주적 정치과정을 발전시켜야 한다. 이를 위해서 대의민주주의는 더욱 민주적으로 재편되어야 하고 또 참여민주주의의 올바른 성장과 제도화가 추진되어야 한다.

1. 대의민주주의의 민주적 재편

1) 대통령

우리에게 바람직한 권력구조가 무엇인가에 대한 논란은 민주이행 이후 20년이 넘었지만 여전히 진행 중이다. 노무현 대통령이 재임 중 이 문제를 정면으로 제기하면서 논란은 더 뜨거워졌다.

노무현 대통령이 권력구조 문제를 제기한 것은 통치과정에서 본인이 체득한 문제의식을 바탕으로 한 것으로 보인다. 그의 통치 스타일에 대해 여러 가지로 부정적인 비판이 제기되었지만, 금권정치, 정보정치, 전근대적 사인통치를 스스로 자제함으로써 대통령 통치의 민주성을 현저히 회복시킨 것은 아마 그의 가장 두드러진 업적으로 기록될 공산이 크다. 그는 정보기관과 금권을 활용한 비판세력의 통제를 포기했고, 또 이를 통해 국회와 여당을 장악하려는 기도 역시 포기했다. 그 결과 그의 재임 중 통치의 민주성은 현저히 회복되었고 입법, 행정, 사법 간의 힘의 균형 역시 눈에 띄게 회복되었다.

그러나 노무현 대통령은 통치의 민주성을 강화하기 위해 통치 효율성의 치명적 저하라는 혹독한 대가를 치러야 했다. 대통령의 전통적 회유와 통제로부터 자유로워진 야당은 정권 초기 원내의 압도적인 수적 우위를 바탕으로 대통령에 대한 탄핵을 강행했다. 탄핵세력에 대한 시민들의 저항과 응징을 통해 민주화 이후 최초로 여당은 원내 절대다수 의석을 차지했다. 그러나 이 절대 우위는 사법부의 잇따른 선거법 위반 판결로 곧 상실되었다. 개혁 우호 세력이 여전히 절대다수 의석을 확보하고 있음에도 불구하고 국회의 견제와 비판은 거셌고 대통령의 인사와 개혁법안 등은 빈번하게 좌절했다. 대통령직을 못해 먹겠다는 정제되지 않은 발언과 섣부른 연정론 제기 등으로 노 대통령은 심각한 정치적 타격을 입었지만, 어쩌면 그것은 통치의 민주성 강화의 필연적 귀결이었는지도 모른다.

이렇게 볼 때 노 대통령 통치의 치명적인 문제점은 통치의 민주성과 효율성을 조화시킬 수 있는 현실적 방안을 마련하는 데 실패한 것이라 할 수 있다. 노 대통령의 이와 같은 실패는 한국 민주주의의 앞날에 중대한 과제를 남겼다. 문제는 그의 민주화 실험이 제도화되지 못했다는 것이다. 그 결과 새로 선출된 대통령은 통치의 효율성을 제고하기 위해서 통치의 민주성을 희생시키려는 보다 손쉬운 방법을 택할 수도 있다는 것이다. 불행하게도 이런 가능성은 현재 현실화될 조짐을 보이고 있다.

노무현 대통령은 임기 말에 통치의 효율성과 민주성을 동시에 보장할 수 있는 방안으로 소위 '원 포인트 개헌론'을 개진했다. 즉 대통령의 임기를 4년으로 줄여 국회의원 임기와 일치시켜 거의 비슷한 시기에 두 선거가 치러지도록 함으로써 분점정부(divided government)의 가능성을 줄여 주자는 것이었다.

그의 이 제안에 대한 주요 반론은 시기적으로 부적절하다는 것이었지, 그 제안 자체가 잘못된 것이라는 반론은 크지 않았다. 따라서 대통령의 임기를 4년 중임제로 고치자는 주장은 현재 가장 많은 지지를 받는 개헌안인 것 같다. 그러나 17대 대통령 선거와 18대 국회의원 선거를 연이어 치른 결과 한나라당이 대통령직과 국회의 압도적인 과반수를 장악한 지금 한국 민주주의는 심각한 퇴보의 위기에 처해 있다. 노무현 정부 시절 강화되어 온 3권분립의 기반은 심각하게 흔들리고 있다. 국회의 행정부 견제 기능은 현저히 위축되었다. 정권교체 후 처음 열린 국정감사에서 행정부와 정부기관이 국회를 무시하려는 행태는 확연했고 거대여당은 이를 방조했다. 또 공안정치와 정보정치를 강화하고 언론에 대한 행정부의 통제를 강화하려는 움직임 역시 확연하다. 심지어 민주주의를 지탱해 주는 근간인 표현의 자유와 집회결사의 자유를 제한하려는 시도마저 나타나고 있다.

거대여당이 입법부와 행정부를 장악한 단점정부가 가해 오는 이와 같은 민주주의에 대한 위협은 4년 중임제 개헌을 통해 분점정부 가능성을 극소화하자는 개헌안이 한국 민주주의의 발전에 도움이 되지 않는다는 확신을 심어 준다. 민주적 대통령제의 본질은 권력분립을 통한 견제와 균형에 있다. 대통령 통치의 효율성을 제고하기 위해 견제와 균형을 약화시키면 민주주의 자체가 후퇴할 수밖에 없다.

근본적으로 권력구조를 내각제로 바꾸어야 한다는 주장 역시 수그러들지 않는다. 대통령제와 내각제의 장단점에 관한 많은 연구와 논쟁을 굳이 재론하지 않더라도(박호성 1997-2002; 강원택 2006) 성숙한 민주주의를 성공적으로 영위하고 있는 국가들은 압도적으로 내각제를 채택하고 있다. 반면 민주화의 제3의 물결에 합류한 수많은 신생 민주국가들은 압도적으로 대통령제를 도입했다. 그것은 권위주의 통치체제로부터 민주적 체제로 이행할 때 대통령제를 채택하는 것이 이행과정에서 불가피한 '협약'(pact)을 체결하는 데 용이하고 또 제도의 변화를 최소화할 수 있다는 현실성에 크게 기인하는 것처럼 보인다. 1987년 대통령에 대한 소위 '직선제 개헌'

이 한국의 민주화를 표상했던 것이 대표적인 예이다.

그렇다면 지금에라도 보다 민주성에 충실한 내각제로 개헌을 단행해야 할 것인가? 이것은 현명하지 못한 주장이다. 민주화 이후 20년이 넘는 기간을 우리는 대통령제를 바탕으로 민주주의를 진전시키기 위해 노력해 왔다. 그 동안 숱한 시행착오를 거치면서 대통령제에 관해 많은 학습을 해 왔다. 대한민국 국가와 국민이 그 동안 쌓아 온 경험과 지혜, 그리고 그 동안 지불해야 했던 많은 비용 등을 송두리째 포기하고 제2공화국 짧은 기간 제대로 경험조차 못 해 봤던 생소한 권력구조를 도입해 처음부터 다시 학습하고 비용을 들이자는 것은 결코 현명하지 못하다.

따라서 현 시점에서 권력구조의 개편은 결코 바람직하지 않다. 대통령의 임기를 억지로 국회의원과 일치시켜 분점정부의 가능성을 줄이는 것도 한국 민주주의에 이로운 개혁의 방향이 아니다. 다만 분점정부, 즉 여소야대 현상이 상시적인 정치구조라는 것을 전제로 국정 교착을 최소화하고 국정의 효율성을 증대시킬 수 있는 제도적·비제도적 방안은 모색되어야 할 것이다.

우선 대통령은 정부가 추진하려는 정책에 대한 국민의 신뢰와 지지를 얻기 위한 노력을 적극 기울일 필요가 있다. 대통령은 정부 정책에 대한 국민들의 지지를 끌어올려 이를 통해 국회를 설득하고 압박해야 한다는 것이다. 이를 위해 대통령은 현재 높은 수준으로 활성화해 있는 참여기제를 적극 활용할 필요가 있다. 즉 정부 정책에 관해 시민들과 소통하고 협의하는 통로를 활성화하고 또 제도화해서 정부 정책에 대한 시민들의 이해와 지지를 높이면 국회와의 협상력 역시 강화할 수 있을 것이다.

굳이 제도개혁이 필요하다면 국민투표 확대 방안을 생각해 볼 수 있다. 과거 국정의 심각한 교착 상태를 가져 왔던 국가보안법, 사립학교법 개정을 둘러싼 갈등과 대치, 또 한미 FTA 비준 문제라든가 종합부동산세 문제 등 사회정치적 대립과 갈등이 심각한 정책 현안의 경우 국민의 직접적인 판단과 선택에 맡기는 것이 민주주의 원칙에 부합할 수도 있다. 국민투표 확대가 대의민주주의의 근간을 위협할 수 있다는 반론이 제기될 여지도 있지만, 참여기제의 확대를 통한 대의기제의 보완은 현대 민주정치의 대세이다.

2) 국 회

대통령에 대한 탄핵의 후폭풍 속에 치러진 17대 국회의원 선거를 통해 국회의 구성은 상당한 변화를 겪었다. 전체 의석의 60% 이상을 초선 의원이 장악했고 40대 이하 국회의원 비율이 80%를 넘을 정도로 국회는 젊어졌다. 또 선거 직전에 도입한 비례대표제 덕택에 민주노동당이 원내 제3당으로 국회 진출에 성공했고 여성 의원 비율 역시 10%를 훌쩍 뛰어넘었다.

이와 같은 외형적 변모에도 불구하고 국회는 여전히 정당 간 정쟁의 장으로 남았고 민의와 민생은 외면된 채 파행은 반복되었다. 이를 극복하기 위해서는 물론 정당이 먼저 바뀌어야겠지만, 국회 운영의 근본적인 틀을 바꿀 필요성 역시 고려해 보아야 한다. 지금까지 국회의 의사일정과 의안처리의 내용과 방향은 교섭단체 대표 간의 협상과 합의에 의해 이루어져 왔다. 과거 권위주의 시대와 3김 시대처럼 각 정당의 리더십이 견고하게 확립되었을 때 이와 같은 방식은 대단히 효율적이었다. 그러나 17대 국회 이후 18대 국회에 이르기까지 확연해진 것은 교섭단체 대표 협상의 한계이다. 정당 원내대표의 협의와 협상을 통해 원활한 의정활동이 이루어지지 않는다면 의사일정과 의안처리 협의 방식을 근본적으로 바꾸어야 한다. 교섭단체 구성요건을 완화해야 한다는 목소리는 16대 국회 때부터 18대 국회까지 구성요건을 채우지 못한 소수정당에 의해 지속적으로 제기되고 있다. 이제 국회 운영 협의를 국회에 진출한 모든 정당이 대표될 수 있는 운영위원회 소관으로 넘겨주어야 한다. 협의의 효율성은 떨어질 수도 있지만 협의의 민주성은 분명 강화될 것이며, 일단 합의가 이루어지면 그 구속력은 크게 증가할 것이다.

국회의원 의정활동의 투명성과 책임성, 그리고 윤리성을 강화하기 위한 개혁 역시 적극 추진할 필요가 있다. 의원 개인의 소신에 입각한 교차투표(cross-voting)를 확대하고, 상임위와 소위원회 심의의 공개원칙을 확립해야 한다. 또 국회윤리위원회의 활성화 및 외부인사의 참여를 확대하고, 상임위 배정에 이해당사자를 배제하는 제척 원칙을 엄격히 적용하고, 국회의원 면책특권과 불체포특권의 남용 방지책 역시 마련해야 한다.

한편 의정활동의 전문성과 효율성을 강화하기 위해서 의원들의 잦은 상임위 변동을 제한하는 방안을 마련할 필요가 있다. 또 국회 입법 지원 조직과 인력을 확대 강화해야 한다. 나아가 국회 소속 연구기관을 설립해 장기적 국정과제에 대한 초당적 연구를 주도할 필요가 있다.

이처럼 국회 운영이 민주적으로 개선되고 국회의원 의정활동의 투명성과 책임성, 윤리성과 전문성이 제고되어 국회와 국회의원에 대한 국민들의 신뢰가 대폭 늘어난다면, 현재 선진 민주국가와 비교해 볼 때 현저히 수적 열세를 보이고 있는 국회의원 정수를 늘리는 방안을 적극 고려해 볼 필요가 있다. 국회의원 정수를 약 400명 정도로 늘리되 그 증가분은 모두 비례대표제로 선출토록 하는 것이 바람직하다.

3) 정 당

18대 국회의원 선거를 전후해서 정당 제도화의 수준은 더 퇴보했다. 이 선거에 참여해 의석을 얻은 모든 정당은 새로 창당하거나 아니면 심각한 조직 분열을 겪었다. 대통령 선거에서 압승한 한나라당마저 소위 친박연대의 이탈에 따른 조직 손상을 겪었다. 민주노동당 역시 뼈아픈 조직 분열을 감수해야 했다. 이들은 그래도 조직 자체가 붕괴해 버린 열린우리당보다는 처지가 나았다고 할 수 있을 것이다.

정당 제도화의 이러한 후퇴에도 불구하고 한국의 정당정치는 한 단계 진전할 가능성을 보여주고 있다. 그 가능성의 징표는 우선 한나라당의 변신에서 드러난다. 조직의 지속성 면에서 한나라당은 현재 남아 있는 모든 정당을 압도한다. 1990년 민정, 민주, 공화 3당이 합당해서 민주자유당을 결성한 이후 비록 당명은 여러 차례 바뀌고 또 조직의 이합집산이 없었던 것은 아니지만, 한나라당은 10년 동안의 야당 기간을 포함해서 18년 동안 정당조직을 유지해 오고 있다. 특히 17대 총선에서 참패한 이후 한나라당의 변신은 주목할 만하다. 군부 권위주의의 후신 정당이라든가 영남 TK당이라는 지역정당의 이미지보다는 보수우파 정당이라는 이념적 정체성을 획기적으로 강화시켰다. 시민사회에 결성된 보수적 시민단체 역시 한나라당을 지지함으로써 한나라당은 시민사회에 안정된 조직 기반 역시 확대해 나가고 있다. 물론 한나라당은 여전히 지역주의 색채가 강하다. 18대 총선에서 한나라당은 호남에서 전멸했고 또 충청지역에서 불과 1개의 의석을 획득했다. 한나라당을 지원해 오던 보수적 시민단체들은 한나라당의 집권 후 빠르게 관변단체화하고 있다. 이와 같은 한계에도 불구하고 한나라당의 이념적 정체성 강화는 한국 정당정치가 이념적·정책적 차별성에 입각한 경쟁구도로 전환할 수 있는 계기와 가능성을 넓혀 주고 있다.

이 가능성이 현실화되려면 열린우리당 붕괴 이후 재편된 민주당이 한나라당과 뚜렷이 차별되는 집합적 정체성을 확립해야 한다. 지난 10년 집권 기간 동안 반복한 정책적 실패를 냉정하게 성찰하고 보다 진보적이고 혁신적인 사회·경제정책으로 무장한 정치세력으로 거듭나야 할 것이다. 이를 통해 한나라당과 민주당 사이에 탈지역적·이념정책적 전선이 뚜렷이 형성된다면 한국 정당정치는 87년체제를 대체할 새로운 정당체계를 구축할 전기를 맞게 될 것이다.

민주당이 이와 같은 개혁에 실패한다면 그 주도권은 진보신당 혹은 민주노동당 쪽으로 넘어갈 것이다. 1980년대 신자유주의 물결이 약 한 세대 동안 확대되는 동안 선진 민주국가의 좌파 세력들은 이에 대한 대안 마련에 골몰해 왔으며, 대안 정책의 골격은 자리를 잡았고 또 선진 민주국가에서 실험되고 있다. 2008년 선거에서 승리한 미국 민주당 역시 진보적 정책대안 실험을 본격화할 태세이다. 따라서 현재 한나라당 정부가 펼치고 있는 신보수주의, 신자유주의 정책과 노선에 대한 진보적인 대안은 마련되어 있다고 보아야 한다. 이를 내화해서 당 정체성의 기반으로 삼고 체계적 정책 패키지로 정리해서 지지를 동원해 낼 수 있는 정당의 출현이 필요한 시점이다.

2. 참여민주주의의 내실화

　제3섹터에서 제4섹터에 이르기까지 지난 10여 년 동안 성장과 분화를 거듭해 온 한국 시민사회는 분명 한국 민주주의를 강한 민주주의로 만들어 온 힘이요 자산이다. 그러나 문제가 없는 것은 아니다.
　우선 제3섹터 시민운동이 안고 있는 한계와 문제를 직시할 필요가 있다.
　첫째, 시민단체는 양적으로 팽창했지만 일상적 시민단체 활동에 대한 시민들의 조직적 참여와 후원은 그다지 강하지 않다. 노무현 정부를 거치면서 시민들의 후원은 더 줄어드는 경향을 보였다. 따라서 활동가 위주의 시민운동, 시민적 기반이 취약한 시민운동이라는 비판으로부터 자유로울 수 있는 시민단체의 수는 극히 제한적이다.
　둘째, 시민운동의 시민적 기반의 취약성은 곧 재정적 취약성으로 이어졌다. 그 결과 활동 경비의 정부 의존도, 나아가 이들이 감시하고 비판해야 할 대상인 기업 의존도 역시 은연중에 확대되어 왔다. 그리하여 적지 않은 시민단체가 활동 목표인 공동선의 추구보다 조직의 명맥을 유지하기에 급급한 본말 전도의 현상을 드러냈다. 한국의 대표적 시민단체인 환경운동연합이 돈의 위력 앞에 무기력하게 휘둘려 왔다는 사실은 현 단계 시민운동의 취약점을 적나라하게 드러내 준다.

셋째, 시민적 기반의 취약성은 시민운동의 언론에 대한 의존도를 높인다. 대중 전달매체가 시민단체의 활동과 요구를 외면하거나 무시할 경우 자신들의 정당한 요구와 주장을 시민들에게 전달해서 지지를 동원할 대안매체를 충분히 발전시키지 못하게 된다.

넷째, 시민운동의 과도한 중앙집중성은 지방조직의 상대적 약화와 직결되어 있다. 무수한 지역 조직이 결성되었으나 지배적 의제와 담론은 압도적으로 중앙집중화하는 경향이 존재한다.

다섯째, 시민 참여와 시민적 요구 공론화 방식의 민주성과 관련해서 심각한 문제를 제기할 수 있다. 시민운동이 사회와 정치의 개혁을 지향하고 공동선과 사회정의를 추구한다는 자긍심은 자칫 반대세력에 대한 관용(tolerance)의 수준을 약화시킬 수 있다. 반대세력의 존재와 반대의 정당한 권리를 경시하거나 억압하려는 경향은 시민 참여의 민주적 정당성을 근본적으로 훼손할 수 있다.

이와 같은 한계와 문제에도 불구하고 한국의 시민운동과 시민단체는 그 동안 한국사회와 정치의 민주화를 위해 많은 긍정적 기여를 해 왔으며 이들의 건전한 활동은 적극적으로 보장되어야 한다.

참여민주주의의 제도적 정착을 위해서는 이에 대한 헌법적 근거를 마련하는 것이 필요하다. 주지하다시피 대한민국 헌법은 대의민주주의를 제도적 전제로 마련되었다. 그 결과 대통령과 행정부, 국회, 정당, 선거 등 대의민주주의 제도와 조직에 관한 헌법적 기초는 충실하게 확립되어 있는 반면, 민주주의의 현대적 흐름을 강력히 형성하고 있는 참여민주주의에 대한 항목은 존재하지 않는다. 따라서 공적 영역에 대한 시민 참여 확대의 헌법적 정당성을 명시적으로 확립하고 참여기제에 대한 정부의 협력과 지원의 헌법적 근거를 마련해 둘 필요가 있다.

이와 같은 헌법적 기초 위에 공동선과 사회정의를 위해 조직되고 활동하는 시민단체에 대한 중앙정부와 지방정부의 협력과 지원을 제공하기 위한 법제적 근거를 도입할 수 있을 것이다. 정부의 지원은 비단 재정과 시설 지원 등에 그칠 것이 아니라 민주적 시민 덕성 함양과 시민적 참여 확대를 위한 교육과 문화활동의 체계적 육성과 지원에까지 확대되어야 할 것이다.

참여민주주의에 입각한 시민참여는 단순히 민원 채널을 다양화하거나 각종 위원회와 자문기구를 설치하는 것이 아니다. 진정한 거버넌스(governance)의 확립과 참여 민주사회 구현을 위해 행정의 여러 영역과 차원에서 시민의 직접 참여와 의견 개진을 불가피한 조건으로 하는 시스템을 마련하는 한편 공공정책의 입안, 결정, 시행, 평가의 전 과정에 시민적 감시가 가능하도록 해야 한다.

이처럼 확립된 범시민적 참여체제를 기반으로 공익적 시민단체와 중앙 및 지방정부 간의 자문(advice), 심의(deliberation), 협의(consultation), 협약(concertation) 등 다양한 수준의 정책 참여 및 공동결정 기제를 발전시켜 나갈 수 있을 것이다. 즉 결사체 민주주의(associative democracy)의 기제를 여러 수준에서 제도화함으로써 활성화된 제3섹터를 민주적 정치과정 속으로 끌어들여야 한다는 것이다(Cohen and Rogers 1995).

그러나 결사체 민주주의는 조직된 결사체의 요구와 목소리를 반영해 낼 수는 있지만, 미조직된 시민의 요구를 희생시킬 수 있다는 심각한 문제를 안고 있다. 한국 민주주의를 위해 다행스러운 것은 조직되지 않은 시민들의 목소리가 제4섹터로 결집되고 있다는 점이다. 한국 민주주의는 이 목소리를 더 활성화하고 또 이를 정치과정에 담아 낼 방안을 적극 모색해야 할 단계에 이르렀다.

우선 자유롭고 개방적인 정보의 유통은 제4섹터 활성화의 필수적 전제조건이다. 정보공개법 등 법률의 개정과 행정개선을 통해 국가가 소유하고 있는 정보와 자료에 대한 일반 시민들의 접근을 더욱 원활하게 해 주어야 한다. 또 정부는 사이버 공간에서 확대되고 있는 공론을 공공정책으로 전환시키기 위한 소통 채널을 체계화해야 할 것이다. 제4섹터에서 활성화된 심의민주주의(deliberative democracy)는 제3섹터를 중심으로 발전할 결사체 민주주의와 보완적 관계를 형성해 한국 참여민주의의의 양대 축이 되어 줄 것이며, 또 이를 통해 한국 민주주의를 보다 강한 민주주의로 만들어 줄 것이다.

제5절 결 론

현대 민주주의의 대 이론가 오도넬은 2006년 7월 일본 후쿠오카에서 열린 세계정치학대회에서 민주주의와 정치학 발전에 기여한 공로로 국제정치학회(International Political Science Association)가 수여한 평생업적상의 첫 수상자가 되었다. 그는 이 수상 연설에서 민주주의를 영속적인 위기 속에서 유지될 수밖에 없는 체제로 규정했다(O'Donell 2007).

지난 수십 년 동안 민주국가의 숫자는 늘어났고 민주주의의 가치는 사실상 보편성을 획득했지만, 무엇이 참된 민주주의인가에 대한 학자들의 논쟁은 여전히 계속되고 있다. 민주주의는 공간적으로 팽창하고 있을 뿐 아니라 끊임없이 진화하는 지배체제이다. 오돈넬은 민주주의가 유권자(voter)를 기반으로 한 지배체제가 아니라 시민(citizen)을 기반으로 한 지배체제임을 분명히 했지만, 민주국가의 시민은 대체로 만족을 모르는 시민들이다. 이들은 끊임없이 자신의 삶의 여건을 개선하려 하고, 체제에 대해 새로운 요구를 개진하며, 만족스럽지 못한 제도에 대한 개혁을 요구한다. 시민들의 이러한 요구는 분명 민주주의의 활력을 담보하지만, 다른 한편 체제를 불안정하게 하고 또 위기에 빠뜨리기도 한다.

민주이행 이후 한국 민주주가 밟아 온 궤적 역시 위기의 연속이었다고 평가할 수 있을 것이다. 어쩌면 한국 민주주의는 현재 민주화 이후 가장 심각한 위기에 처해 있는지도 모른다. 그러나 연속되는 위기상황 속에서도 한국 민주주의는 분명히 진화를 거듭해 왔다. 그리고 이 진화는 계속될 것이다. 정치는 완벽한 이상사회 혹은 유토피아의 실현을 목표로 작동하지 않는다. 시민들 사이의 갈등은 정치의 필수조건이며 민주정치 역시 예외적일 수 없다. 갈등 자체를 위기로 간주할 수도 있을 것이다. 그러나 갈등을 두려워하고 갈등의 분출을 억누르려 할 때 민주주의는 더 큰 위기에 직면하게 된다. 우리는 시민사회에서 활성화되고 분출하는 요구를 민주주의 활력의 자양분으로 만들어야 할 과제를 안고 있다.

제10장 | 정치적 노동운동과 시민운동

제1절 서 론

1987년 민주이행 이후 한국정치가 시민사회의 기대와 요구에 부응하지 못하고 정치사회를 분할·장악한 보수적 정파들 간의 정략적 이합집산을 반복해 왔다는 것은 주지의 사실이다. 보수 일색의 담합정당(cartel party)들이 정치사회를 분할·장악한 가운데 시민사회를 지역적으로 식민화한 한국의 담합적 정당정치는 시민사회의 기대와 요구를 수렴하고 그 갈등을 치유해 내는 데 뚜렷한 한계를 보여 왔다. 이처럼 시민사회의 의사와는 유리된 채 권력 획득을 위한 정략적 정치게임을 반복하고 있는 담합정치에 의한 정치사회 과점체제를 혁파하는 길은 보수독점의 정치구조를 타파하는 데서 찾아야 한다. 이념적·정책적으로 획일화된 보수독점적 정치구조야말로 파행적·봉건적·지역할거형 담합정당 체제의 온상이 되어 왔기 때문이다.

2000년 치른 제16대 국회의원 선거에는 비록 담합적 정당정치를 혁파하는 데 실패했지만, 보수독점적 담합정치에 대한 두 가지 주목할 만한 조직적 도전세력을 출현시켰다. 그 하나는 총선시민연대로 대표되는 시민운동 단체의 낙천낙선운동이었고 또 하나는 민주노총이라는 노동조합의 주도로 조직된 민주노동당이 총선에 참가한 것이었다. 총선시민연대의 운동은 공공선(common good)의 관점에서 담합적 정당정치를 혁파하려는 조직적인 운동이 시민사회에서 본격화되었음을 과시했다. 또 민주노동당의 출현은 시민사회에 조직적 뿌리를 내린 거대한 이익집단의 공식적 지원을 받는 대중정당 조직에 의한 보수독점적 정치구조에 대한 도전이 시작되었음을 뜻했다.

총선시민연대는 조직적 한시성과 운동의 위법성 시비에도 불구하고 정치사회에 대한 유권자들의 불신과 혐오에 힘입어 뚜렷한 성과를 거둠으로써 그 동안 시민사회의 염원과 기대를 무시해 왔던 담합적 정당정치에 상당한 충격파를 던졌다. 반면 민주노동당은 모두 21개 지역구에 후보를 내 출마 지역구 평균 12%를 상회하는 인상적인 득표율을 기록했음에도 불구하고 원내 진출에는 실패했다. 특히 울산, 창원 등 민주노총의 지역 거점에서 원내 진출을 성사시키려던 노력이 무산되자, 그 실패의 중요한 요인으로 총선시민연대가 전개한 낙천낙선운동의 부정적 효과가 노동운동 진영에서 집중적으로 거론되기에 이르렀다. 즉 총선연대의 활동이 결과적으로 진보적 노동운동의 정치적 성장을 가로막음으로써 보수독점적 담합정치의 온존에 기여했다는 것이다.

정치적 노동운동이 시민운동과 보수적 담합정당의 묵시적 영합성을 비판함으로써 한국의 정치적 노동운동과 시민운동의 관계를 진지하게 성찰해 보아야 할 국면이 조성되었다. 왜냐하면 노동운동 측의 비판은 단순히 선거결과에 대한 현상적 분석에 입각해 있다기보다는 시민사회와 시민운동의 계급적 한계에 대한 노동운동의 전통적 인식에 기반을 두었기 때문이다. 한국의 시민운동과 노동운동이 정치개혁을 위한 연대를 결성하지 못하고 서로의 활동을 부정적으로 인식하고 상호불신과 적대의식을 키워 간다면, 보수독점적·담합적 정치지형의 혁파는 더 요원해질 것이다.

이 장에서는 이러한 문제의식을 바탕으로 한국의 노동운동과 시민운동의 바람직한 관계가 어떤 이념적·전략적 공감대 위에 형성될 수 있을지를 전망해 보고자 한다. 이를 위해 이 글은 우선 선진 산업 민주국가에서 정치적 노동운동과 시민사회의 관계가 역사적으로 어떻게 변모해 왔는지 개괄해 보고, 이들 바탕으로 현 단계 한국의 노동운동과 시민운동의 특성을 밝힌 다음, 이들이 공유 혹은 보완할 수 있는 이념과 전략을 모색해 보고자 한다.

제2절 서구의 정치적 노동운동과 시민사회

서구에서 시민사회는 역사적으로 자본주의와 근대국가의 성장과 발을 맞추어 성장했다. 절대군주가 지배하던 근대국가와 부르주아가 대표하던 시민사회의 갈등이 빚은 파국이 궁극적으로 의회민주주의로 귀착되는 정치적 격변의 시발점이었으며, 부르주아는 이 투쟁을 주도한 중심세력이었다(김수진 2001). 부르주아는 산업자본주의의 성장과 함께 출현한 노동자들을 절대왕정을 타도하고 의회주권을 확립시키기 위한 투쟁의 협력자로 활용하려 했지만, 이들을 시민으로는 인정하지 않으려 했다. 즉 "재산을 소유한 자가 시민"이라는 것이 부르주아적 시민관이었다. 이들이 상정한 시민사회는 이처럼 협소했던 것이다. 결국 부르주아가 지향한 지배체제는 이처럼 협소하게 규정된 시민의 대표가 사실상 독점 장악하고 있는 의회에 모든 주권을 집중시킨 납세자정권(regime censitaire)이었다(김수진 2001).

노동자들의 정치투쟁은 부르주아의 이와 같은 기도에 대한 조직적 저항의 성격을 강하게 띠었다. 즉 정치적 시민권을 획득하기 위한 노동자들의 투쟁은 서구의 지배체제를 납세자정권을 뛰어넘어 의회민주주의로 귀결시킨 중요한 원동력이었을 뿐 아니라 '노동계급의 형성'(Katznelson 1986; Przeworski 1985a)을 통해 봉건적 신분질서를 자유로운 개인을 구성단위로 하는 시장의 질서로 대체하고자 했던 부르주아의 기도를 좌절시키고 계급(Klasse)으로 하여금 신분(Stand)을 대체케 했던 것이다.

19세기 말과 20세기 초 서구에서 정치적 노동운동의 성장은 이처럼 부르주아의 정치적 배신에 대한 노동자들의 계급적 각성의 산물이었다(김수진 2001). 이들은 부르주아의 자유주의 이념을 배격하고 사회주의를 정치적 노동운동의 이념적 지표로 수용하고 혁명적 혹은 개량적 수단을 통한 자본주의의 타도를 운동의 최종 목표로 설정했던 것이다(Przeworski 1985a). 따라서 초기 정치적 노동운동의 시민사회에 대한 태도는 적대적일 수밖에 없었다. 마르크스를 필두로 하는 당시 사회주의 이론가들의 눈에 시민사회는 자본가 혹은 부르주아의 헤게모니가 관철되고 있는 경제적 토대였던 것이다(Carnoy 1984, 44-48). 시민사회에 대한 정치적 노동운동의 시각은 이처럼 출발부터 계급적이었으며 부정적이었다.

제1차 세계대전 이후 정치적 노동운동의 성장과 좌절은 서구 노동자 정당들로 하여금 정통 사회주의의 한계를 절감케 하였다. 즉 이 시기 이들은 혁명적 전략에 의해서도 또 개량적 전략에 의해서도 국유화와 계획경제에 입각한 사회주의 건설이 불가능하다는 것을 확인했던 것이다(김수진 2001). 1930년대 북구 사민정당 주도로 단행된 사회주의 노선의 수정은 바로 이와같은 한계에 대한 인식을 토대로 이루어졌다(Stephens 1981; Esping-Andersen 1985). 수정된 사회주의는 자본주의와 시장의 타도를 목표로 삼지 않고 그 부작용을 정치적으로 바로잡으려는 것을 목표로 했다(Esping-Andersen 1985). 그것은 또 소유의 사회화가 아니라 소비와 통제의 사회화로 사회주의의 의미를 수정하려 했으며(Stephens 1981), 민주주의의 외연을 사회적·경제적 영역으로 확대시킴으로써 정치적 시민권에서 나아가 사회적 시민권을 확립하고 산업민주주의의 확립을 추구했다(Esping-Andersen 1985).

이 목표를 달성하기 위해 북구 사민당들은 노동계급 독자노선을 포기했다. 민주적 절차에 입각한 사회주의의 실현은 이미 계급구조적인 한계로 인해 불가능하다는 점은 명백해졌다(Przeworski and Sprague 1986). 따라서 정치적 노동운동이 민주적 절차에 입각해 정치권력을 획득하려면 적극적으로 계급연합(class alliance) 전략을 모색해야 했으며, 북구 사민당들은 1930년대 이후 이런 전략을 적극 추진해 나갔다. 그러나 이 경우에도 노동계급의 중심성은 절대적이었다. 즉 사민당은 노동조합과 조직적·정책적·인적 연대를 강력히 구축하고, 이를 통해 형성된 계급 단합력(class solidarity)을 토대로 노동자와 다른 사회계급의 이익을 조화시킬 수 있는 정책을 적극 개발해 갔던 것이다.

정치적 노동운동의 이념과 전략이 이와 같이 수정되는 것에 발을 맞추어 시민사회에 대한 노동운동의 인식 역시 전환되었다. 일찍이 그람시(Gramsci)는 그의 옥중수고에서 시민사회를 부르주아의 이념적 헤게모니가 관철되고 있는 공간으로 파악한 데서 나아가 노동계급을 중심으로 한 대항 헤게모니(counter hegemony)가 형성되고 또 이를 기반으로 부르주아를 상대로 해서 치열한 진지전(war of position)을 전개할 수 있는 공간으로 파악했다(Carnoy 1984, 65-88). 즉 시민사회는 단순히 부르주아의 경제적 지배가 영속하는 적대적 공간이 아니라 계급 간의 이념적·물질적 헤게모니를 다투는 공간으로 파악되었던 것이다.

북유럽 사회민주당을 중심으로 발전한 수정된 사회주의 이념 역시 시민사회에 대한 무조건적인 적대의식을 거부한다. 이에 의하면 다양한 형태의 집합적 이익이 대표되고 경합하는 공간이 시민사회이며 노동계급의 헤게모니는 다른 계급의 집합적 이익과의 타협을 통해서 관철·유지될 수 있다. 시민사회에 대한 이와 같은 인식의 전환이야말로 북구 사민당 지배체제가 포괄적으로 도입·운용한 협의정치(concertation politics)의 기반이 되었던 것이다(Heclo and Madsen 1987). 즉 사민당 지배체제는 노동자, 농민, 자본가, 자영업자 등 다양한 집단을 공공정책의 협의과정에 적극 참여시켜 시민사회의 공적(公的) 특성을 대폭 강화시켜 주었다. 이와 같은 북구 사민주의의 실험이야말로 코포라티즘(corporatism)을 넘어 오늘날 진지하게 논의되고 있는 결사체 민주주의(associative democracy)의 경험적 근거가 되어 주었다(Cohen and Rogers 1995).

북구 사민당이 선도한 사회주의 이념, 전략, 정책의 수정은 제2차 세계대전 이후 서구의 전체 사민당으로 확산되었다. 케인즈적 타협체제와 복지국가의 성장은 정치적 노동운동의 이와 같은 이념적·전략적·정책적 수정의 결실이었으며, 서구 노동계급의 삶의 질은 이를 토대로 비약적으로 향상되었다. 소품종 대량생산을 목표로 도입된 포드주의적 생산방식은 또한 노동계급의 동질성을 강화시키고 또 이들의 대규모 조직화를 용이하게 해 줌으로써 노동운동의 조직력 신장에 크게 기여했다. 그 결과 1950년대부터 70년대에 이르기까지 서구의 정치적 노동운동과 노동조합 운동은 노동계급 출현 이후 최고의 황금기를 구가했다(Sabel 1987; Regini 1987).

그러나 황금기는 1970년대 세계 자본주의를 강타한 구조적 위기와 함께 급속히 막을 내리고 서구 노동운동을 심각한 위기국면으로 전환시켰다. 전후 서구경제의 재건과 부흥에 결정적으로 기여한 미국의 자비로운 헤게모니에 바탕을 둔 자유주의 국제경제 질서의 붕괴, 오일쇼크 및 그 스태그플레이션 효과의 범세계적 확산, 일본을 필두로 한 신흥 공업국가들의 급속 성장에 따른 세계적 분업구조의 재편 및 국제경쟁의 격화 등이 이 위기의 배경에 자리 잡고 있었다(Goldthorpe 1984). 세계 자본주의의 구조적 위기에 대한 선진 산업 민주국가의 대응은 1980년대 이후 전후 황금기를 주도한 케인즈주의와 포드주의를 본격적으로 퇴진시키고 소위 유연화와 사유화 및 탈규제를 특징으로 하는 신자유주의적 경제운용을 기조로 한 탈포드주의적 기술자본주의(post-Fordist techno-capitalism)로의 신속한 이행으로 나타났다(Sabel 1987; Regini 1987). 그리고 자본주의의 위기와 전환은 곧바로 노동운동의 전반적인 위기와 쇠퇴를 초래했다.

사실 노동자들의 계급적 단합력 약화는 1960년대 이후 지속적으로 진행되어 왔다. 케인즈적 합의(Keynesian consensus)에 입각한 타협정치의 광범위한 도입은 분명히 계급투쟁의 강도를 떨어뜨리고 노동자 정당과 노동계급 간의 결속력을 약화시켰다(김수진 2001). 또 노동자들의 생활수준과 삶의 질의 전반적 향상에 따른 노동자의 소위 부르주아화(embourgeoisement) 역시 계급의식 약화를 촉진시켰다 (Dalton, et al. 1984, 15-16). 그리고 소위 탈물질주의(post-materialism)의 '조용한 혁명'(Inglehart 1977)은 노동자들의 가치관을 다원화시키고 또 권위적·비민주적 노동조직 방식에 대한 노동자들의 저항을 강화시켰다. 이러한 흐름 속에서 1980년대 이후 급속히 단행된 포드주의의 해체와 유연생산체제의 도입은 노동계급의 내적 분화를 더욱 가속화함으로써 노동자들의 계급의식과 계급 결속력을 현저히 약화시켰던 것이다.

탈포드주의적 기술자본주의로의 전환은 또 필연적으로 노동시장과 고용구조의 유연화를 수반함으로써 노동조합의 조직력을 크게 위축시켰고 단체협상의 탈집중화 역시 가속화시켰다(Thelen 1994; Golden 1992; Schmitter 1989). 노동시장에서 노동운동이 직면한 이와 같은 위기는 정치적 노동운동의 위기로 이어졌다. 사유화 (privatization), 유연화(flexibilization), 탈규제(deregulation)를 핵심정책으로 한 신보수주의가 케인즈주의 이후 서구 우파의 지배이념으로 확고히 자리 잡게 되었음에도 불구하고, 서구의 좌파정당들은 1990년대 중반까지 케인즈주의를 대체할 어떠한 이념적·전략적 대안도 발견하지 못한 채 위기와 쇠퇴의 나락으로 빠져들었다(김수진 2001; 김수진 2007).

1990년대 후반 이후 영국 노동당을 필두로 스웨덴 사민당, 독일 사민당 등 서구 좌파정당이 적극적으로 표방한 소위 '제3의 길' (Giddens 1998)은 자본주의의 변화와 세계화, 서구 정치경제 패러다임의 변화, 계급관계와 계급의식의 쇠퇴 등이 초래한 노동운동의 총체적 위기에 대한 이념적·전략적 대응을 의미했다. 1930년대 단행된 사회주의 이념의 수정 이후 가장 혁신적인 노선 수정이라고 평가할 수도 있는 1990년대의 수정을 통해 서구 사민정당은 계급정치의 퇴조를 불가피한 현상으로 수용하고, 계급정당으로서의 특성을 포기하는 대신 본격적으로 선거 관리형 포괄정당(catch-all party)으로 전환해 들어갔다. 그 결과 사민정당과 노동조합의 전통적 유대는 현저히 약화되거나 아니면 공식적으로 단절되기에 이르렀으며, 좌파정당은 이제 계급연대(class alliance) 전략이 아니라 초계급적(supra-class) 혹은 탈계급적 전략에 입각한 정치동원을 적극 모색하게 되었다.

이와 같은 서유럽 좌파정당의 이념과 전략의 수정은 또한 이들로 하여금 시민사회, 시민운동과의 관계 역시 근본적으로 재정립할 것을 요구하고 있다.

1960년대 말 이후 서구에서 폭발적으로 분출·확산되어 온 신사회운동(New Social Movements)은 이때 이후 선진 민주국가의 정치과정과 정치의제(political agenda)의 중요한 변화를 주도해 왔다. 환경, 평화, 페미니즘, 탈관료화 등 시민운동이 확산시켜 온 새로운 의제는 그 동안 물질주의적 계급정치에 압도되어 왔던 시민사회의 새로운 부활을 이끌었다(Kriesi, et al. 1995; Edelman 2001). 코헨과 아라토의 표현처럼 오늘날 시민사회의 부활은 '탈마르크스주의(post-Marxism), 그리고 아마도 탈그람시주의(post-Gramscianism)'(Cohen and Arato 1992, 71)적 사고의 성장에 기반하고 있다. 평등주의적 가치관을 포기하지 않고 신자유주의적 시장논리의 수용을 거부하지만, 시민사회를 더 이상 계급적 시각에서 파악하지 않으려는 새로운 지적 움직임이 시민사회의 부활을 주도하고 있다는 의미이다. 그리고 이 새로운 지적 움직임은 계급정치의 단계를 넘어서고 있는 선진 민주정치의 패러다임을 보다 참여적인 결사체 민주주의(associative democracy) 혹은 심의민주주의(deliberative democracy)로 전환시키려는 이론적 논의를 확산시켜 가고 있다(Cohen and Rogers 1995).

'제3의 길' 노선이 추구하는 탈계급적 전략은 시민사회의 이와 같은 변화를 적극 수용하는 것이 불가피하다는 서구 좌파정당의 인식에 기반을 둔 것이다. 그들은 이제 시민운동 단체들이 제기해 온 탈물질주의적 의제를 적극 수용하고 노동자들을 시민사회의 비계급적 구성원으로 인식하는 한편, 시민사회와 시민운동 전체를 지지세력으로 포섭해 들이려는 적극적 자세를 보이고 있는 것이다(Giddens 1998, 119-153). "(제3의 길에 입각한) 국가와 정부의 개혁은 민주주의를 심화시키고 확장시키는 과정"이어야 하며, "(노동당) 정부는 공동체의 복원과 발전을 촉진시키기 위해 시민사회의 행위체들과 동반자로서 활동해야 한다"는 기든스의 주장은 시민사회에 대한 좌파정당의 변화된 시각을 함축하고 있다(Giddens 1998, 119).

서구 정치적 노동운동의 이념과 전략의 역사적 진화과정, 그리고 그에 따른 시민사회와의 관계 설정의 역사적 변화에 대한 지금까지의 개관은 다음과 같이 요약·정리할 수 있을 것이다.

〈표 10-1〉 정치적 노동운동과 시민사회의 관계

이념	전략	시민사회와의 관계
정통 사회주의	독자적 계급전략	적대적
수정 사회주의	계급연합 전략	중립적
제3의 길	탈계급 전략	포섭적

제3절 한국의 정치적 노동운동과 시민사회

　박정희와 전두환 양 정권에 걸친 권위주의 통치기간 동안 국가 주도 하의 급속한 산업화를 추진한 한국은 저임금, 장시간 노동 등 노동력에 대한 비인간적 착취를 기반으로 한 성장전략을 구사했으며, 이를 위해 억압과 배제로 일관한 노동정책을 실시했다. 산업화의 진행과 함께 노동자들의 의식화와 조직화는 갈수록 강화되었고, 또 권위주의 국가의 법률적·제도적·물리적 탄압 역시 이에 비례해서 강화되어 왔다. 1987년 시민사회의 투쟁을 통해 쟁취해 낸 민주개방은 정치체제의 개혁과 더불어 국가·노동·자본관계의 탈권위주의화를 예고하는 것처럼 보였으나, 한국의 민주이행은 민주적 노사관계 확립을 위한 개혁을 동반하지 못했다. 그것은 무엇보다 한국 민주화의 근원적인 한계에 기인했다.

　주지하다시피 민주개방을 이끌어 낸 6월항쟁은 시민사회 내에 조직화된 세력이 주도한 시민적 저항운동이었다. 그러나 6·29선언은 시민사회의 투쟁의지를 놀라울 정도로 신속하게 잠재워 버리고 체제개혁의 주도권을 정치사회가 독점하도록 만들었다. 그 결과 소위 민주주의를 향한 제도개혁은 극도로 폐쇄된 정치적 공간 내에서 완전히 시민사회 세력의 참여를 배제한 채 오직 선거에서의 승리를 목표로 한 보수적 정치 엘리트 간의 정략적 담합에 의해 이루어졌다. 한국의 정치사회를 독점·장악하고 있던 보수 편향적 양대 정당이 민주이행을 위한 협약을 이처럼 독점한 결과 정치적 공간을 모든 시민사회 세력들에게 광범위하게 개방해 주기 위해 필수적인 개혁은 모조리 무산되고 말았다. 그 결과 이념과 정책을 기존의 보수정당과 달리하는 진보적 정치세력이 정치사회에 진입할 수 있는 제도적 가능성은 사실상 봉쇄되고 말았다. 민주화 이행 국면에 정치적 대립구도가 이념적·정책적 전선을 중심으로 재편될 가능성은 이와 함께 무산되고 말았던 것이다. 이것은 보수독점적 정치사회에 대한 진보적 시민운동과 노동운동의 뼈아픈 패배를 의미했다.

이때 이후 이념적·정책적으로 본질적인 차이가 전혀 없는 보수적 정치 엘리트들을 중심으로 한 정략적 이합집산이 민주개방기 한국정치를 지배해 왔다. 이러한 정치환경 속에서 국회를 통해서든 정부를 통해서든 노사관계의 전향적 개혁이나 민주정치의 사회·경제영역으로의 실질적 확산 노력이 전개되는 것은 결코 기대할 수 없었다. 오히려 봉건적 지역할거형 정치질서에 입각한 정권경쟁은 이들 간의 보수화 경쟁을 더욱 강화시켜 온 것이 현실이다. 그 결과 노사관계를 위시한 한국의 정치경제체제는 권위주의 시대의 그것과 본질적으로 바뀌지 않은 채 노동억압적·노동배제적 신자유주의 정치경제체제를 지속해 왔다.

다만 이 정치경제체제가 그다지 안정된 것으로 여겨지지 않는 것은 자본의 우위에 입각한 시장순응적 정치경제체제에 대한 노동자들의 순응을 지속시키기 위해 필요한 제도적·물질적 대가를 한국의 자본과 국가가 그다지 제공하지 않았다는 점이다. 노태우, 김영삼 정권은 권위주의 시대에 제정된 노동악법의 전향적 개정을 거부하고, 노동운동에 대한 법률적·물리적 탄압을 부활하고, 강제적 소득정책을 통한 임금억제를 시도하는 등 사실상 권위주의 시대의 억압적·배제적 노사관계를 지속했다. 그에 이은 김대중 정부는 IMF 위기를 극복하기 위한 준제도적 협의기구로 노사정위원회를 설립하여 위기 극복을 위한 구조조정을 국가, 노동, 자본 간의 협의를 통해 시도해 보려 했으나 그 성공적 운용에 실패했으며, 그 뒤를 이은 노무현 정부에서도 노사정위원회를 통한 협의기제의 정착에 실패했다.[1]

보수 지배세력의 억압적·배제적 노동정책은 오히려 노동시장에서 노동운동의 조직력을 강화시켜 주는 결과를 초래했다. 1987~89년에 이르는 조직 신장을 경험한 노동운동은 1990년을 기점으로 표면적으로는 명백한 침체국면에 접어들었다. 그러나 1989년 이후 한국의 국가와 자본이 적극적으로 구사한 강제적 물리력을 동원한 탄압의 지속, 어용적인 한국노총을 매개로 한 사이비 소득정책의 실시와 이를 통한 단기적 임금억제 전략의 추구 등은 노동자들의 의식과 단합력을 강화시켜, 마침내 1995년 민주노총을 출범시키기에 이르렀다(김수진 1995). 자본과 국가에 대한 협조적·의존적 자세를 버리지 못한 한국노총에 대한 대안세력으로서 민주노총의 조직화 및 그 조직적 역량의 강화는 한국 노동운동의 조직적 성장으로 평가되어 마땅하며, 1987년 이후 노동운동이 노동시장 영역에서 일구어 낸 가장 값진 성과였다. 기업별 노조주의, 국가와 자본에 대한 협조적 노조주의에 대한 강력한 대안세력으로서 보다 자주적이고 또 보다 투쟁적인 제2의 정상조직체의 출현은 오히려 노동운

---

[1] 이에 관해서는 특히 한국에서 노사정 3자 협의기제가 성공할 수 없는 이유를 선진국 사례를 통해 분석한 김수진(1998)을 참조할 것.

동의 성장을 의미했으며, 한국의 노동운동과 노사관계가 중대한 전환점에 도달했음을 이미 웅변해 준 것이었다. 특히 한국경제의 전략적 산업부문과 공공부문에 강력한 조직적 기반을 둔 민주노총의 출현은 근본적으로 보수적 담합정치 세력의 억압적·배제적 노동정책이 실패로 돌아갔을 뿐 아니라 이와 같은 노동정책의 지속은 오히려 노동운동의 조직적 역량을 더욱 강화시켜 줄 뿐이라는 사실을 입증했다.

김영삼 정부가 1995년 신노사관계 구상을 바탕으로 '노사관계개혁위원회'를 결성하고 노사관계 개혁을 시도한 것은 그 동안의 억압적·배제적 노동정책의 실패를 인정하고 민주적 노사관계의 틀을 근본적으로 확립하려는 것을 목표로 한 것처럼 보였다. 그러나 1년간에 걸친 개혁작업은 결과적으로 노사관계법의 개악으로 귀결되었고, 이것은 한국 노동운동사상 최초의 총파업 투쟁으로 연결되었다. 그리고 이 투쟁은 마침내 정치적 노동운동의 조직화를 이끌어 냈던 것이다. 노개위 활동과 개악된 노사관계법의 국회 통과 과정을 통해 민주적 노동운동이 절감한 것은 정치적 고립감과 좌절감이었다. 민주적 노동운동은 신자유주의를 지도이념으로 하는 완강한 보수적 지배체제, 노동자들의 이익을 보호해 주려는 세력이 전무한 보수독점적 정치사회, 이들과 강력한 유착관계를 형성한 보수적 제도언론, 그리고 여전히 비타협적인 완고한 독점자본의 경제위기론을 토대로 한 신자유주의적·신보수주의적 공세에 직면했던 것이다. 이와 같은 상황에서 민주적 노동운동은 보수독점적 정치지형이 갖는 근본적 한계를 인식하고 본격적으로 독자적인 정치세력화를 모색하게 되었던 것이다(김수진 1996b).

1997년 대통령 선거에 대비해 '국민승리21'을 조직하고 민주노총위원장 출신 권영길 후보를 출마시킨 것은 정치적 노동운동 조직화의 첫걸음이었다. 김대중 정부 하에서 참여한 노사정위원회에서의 좌절, 그리고 노동자들의 희생을 강요할 수밖에 없었던 정부의 구조개혁 정책 등은 민주적 노동운동으로 하여금 정치세력화를 현재 노동운동이 직면한 위기를 타개할 수 있는 활로로 간주하게 하였다. 그 결과 마침내 2000년 3월 민주노총 주도 하에 민주노동당이 조직되어 4월 13일 국회의원 총선거에 참여했다.

결국 1987년의 민주이행, 1995년의 민주노총 출범, 보수독점적 정치지형 하에서의 정치적 고립감과 좌절감 등이 한국에서 정치적 노동운동의 조직화를 이끌어 낸 요인이었다. 그리고 이 과정은 서구에서 정치적 노동운동이 출현하게 된 역사적 배경과 크게 다르지 않다. 그러나 현재 한국의 정치적 노동운동이 직면한 상황은 19세기 말, 20세기 초 서구의 노동자 정당들이 처했던 상황과 엄청나게 다르다.

우선 한국의 정치적 노동운동은 대통령제와 새로운 정치세력에게 대단히 높은 진입장벽을 둘러친 정치관계법 등 대단히 높은 제도적 장벽에 직면해 있다. 그리고 보수적 정치 엘리트들이 정략적 이해에 입각해 강화시켜 온 지역주의의 정치적 동원력은 계급균열의 위력을 압도하고 있다. 또 이념적으로도 분단과 한국전쟁 이래 한국사회에 깊숙이 자리 잡은 반공 이데올로기의 헤게모니는 여전히 막강하다. 현재 한국정치를 지배하고 있는 보수적 담합정치 세력은 바로 이와 같은 제도적·사회적·이념적 보루 위에 강력하게 자리 잡고 있으며, 이제 걸음마를 시작한 정치적 노동운동이 독자적인 힘으로 이 보루를 깨뜨린다는 것은 사실상 불가능에 가깝다. 여기에 덧붙여 최근의 경제위기에 이은 구조조정의 파고는 정치적 노동운동의 전략적 선택을 더 어렵게 만들고 있다. 한국의 정치적 노동운동은 그 출범과 함께 서구 사민주의를 위기의 심연으로 빠뜨린 신자유주의와 세계화의 물결에 직면하게 된 것이다.

이와 같은 상황에서 한국의 정치적 노동운동은 어떠한 이념적·전략적·정책적 노선을 취해야 할 것인가?

우선 정통 사회주의 이념과 그에 입각한 노동계급 독자노선은 이제 범세계 노동운동으로부터 완전하게 그 이념적·전략적 가치를 상실했으므로 결코 한국의 노동운동이 추구할 대상은 아닐 것이다. 또 민주노총이 정치세력화를 주도하고 있는 상황에서 노동자 중심성을 포기한 탈계급 노선 역시 비현실적인 전략일 수밖에 없다. 따라서 현 단계 한국의 정치적 노동운동은 수정된 사회주의 이념에 입각한 계급연대의 전략을 추구하려 할 것이다.

그러나 이 전략을 추진하기 위해 민주노동당은 노동계급의 정치적 동원을 극대화하고, 현재의 정치경제적 상황에서 적절한 연대세력을 선택하고, 또 이들의 지지를 동원해 내기 위한 구체적인 정책을 개발해야 한다는 엄청난 과제를 안게 된다. 이때 앞에서 언급한 제도적 진입장벽, 지역주의의 기승, 시장화와 세계화의 압력 등은 이 전략을 성공적으로 추진하는 데 대단히 험난한 걸림돌이 될 것이다.

반면 정치적 노동운동 출현의 또 다른 한국적 특징은 같은 시기에 시민사회의 시민운동이 나란히 성장해 왔다는 사실이다. 즉 지역주의를 볼모로 한 보수적 담합정치에 대한 시민사회의 도전이 본격화된 국면에 정치적 노동운동 역시 조직되었던 것이다. 이미 언급했듯이 노동운동과 시민운동은 민주이행 초기 국면에서 보수 독점적 정치사회에 완패한 세력이다. 이제 이들이 나란히 정치사회에 대한 조직적 저항을 시작한 셈이다.

한국의 정치적 노동운동은 시민사회의 정치사회에 대한 개혁 요구를 자신들의 전략적 한계를 극복해 줄 수 있는 유효한 수단으로서 긍정적으로 검토해 보아야 한다. 이를 위해 무엇보다 요구되는 것은 시민사회와 시민운동을 경직된 계급적 관점에 입각해서 부르주아적 운동으로 재단해 버리려 하지 말고, 이에 대해 보다 유연한 협력적 혹은 포섭적 전략을 구사해야 한다는 것이다. 사실 시민운동 단체들이 요구하는 정치개혁 — 지역주의 타파, 비민주적 정치관계법 전향적 개정, 정치적 세대교체의 원활화 등 — 은 실현되기만 한다면 정치적 노동운동의 성장에 크게 기여할 수 있을 것이다. 따라서 현 단계 한국의 정치적 노동운동은 시민사회 내의 개혁적 세력과 연대해 민주개혁 운동에 적극적으로 동참하여 지역정치를 타파하고, 정경유착을 근절하며, 제도개혁을 통한 절차적 민주주의를 완성하는 데 적극 기여해야 한다. 이와 같은 연대와 협력을 토대로 노동운동은 민주주의의 실질적 심화를 향한 사회·경제정책적 개혁에 대한 시민사회의 광범위한 지지를 궁극적으로 이끌어 낼 수 있을 것이다.

제4절 결 론

오늘날 선진 민주국가의 시민운동은 시민사회의 사적 성격(civil privatism)과 정치적 무관심(political apathy)을 불식하고 시민적 참여의 광범위한 확산을 통한 민주주의 심화를 적극 모색하고 있다. 시민운동은 또한 시민적 결사의 평등주의적 기반을 강조하고, 이를 통해 신보수주의의 부르주아적 시민사회관과 시장적 시민사회관을 극복하려고 한다(Cohen and Arato 1992, 18-26). 시민운동의 이와 같은 경향은 이념적·전략적 혁신을 모색하고 있는 노동운동과 그 공감대를 확산시키고 있는 것이 선진 민주국가에서 발견되는 추세다. 이제 사회주의와 계급주의는 더 이상 정치적 노동운동의 지향점이 아니며, 평등주의에 입각한 민주주의의 심화가 노동운동의 핵심 목표가 되고 있다. 사회·경제적 영역에서 실질적 민주주의를 확립해 간다는 것은 시장 자유주의가 초래하는 불평등을 치유하지 않고는 불가능하다. 경제적 부의 편재는 또한 시민사회의 계급적 지배를 강화하게 될 것인데, 이것은 현대 시민운동의 지향점과도 명백하게 배치되는 것이다. 따라서 민주주의의 심화와 평등주의의 강화는 오늘날 시민운동과 노동운동이 연대할 수 있는 이념적 기반이 되어 줄 수 있다. 한국의 시민운동과 노동운동이 현재의 불편한 관계를 청산하고 연대를 강화할 수 있는 가능성은 이에 대한 이념적 공감대를 형성함으로써 열릴 것이며, 이 이념을 실현시킬 수 있는 전략과 정책을 공동으로 수립하고 실천하는 것이야말로 양대 세력이 시급히 추진해야 할 과제이다. 한국정치의 후진성을 극복하고 실질적으로 한국 민주정치를 완성시키는 선봉적 역할은 바로 시민운동과 노동운동이 함께 담당해야 할 몫이기 때문이다.

제11장 | 사회정의 실천으로서 민주주의: 그 한국적 가능성의 모색[1]

제1절 서론

    20세기의 종언을 얼마 남겨두지 않은 오늘의 세계는 단지 한 세기의 마감을 목전에 두고 있다는 것 이상의 심대한 의미를 지닌 역사적 분수령에 서 있다. 일찍이 유럽의 한 귀퉁이에서 싹을 틔웠던 자본주의는 자신의 존재 영역을 꾸준히 확장시켜 이제 그 세계화의 실질적인 완료를 목전에 두고 있다. 러시아혁명 이후 유라시아 대륙의 상당 부분을 점유했던 사회주의는 자본주의의 세계화를 일시적으로 지연시킬 수 있었을 뿐 그것을 대체할 만한 경제적 활력과 정치적 동원력을 발휘하지 못하고 쇠퇴의 길로 접어들었다.

    자본주의의 세계화, 그리고 사회주의의 쇠퇴와 더불어 확연하게 두드러진 또 한 가지 역사적 조류는 민주화의 물결이다. 20세기의 정치사적 의의는 실로 다양하게 표현될 수 있겠지만, 아마 가장

---

[1] 이 글은 1995년 『사회과학논평』에 개재한, 최장집 교수의 『한국 민주주의의 이론』에 대한 서평을 전재한 것이다.

대표적인 의의는 민주주의가 숱한 역경과 후퇴를 거듭하면서도 자신의 규범적·제도적 가치를 세계적으로 확산시켜 오늘날 정치 공동체가 추구할 최선의 정치제도 및 이념으로서 실질적인 보편성을 획득하게 되었다는 점일 것이다. 민주주의를 향한 소위 '제3의 물결'(Huntington 1991)이 남유럽, 남미, 아시아, 동유럽을 거쳐 아프리카로 확산되는 것을 목격한 수많은 사회과학자들이 이 역사적 물결의 의미를 이해하고 또 그 원인을 규명하기 위해 꾸준히 노력해 온 것은 필연적인 일이었을 것이다(Williams 1984; Pridham 1984; O'Donnell, Schmitter, and Whitehead 1986; Baloyra 1987; Di Palma 1990; Huntington 1991; Przeworski 1991; Mainwaring, O'Donnell, and Valenzuela 1992).

스페인, 아르헨티나, 한국, 폴란드, 남아프리카공화국 등 실로 다양한 형태의 비민주적 정치체제가 하나같이 민주화의 대열로 들어서게 된 이유를 해명해 보려는 지난 10여 년간의 노력은 수많은 사회적·경제적·정치적·문화적 요인을 제시했지만 보편적 적응력을 지닌 핵심요인을 압축해 내는 데는 그다지 성공을 거두지 못한 것으로 보인다. 그것은 아마도 이러한 연구가 민주화를 위한 경험 현실적인 조건의 분석에만 치중한 나머지 민주주의가 지니고 있는 본연적인 가치 자체가 발휘하는 확산력을 상대적으로 소홀히 한 탓인지도 모른다. 오늘날 전 세계적으로 확산되고 있는 민주화 물결의 가장 근본적인 동인은 바로 민주주의 자체가 발휘하는 위력일 수가 있다는 것이다.

일찌감치 사회정의와 정치의 연관성에 대한 아리스토텔레스의 고전적 논의를 통해 드러난 바 있듯이(Aristotle 1948), 정치의 참된 의미와 의의는 그것이 각 사회 공동체에 합당한 정의(正義)의 실질적 원리를 확정하고 이를 실천하는 행위 혹은 과정이라는 데 있다. 민주주의는 이 사회정의의 실천과정에 공동체의 모든 구성원이 동등한 자격으로 자유로이 참여하는 것을 보장해 주는 제도로서 다른 정치제도와는 도저히 비교될 수 없는 독보적인 가치를 지닌다. 이렇게 파악할 때의 민주주의는 최근 어느 연구자가 규정한 것처럼 단순히 '불확실성을 제도화'(Przeworski 1992, 14)한 것이 아니라 인간의 물질적 욕구의 충족뿐 아니라 그 도덕적 능력을 발휘할 수 있는 '가능성'을 제도화해 놓은 체제이다. 인간을 단지 도구적 이성(instrumental rationality)의 소유자로 파악하고 불확정적인 경쟁조건 하에서 합리적 선택의 상황이 제도화된 것으로 민주주의를 이해할 것이 아니라, 인간의 도덕적 잠재력에 주목하고 민주주의를 그 잠재적 능력을 구현하기 위한 열린 가능성을 제도화해 놓은 체제로 이해할 때 규범성과 경험 역사성을 동시에 지니는 민주주의의 참된 이론화의 길이 열릴 수도 있을 것이다.

최장집 교수의 역저 『한국 민주주의의 이론』은 바로 이처럼 민주주의의 가치를 단순한 절차적 불확정성보다는 도덕적 가치를 실현시켜 줄 수 있는 가능성의 시각에서 파악하고, 그 바탕 위에서 한국 민주주의가 추구해야 할 실질적 내용을 비판적으로 검토하고, 또 그것을 실현하기 위한 조건 및 실현 가능성을 모색하고 있는 경험 역사적이며 동시에 규범적인 성찰이다. 이 책은 자본주의와 민주주의의 범세계적 확산이라는 도도한 세계사적 흐름 속에서 한국 자본주의의 성장과 민주화의 과정을 파악하고 있다. 즉 한국의 현대 정치사와 한국 민주주의의 특수성(particularity)을 강조하되 그 특수성을 세계사의 보편적 흐름 속에서 인식함으로써 자칫 일국 정치에 관한 연구가 빠져들기 쉬운 연구의 국지성(parochialism)을 성공적으로 극복해 내고 있다. 이것은 자본주의의 성장 및 민주주의 이행에 관한 국내외 학계의 다양한 이론적 성과를 흡수하고 이들 이론을 능동적·비판적으로 소화하여 한국정치와 경제의 동태적인 변화를 분석하는 데 창조적으로 적용시킬 수 있었던 최 교수의 학문적 노력과 능력이 이루어 낸 성과일 것이다. 고전적 자유주의로부터 정통 마르크스주의에 이르기까지, 그리고 파시즘과 민족주의를 망라하는 대단히 폭넓은 이념적 스펙트럼 위에 축적된 최 교수의 사회과학적·역사적·사상사적 지식의 깊이가 이 책의 전면에 걸쳐 유감없이 드러나고 있다. 이에 관해 필자는 결코 균형 있는 평가를 내릴 수 있을 정도의 지식을 갖추진 못했지만, 필자의 지적 능력이 허용하는 범위 내에서 이 책의 학문적 의의를 음미해 보고자 한다.

제2절 방법론

최 교수의 분석은 1950년대와 60년대 사회과학 연구의 지배적 조류였던 기능주의적·다원주의적 사회·정치 인식의 몰역사성, 정태성, 보수성을 비판하고 이에 대한 대안으로 1970년대 이후 등장하여 강력한 이론적 흐름을 형성한 비판적·거시적 역사사회학의 주요한 관점을 선별적으로 수용하고 있다(Skocpol 1984; Tilly 1984). 그의 이러한 방법론적 입장은 정치변동이나 민주적 이행의 문제를 합리적 선택론의 관점에서 고도로 추상화시켜 접근하고 있는 쉐보르스키(Przeworski)류의 방법론이 지니는 분석적 강점을 인정하되 경험 역사적 토대를 지니지 못한 그 접근법의 '공허함'(최장집 1993, 69)을 비판하고 있다거나,[2] 이와는 대조적으로 한국정치에 관한 커밍스(Bruce Cummings)의 연구를 폴라니(Karl Polanyi), 무어(Barrington Moore, Jr.) 같은 거시적 역사사회학 이론을 바탕으로 한 '올바른 이론'(최장집 1993, 34)으로 평가하고 있는 데서 명확히 드러난다.

최 교수는 이미 한국 현대사에 대한 총체적이고 객관적인 이해를 위해 역사학과 사회과학을 접목시킨 연구의 필요성을 강조하면서, 이와 관련하여 특히 프랑스 아날(Annales)학파의 태두인 브로델(Fernand Braudel)의 역사와 사회에 관한 인식방법에 깊은 관심을 표명한 바 있다(최장집 1989, 37-51). 그의 이러한 관심을 염두에 둔다면 사회과학의 목표와 사회과학자의 연구 자세에 관한 그의 견해가 아날학파의 학맥에 속해 있는 또 하나의 거봉인 왈러스틴(Immanuel Wallerstein)과 상당한 일치점을 보인다는 것이 결코 기이하지 않다. 사회과학의 핵심적 기능을 비판적 기능으로 파악하는 한편 도덕적 열정과 경험적 문제의식의 상호작용을 통해 실천적 함의를 지닌 사회개혁의 이념적·이론적 방향을 제시하는 것이 사회과학자의 임무라는 최 교수의 견해(최장집 1989, 3-4, 49-51; 최장집 1993, 3-7, 76-80)는 가치중립적 역사사회과학의 성립 가능성을 정면으로 부인하고 역사적 현실에 대한 비판적·규범적 관점에 입각한 접근이 학문적 객관성에 이르는 유일한 길이라고 주장한 왈러스틴과 맥을

---

[2] 뭉크는 이와 동일한 시각에서 쉐보르스키가 이론적 정치성(theoretical elegance)을 확보하기 위해 경험적 풍요로움(empirical richness)을 희생시켰다는 비판을 가하고 있다(Munch 1994, 369).

같이한다(Wallerstein 1979, vii-xii). 역사적 사회과학은 추상적이고 몰가치적이며 공허한 담론이 아니라 주관적(혹은 심지어 파당적)이며 비판적인 관점에서 사회·정치 현상을 분석하여 불완전한 현실의 개선 방향에 대한 전망을 내려 주어야 한다는 데 양자는 인식을 공유하고 있는 것이다.

그러나 역사사회학적 접근법을 택한 다른 많은 이론과 마찬가지로 왈러스틴의 이론 역시 구조 결정론적 시각을 극복해 내지 못하고 있음은 주지의 사실이다. 합리적 선택론의 관점에서 민주주의와 관련된 여러 주제를 다루고 있는 대표적인 학자인 쉐보르스키는 이미 여러 차례 거시 역사적 접근법의 구조 결정론적 한계를 비판한 바 있다(Przeworski 1986, 47-48; Przeworski 1991, 96). 사실 역사변동의 추진력과 그 변동의 방향이 오직 구조적 요인에 의해 결정된다는 시각이 실천을 전제로 한 비판적 사회과학과 양립하기란 쉽지 않다. 인간을 사회·경제적 구조의 포로가 아니라 역사변동의 주체로 인식할 때 비로소 비판적 사회과학의 필요성과 의의가 인정될 수 있기 때문이다.

최 교수는 이러한 견지에서 자신의 이론을 구조 결정론에 매몰시키는 것을 단호하게 거부한다. 그의 이러한 입장은 인간의 개별적 혹은 집단적 행위가 이루어지는 영역인 정치공간의 자율성에 대한 반복적인 강조를 통해 여실히 드러난다. 정치 자율성에 대한 최 교수의 견해는 인간의 도덕적·정치적 행위의 자율성을 마르크스주의적 변혁의 논리와 결합시킴으로써 정치적 실천에 관한 마르크스 이론의 취약성을 성공적으로 극복한 그람시(Antonio Gramsci)의 정치이론에 크게 의존하고 있다(Carnoy 1984, 71; Femia 1987, 113-129). 사회·경제적 요소가 가하는 구조적 제약 하에 놓인 인간이 삶의 현실적 조건을 개선할 여러 가능성을 개별적 혹은 집단적으로 모색해 가는 공간으로서 정치적 영역의 중요성을 강조함으로써 최 교수는 그의 연구영역이 역사사회학이 아니라 역사에 대한 비판적 성찰에 기반을 둔 '정치학'임을 분명히 한다. 따라서 그의 연구는 사회·경제가 가하는 구조적 제약에 대한 거시적 인식, 그리고 그 구조적 제약 속에서 이루어지는 정치적 실천에 대한 미시적 분석을 동시에 추구한다고 할 수 있을 것이다.

구조 결정론이나 역사발전의 법칙성에 대한 과도한 집착은 오히려 변혁을 위한 정치적 실천에 치명적인 족쇄가 될 수밖에 없음을 갈파하고 있는(최장집 1993, 427-429) 최 교수의 이론적 관심은 추상적 보편성보다는 구체적 특수성의 인식에 더 큰 비중을 둔다. 이 책에 수록된 그의 글들은 한국 사례의 분석을 통해 민주주의 혹은 민주이행에 관한 보편적 이론의 확립에 기여하려는 것을 목표로 쓰인 것이 아니라 한국의 특수한 역사경험 위에서 모색될 수 있는 민주주의에 대한 이론적 성찰이다. 이와 같은 그의 이론적 정향은 법칙인식적 사회과학을 비판하고 사회과학의 목표를 개별적 특수성에 대한 이해에 두고 있는 막스 베버로부터 벤딕스(Reinhard Bendix)로 이어지는 방법론적 흐름과 친근성을 갖는다. 특히 역사적 특수성에 대한 사회과학적 탐구가 단순한 역사적 서술의 차원을 넘어서는 분석적·이론적 가치를 획득하기 위해서는 사회과학적 개념의 효과적인 활용이 결정적이라고 본 이들의 시각(Bendix 1963; Bonnell 1980)은 의식적으로든 무의식적으로든 최 교수의 분석에 적극적으로 수용되고 있다. 사회과학적 개념의 창조적 적용을 통해 한국정치의 특수성을 이론적으로 부각시키려 한 그의 시도는 아마 방법론적으로 가장 돋보이는 이 책의 특징이라고 할 수 있을 것이다.

그는 한국의 특수성을 부각시키기 위해 새로운 개념을 창조하는 것을 극도로 자제하지만, 시간적·공간적으로 상이한 역사 현상을 토대로 형성된 개념을 기계적으로 한국의 사례에 적용하는 것 역시 경계한다. 예컨대 그는 보나파르티즘, 관료적 권위주의, 신식민지 파시즘 같은 개념의 한국정치에 대한 적실성의 한계를 날카롭게 지적하면서 이들 개념의 기계적 적용에 비판을 가한다. 반면 그는 이미 널리 알려진 사회과학적 개념을 한국의 역사경험에 비추어 부분적으로 변용시켜 활용하려고 한다. 이러한 그의 시도가 항상 소기의 성과를 거두었던 것 같지는 않지만,[3] 대부분의 경우 그의 창의적인 개념 활용 방식은 그의 논의를 평면적 역사기술과는 차원을 달리 하게 해 주고 또 논의의 국지성을 극복하되 한국적 특수성을 효과적으로 부각시키는 것을 가능하게 해 준다. 따라서 이 책의 구체적인 내용에 대한 이해와 평가는 이 책에 등장하는 중심 개념을 분석적으로 음미해 봄으로써 달성될 수 있으리라 믿는다.

제3절 국 가

최 교수는 한국 현대 정치의 역사적 전개과정을 분석하기 위한 중추적인 개념틀로 국가와 시민사회를 도입하고 이 양자 간 역학

---

[3] 예컨대 1989년 저서에 자주 등장하는 '국가 다원주의'라는 개념의 분석적 가치(heuristic value)는 그다지 높아 보이지 않는다. 이 개념이 새 책에 거의 등장하지 않는 것은 다행스러운 일이다.

관계의 동태적 변화를 추적한다. 특히 민주적 이행이 시작된 지 5년이 넘은 시점에서도 "국가의 힘은 여전히 강력하다"(최장집 1993, 422)는 그의 평가를 감안할 때, 국가는 이 책 전체를 일관하여 가장 핵심이 되는 개념이다. 그것은 국가에 관한 국내외 학계의 연구성과를 비판적으로 개관한 글을 이 책의 첫머리에 수록하고, 또 이 책의 이론 부문으로 분류된 4개 장 중 3개를 국가에 관한 논의에 할애하고 있다는 데서도 명백히 드러난다.

　최 교수는 그 동안 국가이론에 대한 우리 학계의 연구가 정치의 민주화나 삶의 질적 수준 향상에 그다지 크게 기여하지 못했다고 평가한다. 이와 관련해 그는 국가론의 두 가지 이론적 흐름, 즉 국가 자율성 논쟁을 중심으로 한 네오 마르크스주의 국가론 및 국가능력을 중심으로 한 네오 베버주의 국가론 모두를 비판한다. 즉 전자의 경우 현대 국가에 대한 비판적 접근을 높이 사되 그에 입각한 경험적 연구의 불모성을 비판하고, 후자는 국가론의 핵심적 가치인 국가에 대한 비판적 시각을 결여하고 있다고 지적한다. 따라서 한국정치의 역사적 전개과정 속에서 국가가 담당해 온 역할을 비판적 관점에서 실질적으로 분석할 수 있는 국가이론을 그는 선호한다고 하겠는데, 이 목표에 부합하는 가장 탁월한 국가이론으로 주저 없이 선택된 것이 그람시의 국가론이다. 그람시의 사상과 이론이 이 책 전체를 관류하고 있다고 보아도 과언이 아닐 정도로 그람시의 최 교수에 대한 영향력은 압도적이다. 사실 그는 이 책을 통해 그람시의 국가론이 한국정치를 분석하는 데 얼마나 효과적인 도구인지 유감없이 과시하고 있는 것이다.

　정치를 구조 결정론이나 경제 결정론에 매몰시키지 않고 정치에 독자적인 공간을 부여한 이론적 근거를 최 교수는 그람시에게

서 발견한다. 또 해방 이후 동서 냉전의 최전선에 위치하게 되었던 한반도의 남쪽에서 일제 하의 강압적 국가기구가 시민사회의 공세에 의해 해체되기는커녕 점령 국가인 미국과 국내외 보수적 지배블록에 의해 재생산된 결과 탄생한 한국적 과대성장 국가4)는 이후 최소한 1980년대 말경에 이르기까지 시민사회에 대해 '거의 완전한 자율성'(최장집 1993, 37)을 유지하는데, 한국국가의 이러한 특성은 경제적 하부구조에 대한 상부구조의 우월성을 무엇보다 강조한 그람시에 의해 효과적으로 분석될 수 있다는 것이다. 그러나 그람시 이론의 한국에 대한 적실성을 무엇보다 높여 주는 것은 분단과 한국전쟁이라는 경험 역사적 특수성이 한국사회에 결정적으로 각인시켜 준 반공이념의 헤게모니 효과일 것이다. "분단 조건과 구체제의 냉전 반공 이데올로기 지형이 탈냉전시대인 오늘에도 (한국정치의) 무엇보다도 강력한 결정요인"(최장집 1993, 402)이 되고 있는 한국에서 반공이념은 아마도 자본주의권에 속한 모든 국가 중 가장 강력하고 효과적인 헤게모니 자원으로 남아 있다고 할 것이다. 따라서 "강제력으로 무장한 헤게모니"(Gramsci 1971, 263)라는 국가에 대한 그람시의 정의가 한국만큼 높은 적실성을 지닌 국가를 찾기는 사실상 힘들 것으로 보인다.

한국국가에 의한 이념적 지배의 압도적 규정력을 이와 같이 인정할 경우 그 연장선상에서 도출되는 대항 전략 역시 그람시적일 수밖에 없다. 그람시에게 있어 국가는 단순히 지배계급을 위한 계급적 도구에 머무르지 않는다. 그것은 정치사회와 시민사회의 결

---

4) 그는 물론 이 개념을 알라비(Hamza Alabi)로부터 빌려 왔지만 그 분석적 내용은 압도적으로 그람시적이다.

합체로서 "정치적 갈등과 이슈가 집중·응축되고 반영되는 계급투쟁의 장이다"(최장집 1993, 392-393). 여기서 최 교수는 "국가=시민사회+정치사회"(Gramsci 1971, 263)라는 그람시의 도식을 응용하여 선거와 정당체제를 중심으로 하는 제도화된 정치공간을 상정한다(최장집 1993, 381-383). 이 정치공간은 지배계급의 헤게모니 기구이면서 동시에 이에 대항하는 입장에서는 "국가를 민주화하고 그것을 장악해 나가며…… 시민사회에서의 계급과 민중을 조직화 해내고 기대의식을 현재화시키는 교육의 장이자 정치적 실천을 통한 정치적 매개와 여과의 장이다"(최장집 1993, 393). 즉 강압적 국가에 대한 대항세력은 정치적 공간에 적극적으로 참여하여 이 공간에서 영향력을 증대시켜 궁극적으로 국가를 점령·개혁해야 한다는 것이다. 따라서 국가는 타도의 대상이 아니라 정치력을 통해 장악·개혁·활용해야 할 대상이 된다.

국가에 대한 이러한 관점은 국가를 계급지배의 기구로 간주하고 혁명에 의해 부르주아 국가기구를 철저히 분쇄한 이후에야 사회주의로의 이행이 가능하다고 본 마르크스주의 정통노선(Carnoy 1984, 44-64)을 부인하고, 국가기구는 정치권력을 장악한 어떤 세력도 마음대로 활용할 수 있는 중립적 기구라는 인식을 토대로 개량적·절차적 방식에 의한 사회주의로의 이행을 신봉한 사회민주주의적 노선과 관점을 같이한다(Jessop 1982, 14). 이와 마찬가지로 민중민주주의를 향한 최 교수의 이행전략 역시 기동전이 아니라 진지전에 입각하고 있으며, 또 그것은 무엇보다 '평화적 이행전략'(최장집 1993, 393)이다. 반공이념의 헤게모니적 위력이 여전히 강고한 국면에서 무엇보다 절실히 요청되는 것은 대항 헤게모니의 구축이다. 이를 위한 정치적 공간의 활용은 필수적이며, 특히 대중의 교화 및 정치적 동원화를 수행할 대중정당의 조직이 핵심적 과제로 제시되고 있다.

결국 최 교수는 한국국가의 특성과 그 지배의 방식을 비판적으로 분석하고 그에 대한 대항 전략을 모색하는 데 이르기까지 그람시의 이론을 일관되게 적용하고 있음을 알 수 있다. 정치영역의 자율성에 대한 그의 집착이 때로는 지나치다 싶을 정도로 정치변동을 상부구조 일변도로 설명하려 하고 있지만,[5] 한 가지 효과적인 이론틀을 창조적으로 활용해서 적용한 분석적 일관성은 높이 평가해 마땅하다.

제4절 시민사회

현대국가에 관한 어떤 논의도 시민사회에 관한 논의와 절연 혹은 분리하여 진행시킬 수는 없다. 그것은 무엇보다 현대국가와 시민사회 양자가 자본주의의 성장과 궤를 같이하여 나란히 성장해 왔다는 엄연한 역사적 사실에 기인한다(Poggi 1978, 1989). 소위 '기나긴 16세기'(Wallerstein 1974)에 자본주의와 함께 출현한 현대국가는 대내외적으로 국가주권의 확립과 강화를 위한 물적 토대를 필요로 했고, 부르주아 시민사회는 안정된 부의 축적을 위해 국가의 물리

---

5) 예컨대 해방공간부터 10월유신이 단행되기까지의 정치변동에 대한 최 교수의 분석은 철두철미하게 상부구조 중심적이다.

력에 의한 보호를 필요로 했다. 그 결과 국가와 시민사회는 애당초 대단히 협력적으로 상업자본주의의 비약적인 성장을 일구어 낼 수 있었으며 또 이에 발맞추어 나란히 성장해 왔던 것이다. 그러나 국가는 본질적으로 통제 지향적이며 또 경제 설정적(boundary-making)인 반면 부르주아 시민사회는 자유 지향적이며 경계 분쇄적(boundary-breaking)이다. 양자의 이와 같은 속성의 차이가 빚어낸 긴장과 갈등은 근대 유럽의 정치 격변의 근본적인 동인을 형성했다. 즉 국가와 시민사회 간의 밀월관계가 자본주의 발전의 특정 국면에 이르러 갈등관계로 전환한 것이 20세기 초 의회민주주의의 정착으로 귀결되게 될 수백 년 간의 정치적 투쟁의 출발점이 되었던 것이다.

상업자본주의 시대에 시민사회를 거의 전적으로 대표했던 부르주아는 명백히 국가(절대국가)에 대한 투쟁을 주도한 세력이었다. 즉 의회민주주의의 확립으로 귀결될 정치투쟁을 맨 먼저 주도한 세력은 의심의 여지 없이 부르주아였다. "부르주아 없이 민주주의 없다"(No bourgeois, no democracy)(Moore 1966, 418)는 무어의 주장은 이러한 견지에서 타당성을 인정할 수 있다. 그러나 이 말이 결코 부르주아의 정치적 지향점이 민주주의였다는 것을 의미하지는 않는다. 그들은 절대군주가 독점하고 있던 주권(sovereignty), 특히 입법, 조세, 정부 구성에 대한 배타적 권한을 그들이 실질적으로 장악하고 있던 정치공간인 의회로 이관시키기를 원했을 뿐이다. 소위 신분국가(Ständestaat) 시절부터 의회는 시민사회의 정치력이 대표되던 공간이었다. 그러나 의회가 대표하고 있던 시민의 범주는 대단히 협소했다. 그것은 재산을 소유한 자들, 즉 부르주아로 한정돼 있었다. 결국 구체제(anciens regimes)를 대체해서 부르주아가 수립하려 했던 체제는 민주주의가 아니라 의회주의를 골간으로 하는 소위 '납세자 정권'(regime censitaire)이었던 것이다(Bendix 1964, 115).

그러나 구체제에 대한 부르주아의 투쟁을 부르주아는 결코 자신들의 힘만 가지고 승리로 이끌 수 없었다. 그들은 투쟁에서 승리하기 위한 연대세력이 필요했다. 그리하여 부르주아가 절대왕권에 대항하여 본격적인 투쟁을 전개했던 시점의 유럽 각국의 경제적·구조적 조건에 따라 대단히 다양한 연대세력, 즉 귀족(영국), 농민(북유럽, 저지대국가), 노동자(프랑스, 독일, 이탈리아, 북유럽)를 역사 속에서 발견할 수 있다. 이러한 연대투쟁은 부르주아와 제휴했던 세력들의 정치적 동원과 각성을 결정적으로 자극하게 되었고, 결국 이들에 대한 시민권의 확대는 거역할 수 없는 역사적 대세가 되어 버렸던 것이다. 따라서 민주화를 궁극적으로 이끌어 낸 것은 부르주아가 아니라 농민과 노동자였다는 주장 역시 이러한 견지에서 부분적 타당성을 인정받을 수 있다(Stephens 1989). 민주주의는 노동자 계급의 힘이 팽창한 결과였다는 최 교수의 주장 역시 이런 견지에서 부분적으로 타당하다(최장집 1993, 139).

결국 자본주의, 국가, 시민사회의 동시성장 과정에서 빚어졌던 긴장과 갈등의 연쇄효과가 현대 민주주의의 제1의 물결을 형성했다. 이러한 역사적 흐름 속에서 시민사회 역시 단순히 부르주아 사회에 머물지 않고 그 현대적 특성을 확립시켜 나갔다. 애당초 부르주아가 기대했던 시민사회의 특성은 법률적으로 자유롭고 평등한 개인이 각자의 이익을 추구하기 위해 경쟁하는 시장적 사회였다. "신분에서 계약으로!"라는 표현 속에 부르주아의 이러한 열망이 응축돼 있다. 여기서 계약이란 개인과 개인 간에 체결되는 약속을 의미했다. 따라서 산업자본주의의 발달과 함께 출현한 임금노동자들이 고용주와의 개별적 계약을 거부하고 단체협상과 단체행동을 시도했을 때 부르주아들이 이를 용인하려 하지 않은 일차적 근거는 그것이 계약의 평등한 자유에 위배된다는 것이었다(Bendix 1964, 105-112). 그러나 민주주의로의 이행과정 속에서 조직화의 권리(the right of combination)는 시민권의 핵심적 요소로 받아들여지게 되었으며, 그것은 시민사회가 더 이상 원자적 개인의 집합체로 남아 있을 수 없게 되었음을 의미했다. 특히 노동시장과 정치 양 영역에서 신속히 진행된 노동자의 조직화는 곧 노동계급의 형성을 의미했고, 이것은 다시 부르주아의 대항 조직화를 유발시킴으로써 시민사회의 일차적 특성을 계급사회로 만들어 버렸다. 그 결과 시민사회와 국가 사이에 펼쳐진 정치적 공간 역시 시민사회 내에서 대립하는 계급 세력들이 국가기구를 장악하기 위해 경쟁하는 '민주적 계급투쟁'(Lipset 1981, 239)의 장으로 특징지어지게 되었던 것이다.

한국 시민사회의 성격과 그 성장과정에 대한 최 교수의 분석은 서양의 이와 같은 역사경험과 어떻게 비교·평가될 수 있을까?

1960년대 이후 국가 주도 하에 폭발적 성장을 시작한 한국의 자본주의는 국가의 힘과 능력의 신장시켜 주었을 뿐 아니라 시민사회의 급속한 성장을 동시에 유발시켰으며, "서로 팽창된 국가와 시민사회 간의 대립과 충돌"이 정치갈등의 상승작용을 불러일으켜 궁극적으로 '시민사회의 폭발'에 의한 민주주의로의 이행에 이르게 된다는 최 교수의 분석(최장집 1993, 195-196)은 자본주의, 국가, 시민사회의 동시 성장이 불러일으키는 긴장과 갈등이 서구와 마찬가지로 한국의 민주이행의 주 동인(動因)이 되었음을 보여준다.

그러나 한국의 민주이행 과정을 서구의 그것과 근본적으로 구별해 주는 것은 시민사회 특성의 차이이다. 전술한 바와 같이 서구에서의 민주화는 시민사회의 계급화와 병행해서 진행되었다. 이때의 계급화란 단순히 산업자본주의의 구조적 특성의 반영이 아니라 노동자들의 사회적·정치적 조직화에 의한 계급 세력화를 의미한다. 한국 역시 산업자본주의의 급속한 발전에 따라 사회·경제적 차원에서 계급적 구조(class structure)는 갖추었다. 그러나 노동자의 사회·정치적 조직화에 입각한 계급형성(class formation)은 이루어지지 않았다. 1987년의 6월항쟁에 이어 분출한 7~8월 노동자 대투쟁은 한국에도 민주이행과 더불어 계급사회, 계급정치의 시대가 도래할 것임을 예고하는 듯했으나, 그때 이후 지금까지 "노동자계급은 정치사회에서의 조직화에서 뿐만 아니라 시민사회에서의 계급 조직으로서 실패하고 있다"(p.264). 그 결과 1987년의 소위 민주적 개방 이후 시민사회 내에서 부르주아의 헤게모니는 대단히 신속하게 확대되어 갔다. 최 교수가 이 현상을 지극히 부정적으로 평가하는 근본적인 이유는 한국 부르주아의 부정적 속성 때문이다.

한국의 부르주아는 서구의 역사 속에서 발견되는 패권적 부르주아와 근본적으로 속성을 달리한다. 서구의 패권적 부르주아는 노동자를 포함한 시민사회 내 하층계급의 개혁 요구를 적극적·능동적으로 수용하여 이들을 안정된 자유민주주의 체제 내로 포섭해 들임으로써 자신들의 헤게모니를 강화하고 자유민주주의의 성공적인 정착을 이루어 낼 수 있었다.[6] 그것은 최 교수의 표현처럼 자본주의의 발전과 그 효율적 운용이라는 명분으로 민주주의의 원리와 규범을 희생시키는 것이 아니라 민주주의의 패러미터 내에 자본주의를 적절하게 재정립시키는 작업이었던 것이다(최장집 1993,

---

6) 이에 관한 탁월한 논의는 특히 Luebbert(1991) 참조.

128). 그러나 한국의 부르주아는 초기 형성단계부터 식민지 권력과 그것을 이은 국가권력에 기생하는 집단으로 출발했을 뿐 아니라 자본주의의 본격적인 성장 국면에서도 권위주의적 국가기구에 대한 의존과 유착을 통해 자본축적을 지속해 왔다. 그 결과 한국의 부르주아는 결코 진보적 개혁을 주도할 만한 정당성과 주체성을 확보할 수 없었으며, "해방 이후 현재까지…… 서구의 부르주아와 같은 진보적·자유민주주의적 태도와 가치를 가진 적이 없었다" (최장집 1993, 369). 그리하여 이들은 민주적 개방 이후 노동운동을 위시한 기층세력의 폭발적인 분출에 전향적으로 대처하기는커녕 오히려 국가기구와의 전통적 유착을 강화함으로써 사회 기층집단의 조직화와 정치참여를 봉쇄하려 했던 것이다. 결국 권위주의적, 노동 억압적, 반공적, 보수적, 가부장적 속성을 강하게 띠는 한국의 부르주아는 자유민주주의의 진정한 발전을 오히려 방해하고 있다는 것이 최 교수의 평가이다.

한국의 시민사회는 이처럼 민주주의의 성장에 부정적인 부르주아의 헤게모니가 강화되는 반면 노동운동을 위시한 민중세력은 오히려 분열과 퇴조를 보이는 대단히 기형적인 현상을 보여주고 있다. 이것은 부르주아가 계급 수용적이지 못할 때 노동계급이 정치적·사회적으로 강력한 세력으로 성장하여 부르주아에게 자본주의의 수정과 타협을 강요했던 서구의 경험과 명백한 괴리를 보여준다(Luebbert 1991). 서구를 위시한 다른 나라의 경우에 비추어 볼 때 분명히 '예외적인 (이) 사태'(최장집 1993, 264)에 대해 최 교수가 시도하는 본격적인 해명(최장집 1993, 263-291)은 한국 민주이행의 특수성과 관련된 핵심적인 논의라고 할 수 있을 것이다.

이 문제에 대한 최 교수의 해명은 국가의 강권적 탄압에 일차적으로 주목하고 있으나 그것을 결정적 요인으로 간주하지 않은 점은 다행스러운 일이다. 사실 국가와 자본의 유기적 협력에 의한 강권적 탄압은 장기적으로 노동자들의 계급의식과 계급적 연대를 강화시키고 이들의 계급 세력화를 촉진시킨다는 사실은 서구 노동운동의 많은 사례를 통해 입증된 바 있다(Geary 1981). 노동운동의 관점에서 볼 때 국가와 자본이 가하는 채찍보다는 당근이 오히려 계급연대를 약화시키는 두려움의 대상일 수 있다. 따라서 문제의 초점을 노동운동의 외적 요인에서 내부적 요인으로 전환시킨 최 교수의 분석은 적절하다. 특히 전투적 운동 지도부의 투쟁 일변도 전략이 노동자들을 계급적으로 동원시키기는커녕 오히려 이들로 하여금 무임 승차자로서 이익만 탐하도록 정향시키는 반면, 운동 지도부에 대한 국가의 강권적 탄압을 가중시킴으로써 노동운동의 조직역량을 결정적으로 약화시키게 만들었다는 평가는 최 교수의 미시적 분석의 예리함과 냉철함을 유감없이 보여주고 있다. 결국 '현실주의적이고 개혁적인 리더십의 부재'(최장집 1993, 289)가 노동운동의 계급 세력화에 대단히 치명적인 걸림돌이 되고 있다는 것이 최 교수의 진단이다.

그렇다면 무엇이 현실적·개혁적 리더십의 형성을 방해하고 있는가? 이 문제를 "민주적 노동운동을 위한 당위이며, 다른 한편으로는 그것의 한계라는 이중적 측면을 갖는"(최장집 1993, 286) 전노협의 조직과 위상을 통해 우선적으로 살펴보려는 최 교수의 시도는 타당하다. 그것은 특히 지역을 조직의 단위로 하는 노동운동이 그 조직적 특성상 급진적 전투성을 강화할 수밖에 없었고, 그것은 하위 조직의 급속한 이탈과 와해에 따른 조직의 급속한 쇠락으로 귀결되었던 타국의 많은 사례에 비추어 볼 때 특히 그러하다. 즉 기층 노동자들의 광범위한 조직화를 기반으로 하는 안정된 민주적 노동운동은 결코 전노협과 같은 조직을 통해 성장하기 힘들다는 것이다.

그러나 한국 노동운동의 정치세력화 실패와 관련한 보다 핵심적인 요인으로 지적되어야 할 문제는 아마도 이념적 요인이 아닌가 여겨진다. 19세기 이후 세계 노동운동의 계급적 성장에 보편적인 이념적 토대가 되어 주었던 것은 두말할 나위 없이 사회주의였다. 그러나 20세기 말 한국의 민주화 국면에서 사회주의는 결코 노동자들의 계급적 성장을 주도할 효과적인 이념이 되어 줄 수 없었다. 그것은 한국의 민주화와 같은 시기에 진행된 사회주의 체제의 붕괴라는 세계사적 흐름이 가져다준 외적 요인이 분단과 한국전쟁이라는 한국역사의 특수성에서 비롯된 내적 요인에 중첩되어 가하는 이중적 압력 때문이다. 따라서 조직적 계급역량의 강화를 모색하고 있는 현 단계 한국 노동운동의 근본적인 고민은 부르주아의 반공적 자유주의 이념의 공세에 대항하여 노동자들의 계급적 동원을 추진할 수 있는 이념적 토대의 부재에서 찾아야 할지도 모른다. 이렇게 볼 때 한국의 시민사회에서 "효율성과 발전주의를 주창하는 자본주의가 이전의 헤게모니적 이데올로기였던 반공 이데올로기를 효과적으로 대체"(최장집 1993, 193)하고 있다기보다 반공 이데올로기의 헤게모니가 여전히 시민사회의 계급 사회화를 효과적으로 가로막고 있다고 봄이 타당하지 않을까 여겨진다.[7]

---

[7] 사실 최 교수는 이 책의 다른 부분에서 이와 연관된 논의를 진행시키고 있다. 즉 반공 이데올로기의 헤게모니가 여전히 강력한 위력을 발휘하고 있는 상황에서 여전히 현실화되지 못하고 또 현실화되기에도 요원

제5절 정치균열

　최 교수는 국가와 시민사회의 세력관계 변천에 맞물려 번갈아 혹은 중첩적으로 정치지형에 등장해 한국정치의 대립축을 형성해 온 세 가지 균열을 상정하고 있는데, 민주주의 대 권위주의, 경제정의 대 경제발전, 민중적 통일 대 보수적 통일이 그것이다(최장집 1993, 155-156).

　주지하다시피 균열(cleavage)이라는 개념은 서구 정당체계의 기원을 국민혁명(national revolution)과 산업혁명(industrial revolution)이라는 역사적 격변과정을 통해 형성된 네 가지 사회적 균열구조의 정치적 투영을 통해 분석한 로칸과 립셋의 선구적인 연구에 의해 체계화된 이래 정치경쟁의 사회적 기반과 그 동태적 변화를 파악하기 위한 정치학적 혹은 정치사회학적 연구에 광범위하게 활용되어 왔다(Rokkan and Lipset 1967). 이러한 연구의 경우 균열이란 시민사회 내에서 구조적으로 형성되어 정치사회에 투영된 대립축, 즉 사회

한 민중 변혁세력의 정치세력화를 과대평가하면서 있지도 않은 이념적 대립을 사전에 부각시키고 있는 보혁 대립구도에 대한 언술의 의제성, 작위성, 폭력성에 대한 논의가 그것이다(최장집 1993, 198-200). 즉 보혁 구도에 대한 지배블록의 작위적 언술은 노동운동의 계급 세력화를 바탕으로 한 진정한 보혁구도의 확립을 효과적으로 저해하려는 이데올로기적 공세라는 것이다.

균열을 의미했다. 최 교수가 구사하고 있는 정치균열이란 개념은 사회과학적 개념의 창조적 변용이라는 그의 독특한 스타일을 여실히 보여주고 있으며, 한국 현대정치의 동태적 변화를 해석하는 데 이 개념을 대단히 탁월하게 활용함으로써 이 개념의 분석적 유용성을 과시하고 있다(최장집 1993, 155-157). 사회균열이 내포하는 구조적 고정성에 비해 정치균열은 보다 동태적인 변화의 가능성을 함축하고 있는 것으로 보인다. 그러나 이 개념의 효용성을 제고하기 위해서는 그가 제시한 세 가지 균열의 내용에 대한 부분적인 수정과 보완이 필요하지 않을까 생각된다.

우선 민주주의와 권위주의 간의 대립을 사회균열이라기보다 정치균열이라고 규정한 것은 대단히 타당하다. 이 대립축은 정치세력뿐 아니라 시민사회 내의 세력을 분할하기도 하지만 민주이행의 완료와 함께 소멸할 수밖에 없는 대립축이기 때문이다. 한국의 경우 1987년 민주적 개방 이후 이 대립축의 한쪽을 구성했던 민주적 사회연합, 특히 중산층과 기층민중 간의 연대가 급속히 해체된 것이 바로 이 정치균열의 한시성을 보여준다고 할 수 있을 것이다.

이에 반해 발전과 분배를 둘러싼 균열은 정치균열이라기보다 사회균열로 규정하는 것이 낫지 않을까 여겨진다. 왜냐하면 이 균열은 자본주의의 성장과 함께 시민사회를 분할하는 구조적 대립축으로 형성되었기 때문이다. 시민사회에 관해 전술한 논의에서 이미 밝힌 바 있듯이 한국 정치발전의 특이성은 시민사회 내에서의 이 균열이 정치사회의 영역에 투영되지 못하고 있다는 사실에 있다. 발전과 분배를 둘러싼 시민사회 내부의 대립이 정치사회에 투영되지 못하고 있는 것이 우리의 현실이라면 이 균열은 차라리 사회균열로 규정되어야 마땅하리라고 본다.

또한 통일의 방식을 둘러싼 제3의 균열이 과연 얼마나 강력하게 정치사회를 분할시켰는지 회의적이다. 심지어 이것이 시민사회 내의 사회세력을 지속적으로 갈라놓았다는 증거 역시 희박해 보인다. 따라서 통일의 방식을 둘러싼 문제는 경험적 정치균열의 차원보다는 헤게모니와 대항 헤게모니라는 보다 규범적인 차원에서 논의되어야 할 성질의 문제가 아닌가 여겨진다.

　이와는 달리 한국의 지배적인 정치균열로서 보다 적극적으로 다루어졌어야 할 균열은 지역균열이라고 본다. 최 교수는 지역 구분에 따른 사회의 수직적 분할이 마치 한국정치의 제4의 균열을 이루는 것처럼 보이지만 그것을 또 다른 균열로 간주하는 데는 일단 유보적인 입장을 표명한다. 왜냐하면 지역적 분열이 어떤 근본적이고 구조적인 변수로 환원될 수 있는 종류의 갈등이 아닌 것으로 여겨지기 때문이다(최장집 1993, 190-191). 다시 말해 사회 자체의 구조적 요인에 의해 발전한 갈등은 아니라는 것이다. 그럼에도 불구하고 지역대결 구조는 사회의 다른 균열을 압도하는 강력한 중층결정적 요인으로 기능해 왔다고 최 교수는 인정한다(최장집 1993, 323, 401). 그렇다면 지역균열은 사회적 갈등구조의 중첩에 의한 것이라기보다 근본적으로 정치적 힘에 의해 시민사회에 가해진 균열, 즉 전형적인 정치균열로 간주되어야 마땅하리라고 본다. 즉 한국의 지역균열은 시민사회 영역에서 형성·구조화되어 정치사회에 투영된 것이 아니라, 정치적 영역에서 시민사회로 하향 부과된 균열구조라는 특성을 보인다. 그 결과 최 교수의 지적처럼 한국에서 선거는 지역분할의 극복이 아니라 오히려 지역분할 체제의 강화로 기능해 왔고(최장집 1993, 401), 그것은 무엇보다 정당체계에서 지배적인 정치적 힘으로서 지역적 균열이 강화되고 또 제도화되어 온

데 연유한다(최장집 1993, 325).

이처럼 지역균열을 명확하게 정치균열로 인식함으로써 이 균열은 시민사회의 변화에 의해서가 아니라 정치사회의 변화를 통해 극복되어야 한다는 결론에 도달할 수 있다. 그것은 구체적으로 한국 정당체계가 지역적 대립의 구도를 벗어나야 함을 뜻한다. 만약 정치사회 내의 기존 정당들이 지역적 대립구도를 극복할 의지와 능력을 지니고 있지 않다면, 지역에 기반을 두지 않은 새로운 대중정당이 정치사회 내에서 성장하는 것이 그 유일한 극복책이 될 것이다. 이것은 곧 노동계급 혹은 보다 광범위한 기층세력의 이익을 대변하는 진보적 대중정당의 정치사회로의 진입과 성장이 지역균열을 효과적으로 극복할 수 있는 방안이 될 것임을 시사한다. 결국 발전과 분배를 둘러싼 사회적 균열이 정치화되지 않고 있다는 사실과 지역균열이 정치사회에서 압도적 위력을 발휘하고 있다는 사실은 표리의 상관관계를 지니는 것이며, 이 양자는 아마 동시에 극복되어야 할 과제일지도 모른다.

제6절 민주주의

국가, 시민사회, 그리고 정치균열의 역사적 전개에 대한 포괄적인 분석을 토대로 최 교수는 한국 민주주의의 현실에 대한 비판, 그 발전 방향에 대한 규범적 성찰, 그리고 이를 실현하기 위한 정치적 실천전략을 진지하게 모색한다.

그는 우선 민주주의를 단지 선거를 통해 구성된 정부의 권력행사를 정당화시켜 주는 절차, 즉 선거주의(electoralism)에 입각한 불확실성의 제도화로 인식하는 것을 거부하고(최장집 1993, 138, 376-377), "사회적 부와 문화적 성취를 균등하게 배분하고 향유할 수 있는 사회경제적 권리의 실현"(최장집 1993, 150)을 실질적으로 보장해 줄 수 있는 가능성을 제도화해 놓는 것으로 파악한다. 자유와 권리의 형식적인 보장에 머무르지 않고 전체 사회 구성원이 이것을 실제로 평등하게 '향유'할 수 있는 체제, 그리하여 정치적·도덕적 자아실현의 가능성이 활짝 열려 있는 체제야말로 민주주의의 참된 의미와 가치를 구현하는 체제라는 것이다. 따라서 해외여행의 평등한 자유를 법률적으로 보장해 주는 데 그치지 않고 그 자유를 실질적으로 향유할 수 있는 사회경제적 능력을 전체 사회 구성원에게 균등하게 배분해 줄 것을 민주주의는 요구한다는 것이다. 이러한 견지에서 소유의 광범위한 분산을 통한 경제적 평등의 실현은 민주주의의 실질적 구현을 위한 핵심적 조건이 된다(최장집 1993, 374-375).

최 교수에 의하면 서구의 자유민주주의는 이 목표를 실현하는 데 미흡하다. 그렇다고 그는 자유민주주의를 타기해야 할 대상으로 간주하지 않는다. 오히려 그것은 민중적 내용을 담아 발전시키고 실현해 나가야 할 체제로 인식된다(최장집 1993, 151). 한국 민주주의가 지향해야 할 규범적·현실적 대안으로 최 교수가 제시한 민중적 민주주의는 자유민주주의를 "대체하는 것이 아니라 그 기본원리를 안고 한국적 현실에서 그것을 더 발전시키려는 것이다"(최장집 1993, 374).

그렇다면 왜 하필 '민중적' 민주주의인가? 이에 대한 일차적인 해답은 이미 전술한 한국 부르주아의 부정적 속성에서 찾아볼 수 있다. 사회 기층세력의 조직화와 정치참여를 끈질기게 봉쇄함으로써 절차적 수준의 민주화마저 거부하고 있는 한국의 부르주아가 사회경제적 평등의 실현을 위한 개혁을 주도해 주리라 결코 기대할 수 없다. 결국 실질적 민주주의로의 이행은 경제적 착취, 정치적 배제, 그리고 이념적 억압이라는 총체적 탄압 및 소외상태에 놓여 있는 민중(최장집 1993, 384-386)이 주도할 수밖에 없다는 것이다. 그리하여 최 교수가 지향하는 민주주의는 "민중(people)의 광범위한 정치참여에 의한 공적 결정과 그 결정을 집행하는 일련의 규칙 또는 제도를 가지며, 이를 통하여 정치의 영역에서 민중의 권력으로 표현되고 사회의 영역에서 민중의 물질적·문화적·정신적 삶의 질적 고양이 담보되는 정치적 체계"(최장집 1993, 4)로 규정된다.

민중민주주의의 의미와 규범적 당위성을 이렇게 밝힌 최 교수는 연이어 이것을 실현하기 위한 현실적 전략을 모색한다. 필자보다 먼저 최 교수의 이러한 시도에 관해 탁월한 분석과 평가를 내린 바 있는 어느 평자의 표현처럼, 최 교수는 "민주주의의 정의를 내리는 데 있어서 강한 윤리적 지향을 보여주고 있지만 민주화의 방법론에 있어서는 차가운 합리적인 전략가의 모습을 보여주고 있다. (그의) 규범적 정치학은 교리적 확신에 기초하고 있지 않다. 규범의 실현을 위한 미시적 기초를 밝히고 이에 근거해서 부단히 바람직한 전략을 모색하는 것이 최장집 교수의 정치학의 강점이다"(임혁백 1993).

민중적 민주주의를 실현하기 위한 최 교수의 전략은 무엇보다 절차적 민주주의를 준수하는 평화적 이행의 전략이다. 평화적 이행은 민주적 개방 이후 시작된 민주주의의 실질적 내용을 둘러싼 경쟁에서의 승리를 통해 이루어질 수 있는데, 이를 위해 필요한 것은 개혁적 대안세력의 사회적 기반을 구축하고 이를 정치적으로 조직하는 일이다. 이것은 정치사회와 시민사회 양 영역에서 민주적 반대세력의 광범위한 연대를 구축해야 한다는 의미이다.

부르주아의 헤게모니가 광범위하게 확산되고, 정치사회로부터 하향 부과된 지역균열이 민중운동 세력을 분열시키고, 또 반공 이데올로기의 헤게모니적 위력이 여전히 강성한 시민사회 내에서 민중적 대항운동을 지속한다는 것은 여전히 필요하다. 그러나 민주적 개방의 결과 정치사회의 중요성은 대단히 커졌다. 이미 언급한 바 있듯이 정치사회는 시민사회에서의 계급과 민중을 동원·조직화하기 위한 교육의 장이며 보수적 지배세력과의 경쟁을 통해 국가권력의 장악을 모색해야 할 정치적 실천의 장이다. 정치적 동원과 조직화, 그리고 정치권력을 추구하기 위한 핵심적 조직체는 두말할 필요 없이 정당이다. 따라서 민중운동 세력은 강력한 개혁적 반대정당을 결성하여 정치사회 내에서 그 세력을 확장시켜 나가야 한다.

개혁적 반대정당은 시민사회 내의 운동세력과 연대하여 광범위한 다계급적 민주동맹을 구축해야 하는데, 이를 위해 무엇보다 회피되어야 할 것은 최대 강령주의 노선과 기동전적 사고방식이다. 이 노선이 지니는 급진적 교조주의와 이상주의는 다계급적 동맹의 형성과 현실적 프로그램의 개발을 가로막는 주된 요인이 되며 일반 민중과의 괴리를 더욱 가중시킨다. 따라서 민중적 대안세력의 정치적 조직화는 최소 강령주의 노선과 진지전적 사고방식에서 출발해야 하며, 그 구체적인 프로그램은 정치적 민주주의의 내용을 확대하고 생존권과 분배정의 원리에 합당한 사회경제적 권리의 확대를 지향하는 실현 가능한 프로그램이어야 한다는 것이 최 교수의 처방이다.

민중적 민주주의 실현을 위한 최 교수의 제안은 이처럼 대단히 미시적이고 또 치밀하다. 그러나 민중적 권력쟁취를 위한 다계급적 전략은 과연 어느 정도의 동원 잠재력을 지니고 있을까? 이에 관해 논의하기에 앞서 우선 민중민주주의라는 개념이 함축하고 있는 문제점을 간략히 지적해 보도록 하자.

민중의 의미에 관한 최 교수의 논의에서도 드러나듯이(최장집 1993, 379-386) 민중은 무엇보다 경제적 착취, 정치적 억압, 사회적 소외로 대표된다. 그렇다면 민중적 민주주의가 추구하는 민중적 지배란 '억압받는 자들에 의한 지배'를 뜻한다. 따라서 엄밀한 의미에서 민중적 민주주의가 실현되는 순간 민중들은 더 이상 민중일 수가 없다. 이런 의미에서 민중은 자기완성과 자기소멸을 동시에 지향하는, 즉 변증법적 지양(Aufhebung)을 추구한다고 할 수 있을 것이다.

그렇다면 자기소멸의 실질적 의미는 과연 무엇일까? 민중이라는 다소 추상적인 개념 속에 포괄되고 있는 다양한 사회집단 혹은 사회계급은 그들을 대표하는 정치세력이 권력을 장악하는 순간 그 연대를 해체할 개연성을 뜻한다. 이들을 감싸고 있는 억압의 사슬은 동시에 이들 간의 제휴와 연대의 끈이다. 따라서 억압으로부터의 해방은 동시에 연대의 해체를 의미할 수 있는 것이다. 이것은 다계급적·다층적 특성을 지니는 민중의 지지에 기반을 둔 권력의 안정성이 대단히 취약할 수 있음을 암시한다.

그러나 이보다 더 본질적인 문제는 권력장악을 위한 정치적 지지획득의 방안일 것이다. 이를 위해 최 교수가 제안한 최소강력적 전략에는 공감이 간다. 하지만 "경제활동인구의 4분의 3을 차지하는 민중"(p.180)의 보편적 이익을 조화시킬 수 있는 구체적인 프로그램은 과연 어떤 것일 수 있을까?

최 교수의 민중적 민주주의가 담고 있는 정책적 내용은 그 자신도 인정하듯이 스웨덴을 위시한 북유럽 국가들에서 발견되는 사회민주주의의 정책적 내용과 유사하다(최장집 1993, 390). 특히 민주주의의 영역을 정치적 수준에서 사회·경제적 수준으로 점진적으로 확대시키자는 사회민주주의의 핵심 프로젝트는 최 교수의 실질적 민주주의론의 골간과 일치한다. 다만 최 교수는 한국적 자본주의 발전의 특수성을 강조하고 그와 같은 조건 속에서 노동자계급만으로는 계급세력의 통일을 기하기 어려우므로 다계급적·다층적 사회세력을 포괄하는 개념으로 민중이 주체가 되는 민주개혁이 사회민주주의보다 현실적이라고 주장한다(최장집 1993, 390-391). 그러나 주지하다시피 스웨덴을 위시한 북구에 구축되었던 사회민주적 지배체제 역시 안정된 계급연합을 토대로 한 것이었다. 물론 이 연합을 주도한 것은 노동계급이었고, 그러한 견지에서 노동운동의 헤게모니는 관철되었다. 그러나 최 교수의 민중민주주의 노선 역시 민중성을 확보하되 그 안에서 노동자 중심성 역시 관철되어야 한다고 강조하고 있다(최장집 1993, 395). 이렇게 볼 때 그의 노선과 사회민주적 노선의 친근성은 매우 높다고 판단된다. 여기서 주목해야 할 것은 현대 자본주의의 계급구조는 신중간계급을 사회민주적 지배체제 유지를 위한 전략적 연대세력으로 만들어 놓았다는 것이다(Esping-Andersen 1985). 이와 관련해 최 교수에게 제기하고 싶은 질문은 그의 다계급적 연대의 전략이 신중간계급을 포괄하는 것인지, 또 그렇다면 과연 신중간계급이 민중에 포함된다고 간주할 수 있을 것인가 하는 점이다.

민중적 민주주의가 함축하고 있는 위와 같은 문제는 한국 민주주의의 진정한 발전방향을 모색하고 있는 이 책의 전반적인 연구 성과에 비하면 지극히 사소한 것이다. 민주주의의 진정한 가치를 인간의 도덕적·정치적 자아를 실현하고 사회정의를 실천할 수 있는 가능성의 관점에서 파악하고 그 가능성을 실현시킬 수 있는 길을 한국의 특수한 역사적 맥락 속에서 모색해 보려 한 최 교수의 시도는 이와 같은 문제의 제기로 결코 훼손될 수 없는 규범적·실천적 가치를 지닌다. "민주주의는 그것 자체가 가치를 지니며······ 민주주의의 실현이 특정의 역사적 계기에서 휴머니즘이 최대로 실현되는 상태로서의 민주적 공동체의 형성을 의미하는 것이라면 그 자체가 지향점이며 이상이 되지 않으면 안 된다"(최장집 1993, 428)는 최 교수의 언급에서 우리는 민주주의에 대한 그의 깊은 애착을 읽을 수 있다. 한국 자본주의의 천민성을 불식하고 또 이미 폐허 상태에 도달한 한국사회의 도덕적 하부구조를 재건하기 위한 유일한 방안으로 한국 민주주의의 실질적인 발전의 길을 제시해 보려 한 최 교수의 노력과 성과에 경의를 표한다.

참 고 문 헌

Allardt, Erik and Stein Rokkan, ed., 1970, *Mass Politics*, New York: The Free Press.

Aristotle., (ed. & trans. by Ernest Barker), 1948, *The Politics of Aristotle*, New York: Oxford University Press.

Baloyra, Enrique. ed., 1987, *Comparing New Democracies: Transition and Consolidation in Mediterranean Europe and Southern Cone*. Boulder: Westview Press.

Barber, Benjamin R., 1998, *A Place for Us: How to Make Society Civil and Democracy Strong*, New York: Hill and Wang.

Barber, Benjamin R., 1984, *Strong Democracy: Participatory Politics for a New Age*, Berkeley: University of California Press.

Bartolini, Stefano and Peter Mair, 1990, *Identity, Competition and Electoral Availability: The Stabilization of European Electorates, 1885-1985*, Cambridge: Cambridge University Press.

Belloni, Frank and Dennis Beller, 1976, *Faction Politics, Political Parties, and Factionalism in Comparative Perspective*, Oxford: Clio.

Bendix, Reinhard, 1964, *Nation Building and Citizenship*, Berkeley: University of California Press.

Blondel, Jean, 1968, "Party Systems and Patterns of Government in Western Democracies," *Canadian Journal of Political Science*, 1:2.

Blyth, Mark and Richard Katz, 2005, "From Catch-all Politics to Cartelisation: The Political Economy of the Cartel Party," *West European Politics*, 28:1.

Bobbio, Norberto, 1996, *Left and Right*, Cambridge: Polity Press.

Bonnell, Victoria, 1980, "The Uses of Theory, Concepts and Comparison in Historical Sociology," *Comparative Studies in Society and History*, 22: 2.

Brown, Terrence, 1985, *Ireland: A Social and Cultural History, 1922 to the Present*,

Ithaca: Cornell University Press.
Burkett, Tony, 1975, *Parties and Elections in West Germany: The Search for Stability*, London: Hurst.
Burnham, W. D, 1974, "The United States: The Politics of Heterogeneity," R. Rose, ed., *Political Behavior: A Comparative Handbook*, New York: Free Press.
Carnoy, Martin, 1984, *The State and Political Theory*, Princeton: Princeton University Press.
Chubb, B., 1979, "Ireland," Stanley Henig, ed., *Political Parties in the European Community*, London: Allen&Unwin.
Cohen, Jean and Andrew Arato, 1992, *Civil Society and Political Theory*, Cambridge, MA: The MIT Press.
Cohen, Joshua and Joel Rogers, 1995, *Associations and Democracy*, London: Verso.
Collier, David, ed., 1979, *The New Authoritarianism in Latin America*, Princeton: Princeton University Press.
Collier, Ruth Berins, 1999, *Paths Toward Democracy: The Working Class and Elites in Western Europe and South America*, New York: Cambridge University Press.
Curtis, Gerald, 1988, *The Japanese Way of Politics*, New York: Columbia University Press.
Daalder, Hans, 1983, "The Comparative Study of European Parties and Party Systems: An Overview," in Hans Daalder and Peter Mair, eds., *Western European Party Sytems: Continuity and Change*, London: Sage.
Dahl, Robert, 1966, "Patterns of Opposition," in Robert Dahl, ed., *Political Oppositions in Western Democracies*, New Haven: Yale University Press.
Dahl, Robert, 1973, "Introduction," in Robert Dahl, ed., *Regimes and Oppositions*, New Haven: Yale University Press.
Dahl, Robert, 1981, *Democracy in the United States: Promise and Performance*, 4th edition, Boston: Houghton Mifflin.
Dalton, Russell and Martin Wattenberg, eds., 2000, *Parties without Partisans:*

Political Changes in Advanced Industrial Democracies, Oxford: Oxford University Press.

Dalton, Russell J., and Manfred Kuechler, ed., 1990, *Challenging the Political Order: New Social and Political Movements in Western Democracies*, Oxford: Oxford University Press.

Dalton, Russell, et al., 1984, "Electoral Change in Advanced Industrial Democracies," in Russell Dalton, et al., eds., *Electoral Change in Advanced Industrial Democracies: Realignment or Dealignment?* Princeton: Princeton University Press.

De Schweinitz, Karl, 1964, *Industrialization and Democracy: Economic Necessities and Political Possibilities*, New York: Free Press.

Di Palma, Giuseppe, 1990, *To Craft Democracies: An Essay on Democratic Transition*, Berkeley: University of California Press.

Diamandouros, Nikiforos and Richard Gunther, 2001, *Parties, Politics, and Democracy in the New Southern Europe*, Baltimore: Johns Hopkins University Press.

Diamond, Larry and Richard Gunther, eds., 2001, *Political Parties and Democracy*, Baltimore: Johns Hopkins University Press.

Diamond, Larry, 1997. "Introduction: In Search of Consolidation," in Larry Diamond, et al., eds. *Consolidating the Third Wave Democracies: Themes and Perspectives.* Baltimore: Johns Hopkins University.

Diamond, Larry, 2002, "Thinking about Hybrid Regimes, " *Journal of Democracy*, 13:2.

Dittrich, Karl, 1983, "Testing the Catch-all Thesis: Some Difficulties and Possibilities," in Hans Daalder and Peter Mair, eds., *Western European Party Sytems: Continuity and Change*, London: Sage.

Dix, Robert, 1976, "Latin America: Oppositions and Development," in Robert Dahl, ed., *Regimes and Oppositions,* New Haven: Yale University Press.

Duverger, Maurice, 1964, *Political Parties: Their Organization and Activity in the*

Modern State, London: Methuen.

Edelman, Marc, 2001, "Social Movements: Changing Paradigms and Forms of Politics," *Annual Review of Anthropology*, 30.

Esping-Andersen, Gøsta, 1985, *Politics against Markets: The Social Democratic Road to Power*, Princeton: Princeton University Press.

Femia, Joseph, 1987, *Gramsci's Political Thought : Hegemony, Consciousness, and the Revolutionary Process*, Oxford : Clarendon Press.

Fiorina, Morris, 2002, "Parties, Participation, and Representation in America: Old Theories Face New Realities," in Ira Katznelson and Helen Milner, eds., *Political Science: The State of the Discipline*, Washington, D.C.: American Political Science Association.

Flora, Peter, 1987, *State, Economy, and Society in Western Europe 1815-1975*, vol.2., Chicago: St. James Press.

Garvin, T., 1974, "Political Cleavages, Party Politics and Urbanization in Ireland: The Case of the Periphery-Dominated Centre," *European Journal of Political Research*, vol.2.

Geary, Dick, 1981, *European Labour Protest 1848-1939*, London: Croom Helm.

Geddes, Barbara, 1999, "What Do We Know about Democratization after Twenty Years?" *Annual Review of Political Science*, 2.

Gershenkron, Alexander, 1964, *Economic Backwardness in Historical Perspectives and Other Essays*, Boston: Harvard University Press.

Giddens, Anthony, 1994, *Beyond Left and Right: The Future of Radical Politics*, Cambridge: Polity Press.

Giddens, Anthony, 1998, *The Third Way: The Renewal of Social Democracy*, Cambridge: Polity Press.

Giddens, Anthony, 2000, *The Third Way and Its Critics*, Cambridge: Polity Press.

Glyn, Andrew, ed., 2001, *Social Democracy in Neoliberal Times: The Left and Economic Policy since 1980*, Oxford: Oxford University Press.

Golden, Miriam, 1992, "Conclusion: Current Trends in Trade Union Politics," in

Miriam Golden and Jonas Pontusson, eds., *Bargaining for Change: Union Politics in North America and Europe*, Ithaca: Cornell University Press.

Goldthorpe, John, 1984, "The End of Convergence: Corporatist and Dualist Tendencies in Modern Western Societies," in John Goldthorpe, ed., *Order and Conflict in Contemporary Capitalism*, Oxford: Clarendon Press.

Gómez, Javier Tusell, 1985, "The Democratic Center and Christian Democracy in the Elections of 1977 and 1979," in Howard Penniman and Eusebio M. Mujal-León, *Spain at the Polls, 1977, 1979, and 1982: A Study of National Elections*, Durham: Duke University Press.

Gourevitch, Peter, 1986, *Politics in Hard Times: Comparative Responses to International Economic Crises*, Ithaca: Cornell University Press.

Gramsci, Antonio, 1971, *Selections from the Prison Notebooks*, New York: International Publishers.

Gunther, Richard, et al., 1986, *Spain After Franco: The Making of a Competitive Party System*, Berkeley: University of California Press.

Heclo, Hugh and Henrik Madsen, 1987, *Policy and Politics in Sweden: Principled Pragmatism*, Philadelphia: Temple University Press.

Herz, John, ed., 1982, *From Dictatorship to Democracy: Coping with the Legacies of Authoritarianism and Totalitarianism*, London: Greenwood Press.

Hetherington Marc, 2000, "Resurgent Mass Partisanship: The Role of Elite Polarization," *American Political Science Review*, 95:3.

Huntington, Samuel, 1965, "Political Development and Political Decay," *World Politics*, 17.

Huntington, Samuel. 1991. *The Third Wave: Democratization in the Late Twentieth Century*. Norman: University of Oklahoma Press.

Im, Hyug Baeg, 2004, "Faltering Democratic Consolidation in South Korea: Democracy at the End of the 'Three Kims' Era," *Democratization*, 11:5.

Inglehart, Ronald, 1971, "The Silent Revolution in Europe," *American Political Science Review*, 65:4.

Inglehart, Ronald, 1977, *The Silent Revolution: Changing Values and Political Styles Among Western Publics*, Princeton: Princeton University Press.

Inglehart, Ronald, 1997, *Modernization and Postmodernization: Cultural, Economic, and Political Change in 43 Societies*, Princeton: Princeton University Press.

Janda, Kenneth, 1993, "Comparative Political Parties: Research and Theory," in Ada Finiter, ed., *The State of the Discipline II*, Washington, D.C.: American Political Science Association.

Jaung Hoon, 2000, "The Abortive Modernization Experiment of Party Politics: The Failure of Democratic Republican Party," Paper presented at the Conference on the Park Chung Hee Era.

Jenkins, J.C. and B. Klandermans, eds., 1995, *The Politics of Social Protest*, Los Angeles: UCLA Press.

Jessop, Bob, 1982, *The Capitalist State*, New York: New York University Press.

Karvonen, Lauri and Stein Kuhnle, 2001, *Party Systems and Voter Alignments Revisited.*, London: Routledge.

Katz, Richard and Peter Mair, 1995, "Changing Models of Party Organization and Party Democracy: The Emergence of the Cartel Party," *Party Politics*, 1, No.1.

Katzenstein, Peter, 1985, *Small States in World Markets: Industrial Policy in Europe*, Ithaca: Cornell University Press.

Katznelson, Ira, 1986, "Working Class Formation: Constructing Cases and Comparison," in Ira Katznelson, eds., *Working-Class Formation: Nineteenth Century Patterns in Western Europe and the United States*, Princeton: Princeton University Press.

Keane, John, ed., 1988, *Civil Society and the State: New European Perspectives*, London: Verso.

Kim, Soo Jin, 1986, "Party and Opposition in Authoritarian Regimes," Unpublished Manuscript.

Kim, Soo Jin, 2000, "A Study of Opposition Party in Park Chung Hee Era," Paper presented at the Conference on the Park Chung Hee Era.

Kirchheimer, Otto, 1966, "The Transformation of the West European Party Systems," in Joseph LaPalombara and Myron Weiner, ed., *Political Parties and Political Development*, Princeton: Princeton University Press.

Kitschelt, Herbert, 1994, *The Transformation of European Social Democracy*, Cambridge: Cambridge University Press.

Kitschelt, Herbert, 1995, "A Silent Revolution in Europe?," in Jack Hayward and Edward C. Page, eds., *Governing the New Europe*, Durham: Duke University Press, 123-65.

Kitschelt, Herbert, 2000, "Citizens, Politicians, and Party Cartelization: Political Representation and State Failure in Post-Industrial Societies," *European Journal of Political Research*, 37:2.

Kitschelt, Herbert, Zdenka Manfeldova, Radoslaw Markowski, and Garbor Taka, 1999, *Post-Communist Party Systems: Competition, Representation, and Inter-Party Cooperation*, Cambridge: Cambridge University Press.

Kjær, Anne Mette, 2004, *Governance*, Cambridge: Polity Press.

Koole, Rund, 1996, "Cadre, Catch-all or Cartel?: A Comment on the Notion of the Cartel Party," *Party Politics*, 2:4.

Kriesi, H., et al., 1995, *New Social Movements in Western Euope*, Minneapolis: University of Minnesota Press.

Krouwel, Andre, 2003, "Otto Kirchheimer and the Catch All Party," *West European Politics*, 26:2.

Kwak Jin Young, 2003, "The Party-State Liaison in Korea: Searching for Evidence of the Cartelized System," *Asian Perspective*, 27:1.

LaPalombara, Joseph and Myron Weiner, 1966, "The Origin and Development of Political Parties," in Joseph LaPalombara and Myron Weiner, eds., *Political Parties and Political Development*, Princeton: Princeton University Press.

Lawson, Kay and Peter Merkl, 1988, *When Parties Fail: Emerging Alternative*

Organizations, Princeton: Princeton University Press.
LeBlanc, Hugh, 1982, *American Political Parties*, New York: St. Martin's.
Lijphart, Arend, 1977, *Democracy in Plural Societies: A Comparative Exploration*, New Haven: Yale University Press.
Lijphart, Arend, 1992, "Introduction," in Lijphart, ed., *Parliamentary Versus Presidential Government*, Oxford: Oxford University Press.
Linz, Juan and Alfred Stepan, eds, 1978, *The Breakdown of Democratic Regimes.* Baltimore: Johns Hopkins University Press.
Linz, Juan and Alfred Stepan, 1996, *Problems of Democratic Transition and Consolidation: Southern Europe, South America, and Post-Communist Europe,* Baltimore: Johns Hopkins University Press.
Linz, Juan, 1978, *The Breakdown of Democratic Regimes: Crisis, Breakdown, and Reequilibration,* Baltimore: The Johns Hopkins University Press.
Lipset, S. M. and Stein Rokkan, 1967, "Cleavage Structures, Party Systems and Voter Alignments: An Introduction," S. M. Lipset and Stein Rokkan, eds., *Party Systems and Voter Alignments*, New York: Free Press.
Lipset, Seymour Martin and Gary Marks, 2000, *It Didn't Happen Here: Why Socialism Failed in the United States*, New York: Norton.
Lipset, Seymour Martin, 1959, "Some Social Requisites of Democracy: Economic Development and Political Legitimacy," *American Political Science Review*, 53.
Lipset, Seymour Martin, 1981, *Political Man: The Social Bases of Politics*, Baltimore: Johns Hopkins University Press.
Lipset, Seymour Martin, 1983, "Radicalism or Reformism: The Sources of Working-Class Politics," *American Political Science Review,* 77:1.
López-Pintor, Rafael, 1985, "The October 1982 General Election and the Evolution of the Spanish Party System," in Howard Penniman and Eusebio M. Mujal-León, eds., *Spain at the Polls, 1977, 1979, and 1982: A Study of National Elections*, Durham: Duke University Press.

Luebbert, Gregory M., 1991, *Liberalism, Fascism, or Social Democracy,* New York: Oxford University Press.

Luebbert, Gregory M., 1987, "Social Foundations of Political Order in Interwar Europe," *World Politics,* 39:4.

Mackie, Tom, 1995, "Parties and Elections," in Jack Hayward and Edward C. Page, eds., *Governing the New Europe,* Durham: Duke University Press.

MacRae, Jr., Duncan, 1967, *Parliament, Parties and Society in France 1946-1958,* New York: St. Martin's Press.

Maguire, Maria, 1983, "Is There Still Persistence? Electoral Change in Western Europe, 1948-1979," in Hans Daalder and Peter Mair, eds., *Western European Party Sytems: Continuity and Change,* London: Sage.

Mahoney, James and Dietrich Rueschemeyer, eds., 2003, *Comparative Historical Analysis in the Social Sciences,* New York: Cambridge University Press.

Mahoney, James, 2003, "Knowledge Accumulation in Comparative Historical Research: The Case of Democracy and Authoritarianism, " in James Mahoney and Dietrich Rueschemeyer, eds., *Comparative Historical Analysis in the Social Sciences,* New York: Cambridge University Press.

Maier, Charles, 1987, "The Two Post-war Eras and the Conditions for Stability in Twentieth-century Western Europe," in Maier, *In Search of Stability: Explanations in Historical Political Economy,* Cambridge: Cambridge University Press.

Mainwaring, Scott and Timothy R. Scully, eds., 1995, *Building Democratic Institutions: Party Systems in Latin America,* Stanford: Stanford University Press.

Mainwaring, Scott, et al., eds., 1992, *Issues in Democratic Consolidation: The New South American Democracies in Comparative Perspective,* Notre Dame: University of Notre Dame Press.

Mair, Peter, 1994, "Party Organizations: From Civil Society to the State," Richard Katz and Peter Mair, eds., *How Parties Organize: Change and Adaptation in Party Organizations in Western Democracies*, London: Sage.

Mair, Peter, 1997, *Party System Change: Approaches and Interpretations*, Oxford: Clarandon Press.

Manza, Jeff and Clem Brooks, 1999, *Social Cleavages and Political Change: Voter Alignments and U.S. Party Coalitions*, Oxford: Oxford University Press.

Merkel, Wolfgang, 2004. "Embedded and Defective Democracies," *Democratization*, 11: 5.

Michels, Robert, 1962(original 1911), *Political Parties*, New York: Collier.

Moore, Barrington, Jr., 1966, *Social Origins of Dictatorship and Democracy*, Boston : Beacon Press.

Munck, Gerado, 1994, "Democratic Transitions in Comparative Perspective," *Comparative Politics*, 26:3.

O'Donnell, Guillermo and Philippe C. Schmitter, 1986, *Transitions from Authoritarian Rule: Tentative Conclusions about Uncertain Democracies*, Baltimore: Johns Hopkins University Press.

O'Donnell, Guillermo, 1992, "Transitions, Continuities, and Paradoxes," in Scott Mainwaring, Guillermo O'Donnell, and J. Samuel Valenzuela, eds., *Issues in Democratic Consolidation*, Notre Dame: University of Notre Dame Press.

O'Donnell, Guillermo, 1994, "Delegative Democracy," *Journal of Democracy*, 5:11.

O'Donnell, Guillermo, Philippe Schmitter, and Laurence Whitehead, eds., 1986, *Transitions from Authoritarian Rule: Prospects for Democracy*, Baltimore: Johns Hopkins University Press.

Orridge, Andrew, 1977, "The Irish Labour Party," William Paterson and Alastair Thomas, eds., *Social Democratic Parties in Western Europe*, London: Croom Helm.

Ostrogorski, Moisei, 1964(original 1902), *Democracy and the Organization of Political Parties*, New York: Anchor Books.

Panebianco, Angelo, 1988, *Political Parties: Organization and Power*, Cambridge:

Cambridge University Press.

Panitch, Leo and Colin Leys, 1997, *The End of Parliamentary Socialism: From New Left to New Labour*, London: Verso.

Paulson, Arthur, 2000, *Realignment and Party Revival: Understanding American Electoral Politics at the Turn of the Twenty-First Century*, Westport, CT: Praeger.

Pedersen, Mogens, 1979, "The Dynamics of European Party Systems: Changing Patterns of Electoral Volatility," *European Journal of Political Research*, 7:1.

Pedersen, Mogens, 1983, "Patterns of Electoral Volatility in European Party Systems: Explorations in Explanation," in Hans Daalder and Peter Mair, eds., *Western European Party Sytems: Continuity and Change*, London: Sage.

Pempel, T.J.,ed., 1990, *Uncommon Democracies: The One-Party Dominant Regimes*, Ithaca: Cornell University Press.

Penniman, Howard and Eusebio M. Mujal-León, 1985, *Spain at the Polls, 1977, 1979, and 1982: A Study of National Elections*, Durham: Duke University Press.

Piven, Frances Fox, ed., 1991, *Labor Parties in Postindustrial Societies*, Cambridge: Polity Press.

Poggi, Gianfranco, 1978, *The Development of the Modern State,* Stanford: Stanford University Press.

Poggi, Gianfranco, 1990, *The State: Its Nature, Development and Prospects,* Stanford: Stanford University Press.

Prezeworski, Adam and John Sprague, 1986, *Paper Stones: A History of Electoral Socialism*, Chicago: The University of Chicago Press.

Pridham, Geoffrey, ed., 1984, *The New Mediterranean Democracies : Regime Transition in Spain, Greece, and Portugal,* London: Frank Cass.

Przeworski, Adam, 1985a, "Proletariat into a Class: The Process of Class Formation from Karl Kautsky's The Class Struggles to Recent Controversies," in Adam Przeworski, *Capitalism and Social Democracy*, Cambridge: Cambridge University Press.

Przeworski, Adam, 1985b, "Social Democracy as a Historical Phenomenon," in Adam Przeworski, *Capitalism and Social Democracy*, Cambridge:

Przeworski, Adam, 1986, "Some Problems in the Study of the Transition to Democracy," in Guillermo O'Donnell, Philippe Schmitter, and Laurence Whitehead, eds., *Transitions from Authoritarian Rule: Prospects for Democracy*, Baltimore: Johns Hopkins University Press.

Przeworski, Adam, 1991, *Democracy and the Market: Political and Economic Reform in Eastern Euorope and Latin America*, New York: Cambridge University Press.

Regini, Marino, 1987, "Industrial Relations in the Phase of Flexibility," *International Journal of Political Economy*, 17:3.

Reiter, Howard, 1989, "Party Decline in the West: A Skeptic's View," *Journal of Theoretical Politics*, 1.

Rokkan, Stein, et al., 1970, *Citizens, Elections, Parties*, Oslo: Universitetsforlaget.

Rose, Richard and Derek Urwin, 1970, "Persistence and Change in Western Party Systems since 1945," *Political Studies*, 18:3.

Rose, Richard and Thomas Mackie, 1988, "Do Parties Persist or Fail? The Big Trade-off Facing Organizations," in Kay Lawson and Peter Merkl, *When Parties Fail: Emerging Alternative Organizations*, Princeton: Princeton University Press.

Rose, Richard, ed., 1974, *Electoral Behaviour: A Comparative Handbook*, New York: Free Press.

Rueschemeyer, Dietrich, Evelyn Huber, and John Stephens, 1992, *Capitalist Development and Democracy*, Chicago: University of Chicago Press.

Sabel, Charles, 1987, "A Fighting Chance: Structural Change and New Labor Strategies," *International Journal of Political Economy*, 17:3.

Sartori, Giovanni, 1969, "From the Sociology of Politics to Political Sociology," in Seymour Martin Lipset, ed., *Politics and the Social Sciences*, London: Oxford University Press.

Sartori, Giovanni, 1976, *Parties and Party Systems: A Framework for Analysis*, Cambridge: Cambridge University Press.

Sartori, Giovanni, 1987, *The Theory of Democracy Revisited*, Catham: Catham House Publishers.

Sassoon, Donald, 1995, "Tangentopoli or the Democratization of Corruption: Considerations on the End of Italy's First Republic," *Journal of Modern Italian Studies*, 1:1.

Scalapino, Robert and Junnosuke Masumi, 1962, *Parties and Politics in Contemporary Japan*, Berkeley: The University of California Press.

Schattschneider, E., 1942, *The Party Government*, New York: Reinhart.

Schmitter, Philippe, 1989, "Corporatism is Dead! Long Live Corporatism!," *Government and Opposition*, 24:2.

Schorske, Carl, 1955, *German Social Democracy, 1905-1917: The Development of the Great Schism*, Cambridge: Harvard University Press.

Shamir, Michael, 1984, "Are Western European Party Systems 'Frozen'?" *Comparative Political Studies*, 17:1.

Shapiro, Ian, 2002, "The State of Democratic Theory," in I. Katznelson and H. Milner, eds., *Political Science: The State of the Discipline*, New York: Norton.

Skocpol, Theda, ed., 1984, *Vision and Method in Historical Sociology*, Cambridge : Cambridge University Press.

Skocpol, Theda, 1973, "A Critical Review of Barrington Moore's Social Origins of Dictatorship and Democracy," *Politics and Society*, 4.

Stephens, John D., 1989, "Democratic Transition and Breakdown in Europe, 1870-1939 : A Test of Moore Thesis," *American Journal of Sociology*, 94: 5.

Stephens, John, 1981, *The Transition from Capitalism to Socialism*, Urbana: Unversity of Illinois Press.

Stonecash, Jeffrey, 2000, *Class and Party in American Politics*, Boulder, CO: Westview.

Taylor, C., 1992, "Parties in Search of Cleavage: Elite Mass Linkage in Hungary," *Budapest Papers on Democratic Transition*, No. 16.

Thelen, Kathleen, 1994, "Beyond Corporatism: Toward a New Framework for the Study of Labor in Advanced Capitalism," *Comparative Studies*, 27:1.

Thompson, E. P., 1978, *The Poverty of Theory and Other Essays*, London: Merlin Press.

Thompson, E. P., 1966, *The Making of the English Working Class*, New York: Vintage Books.

Tilly, Charles, 1984, *Big Structures, Large Processes, Huge Comparisons*, New

Valenzuela, J. Samuel, 1992, "Democratic Consolidation in Post-Transitional Settings: Notion, Process, and Facilitating Conditions," in Scott Mainwaring, Guillermo O'Donnell, and J. Samuel Valenzuela, eds., *Issues in Democratic Consolidation*, Notre Dame: University of Notre Dame Press.

Van Biezen, Ingrid, 2003a, "The Place of Parties in Contemporary Democracies," *West European Politics*, 26: 3.

Van Biezen, Ingrid, 2003b, *Political Parties in New Democracies: Party Organization in Southern and East-Central Europe*, New York: Palgrave Macmillan.

Von Beyme, Klaus, 1985(original 1982), *Political Parties in Western Democracies*, Aldershot: Gower.

Wallerstein, Immanuel, 1974, *The Modern World System: I. Capitalist Agriculture and the Origins of the European World-Economy in the Sixteenth Century*, New York: Academic Press.

Wallerstein, Immanuel, 1979, *The Capitalist World-Economy*. Cambridge:

Cambridge University Press.
Ware, Alan, 1996, *Political Parties and Party Systems*, Oxford: Oxford University Press.
Webb, Paul, 2002, "Party Systems, Electoral Cleavages and Government Stability," in Paul Heywood, et al., eds., *Developments in West European Politics*, New York: Palgrave.
Weiss, Linda, 1998, *The Myth of the Powerless State: Governing the Economy in a Global Era*, New York: Polity Press.
Williams, Allan, 1984, *Southern Europe Transformed : Political and Economic Change in Greece, Italy, Portugal, and Spain*, London: Harper & Row.
Wolinetz, Steven, 1979, "The Transformation of Western European Party Systems Revisited," *West European Politics*, 2:1.
Woo-Cumings, Meredith, ed., 1999, *The Developmental State*, Ithaca: Cornell University Press.
Wörlund, Ingemar, 1992, "The Swedish Parliamentary Election of September 1991," *Scandinavian Political Studies*, 12:2.
Zuckerman, Alan, 1979, *The Politics of Faction: Christian Democratic Rule in Italy*, New Haven: Yale University Press.

강명세, 2004, "지역주의 정치와 한국정당체계의 재편,"『한국정당학회보』, 4:2.
강명세, 2006,『한국의 노동시장과 정치시장』, 서울: 백산서당.
강원택, 2003,『한국의 선거 정치: 이념, 지역, 세대와 미디어』, 서울: 푸른길.
강원택, 2006,『대통령제, 내각제와 이원정부제』, 서울: 인간사랑.
고세훈, 1999,『영국노동당사: 한 노동운동의 정치화 이야기』, 서울: 나남.
고흥문, 1989, "야당30년," 국민일보, 9월17일.
곽진영, 1998, "정당체제의 사회적 반영의 유형과 그 변화: 한국, 일본, 미국의 비교분석,"『한국정치학회보』, 32:1.
곽진영, 2001, "한국정당체계의 민주화: 정당-국가 간 관계를 중심으로,"『의정연구』, 7:1.

권대복 엮음, 1985,『진보당』, 서울 : 지양사.
권순미, 2004, "'노동 없는 정당체제'와 '노동 있는 정당체제': 일본과 한국의 상이한 노동정치 발전 패턴,"『한국정치학회보』, 38:5.
김대중, 1985,『행동하는 양심으로』, 서울: 금문당.
김대중, 1986,『대중경제론』, 서울: 청사.
김만흠, 1991, "한국의 정치균열에 관한 연구--지역균열의 정치과정에 대한 구조적 접근," 서울대학교 정치학과 박사학위논문.
김성환, 1984, "4·19혁명의 구조와 종합적 평가," 김성환 외,『1960년대』, 서울 : 거름.
김수진, 1995, "한국노동조합운동의 현황과 전망: 사회적합의 실험과 조직재편을 중심으로,"『경제와 사회』, 25.
김수진, 1996a, "제2공화국의 정당과 정당정치," 백영철 편,『제2공화국과 한국민주주의』, 서울: 나남.
김수진, 1996b, "노사관계 개혁의 정치과정," 한국산업사회학회 추계학술대회 발표 논문.
김수진, 1998, "선진산업민주국가의 사례에 비추어 본 노사정 3자협의의 성격과 전망,"『사회과학 연구논총』, 2.
김수진, 2001,『민주주의와 계급정치: 서유럽 정치와 정치경제의 역사적 전개』, 서울: 백산서당.
김수진, 2007,『노동지배의 이념과 전략: 스칸디나비아 사회민주주의의 성장과 쇠퇴』, 서울: 백산서당.
김영명, 1992,『한국현대정치사: 정치변동의 역학』, 서울: 을유문화사.
김영삼, 2000,『김영삼회고록: 민주주의를 위한 나의 투쟁』, 서울: 백산서당.
김용술, 1980, "신민당 13년의 도전과 좌절,"『신동아』5월호.
김용호, 2001,『한국 정당정치의 이해』, 서울: 법문사.
김용호, 2008, "건국 이후 정당 다원주의 전개양상과 향후 과제," 서울대학교 한국정치연구소 주최 대한민국 건국 60주년 기념 심포지움,『21세기 한국정치의 발전방향』.
김우창, 최장집, 2007, "더 많은 혹은 더 작은 민주주의를 찾아서," 당대비평,

『더 작은 민주주의를 상상한다』 서울: 웅진.
김윤환, 1985, "산업화 단계의 노동문제와 노동운동," 박현채 외, 『한국사회의 재인식 1』, .서울 : 한울.
김형국, 1990, "제13대 대통령선거의 투표행태에 대한 지정학적 연구," 김광웅 (편), 『한국의 선거정치학』, 서울: 나남.
마사무라 키미히로(正村公宏), 1985, 『戰後史』, 제1권, 東京: 筑摩書房.
마수미 준노스케(升味準之輔), 1983, 『戰後政治』, 제1권, 東京: 東京大學出版會.
문용직, 1986, "한국의 야당과 파벌(1963-1987)," 서강대학교 정치외교학과 석사학위논문.
박명림, 1994, "한국전쟁의 구조: 기원·원인·영향," 박현채 편, 『청년을 위한 한국 현대사』, 서울: 소나무.
박명림, 1996, "제2공화국 정치균열의 구조와 변화," 백영철 편, 『제2공화국과 한국민주주의』, 서울: 나남.
박명호, 2006, "17대 총선과 정당구도의 변화," 어수영 편저, 『한국의 선거 V』, 서울: 오름.
박상섭, 1986, "한국정치와 자유민주주의: 현대한국정치사의 정치사회학적 이해를 위한 일 시론," 한국정치학회 편, 『현대한국정치와 국가』, 서울 : 법문사.
박진도, 1994, 『한국자본주의와 농업구조』, 서울: 한길사.
박찬욱, 1990, "선거과정과 대의정치," 김광웅 편, 『한국의 선거정치학』, 서울: 나남.
박찬욱, 1992, "14대 국회의원 총선거에서의 정당지지 분석," 한국정치학회 편, 『선거와 정치』.
박현채 엮음, 1994, 『청년을 위한 한국 현대사』, 서울: 소나무.
박호성 엮음, 1997-2002, 『한국의 권력구조 논쟁』, 4책, 서울: 풀빛·인간사랑.
백종국, 1992, "한국자본주의 체제변동에 있어서 14대 총선의 의의," 한국정치학회 편, 『선거와 정치』.
사토 세이자부로(佐藤誠三郎) 외, 1986, 『自民黨政權』, 東京 : 中央公論社
손봉숙, 1986, "제1 공화국과 자유당," 한국정치학회 편, 『현대한국정치론』, 서

울: 법문사.

손호철, 1992, "6공-현대 격돌, 여덟 가지 가설: 국가론의 시각에서,"『사회평론』 3월.

손호철, 1999,『신자유주의시대의 한국정치』, 서울: 푸른숲.

심지연, 1987, "보수야당의 뿌리, 한민당의 공과," 이기하 외,『한국의 정당: 제1편 8·15에서 자유당 붕괴까지』, 서울: 한국일보사.

심지연, 2004,『한국정당정치사: 위기와 통합의 정치』, 서울, 백산서당.

양성은, 1998, "신민당 파벌재편에 관한 연구, 1967-1979," 이화여자대학교정치외교학과 석사학위논문.

유진산, 1972,『해뜨는 지평선』, 서울: 한얼출판사.

윤근식, 1989, "제3공화정: 근대화의 정권," 김운태 외,『한국정치론』, 서울: 법문사.

윤보선, 1967,『구국의 가시밭길』, 서울: 한국정경사.

이갑윤, 1997,『한국의 선거와 지역주의』, 서울: 오름.

이갑윤, 2002, "지역주의의 정치적 정향과 태도,"『한국과 국제정치』, 18:2.

이계희, 1991, "권위주의 정권 하의 야당정치 연구: 신민당(1967-1980)을 중심으로," 서울대학교 정치학과 박사학위논문.

이기택, 1987,『한국야당사』, 서울: 백산서당.

이영석, 1981,『야당30년: 도전과 좌절의 발자취』, 서울: 인간신서.

이정식, 1976,『한국현대정치사: 제3권, 제2공화국』, 서울: 성문각.

임혁백, 1993, "서평: 한국민주주의의 이론,"『한국정치학회보』, 27:1.

임혁백, 1994,『시장·국가·민주주의: 한국민주화와 정치경제이론』, 서울: 나남.

임혁백, 2000,『세계화시대의 민주주의』, 서울: 나남.

장훈, 1997, "한국 민주화 10년의 정당정치: 연속성과 변화," 한국정치학회 민주화운동 학술회의 발표문.

장훈, 2003, "카르텔 정당체제의 형성과 발전: 민주화 이후 한국의 경우,"『한국과 국제정치』, 19:4.

정대화, 1995, "한국의 정치변동, 1987-1992: 국가-정치사회-시민사회의 관계를 중심으로," 서울대학교: 정치학박사학위논문.
정진민, 1996, "미국정당정치의 변화: 뉴딜연합의 약화를 중심으로," 『한국정치학회보』30:1.
정진민, 1998a, 『후기 산업사회 정당정치와 한국의 정당발전』, 서울: 한울.
정진민, 1998b, "전후 미국 정당기반 재편과 정당체계의 변화," 『한국정치학회보』, 32:4.
정진민, 2000, "1980년대 이후 미국 정당정치의 변화: 세대요인을 중심으로," 『한국정치학회보』, 34:1.
조기숙, 2000, 『지역주의 선거와 합리적 유권자』, 서울: 나남.
조효래, 1995, "민주화 이행과 민주적 공고화: 한국, 브라질, 에스파냐의 비교," 임현진·송호근 공편, 『전환의 정치, 전환의 한국사회』, 서울: 사회비평사.
중앙선거관리위원회, 1972, 『대한민국정당사』, 제1집.
중앙선거관리위원회, 1973, 『대한민국선거사』, 제1집.
중앙선거관리위원회, 1980, 『대한민국정당사』, 제2집.
진영재, 1997, "정당제도화의 유형과 체제선택의 경험적 논의: 15개 선진자본국가들의 비교연구," 『한국정치학회보』, 31:4.
진영재, 1999, "유효정당수(Effective Number of Parties) 계산법의 문제점: 정당연합이론을 중심으로," 『한국정치학회보』, 33:4.
최명·백창재, 2000, 『현대 미국정치의 이해』, 서울: 서울대학교 출판부.
최시중, 1974, "신민당 전당대회 안팎," 『신동아』, 10월호.
최장집, 1989, 『한국현대정치의 구조와 변화』, 서울: 까치.
최장집, 1993, 『한국민주주의의 이론』, 서울: 한길사.
최장집, 1996, 『한국민주주의의 조건과 전망』, 서울: 나남.
최장집, 2006, 『민주주의의 민주화: 한국민주주의의 변형과 헤게모니』, 서울: 후마니타스.
한국정치문제연구소, 1987, 『공화당과 신민당의 혈전 5000일』, 서울: 동광출판사.
『한국통계연감』, 1961.

한승주, 1983, 『제2공화국과 한국의 민주주의』, 서울: 종로서적.
한정일, 1987, "야당으로의 정비, 민국당," 이기하 외, 『한국의 정당』, 서울: 한국일보사.

찾아보기

| 사항 찾아보기 |

(ㄱ)

가타야마 내각　86
간부정당　19, 103
강한 민주주의　262
개량주의　59, 62, 63
결사체 민주주의　274, 282, 286
결손민주주의　232
계급균열　21, 22, 76, 85, 94, 96, 112, 114, 116, 118, 120, 121, 214
계급연합　281
계급정치　76, 77, 78, 79, 80, 84, 88, 90, 93, 94, 96
공산당　55, 213, 214
과대성장 국가　304
관료적 권위주의　302
광주 민주항쟁　115, 240
교차투표　269
교회주의　214
구파　147, 148, 149, 150, 169

국가보안법　120, 136, 137, 143, 205, 258
국가조합주의　55
국고보조금　29
국민승리21　290
국민의 당　166, 167
국민참여 경선제　250
국민투표　135, 182, 267
국민회의　121, 211
국회법　255
국회윤리위원회　269
권위주의　45, 49, 51, 55, 56, 57, 102, 191
권위주의 군주정　51
균열구조　76
글로벌리제이션　89, 95
기동전　305, 320
기민당　55, 151
기업별 노조주의　87, 289
긴급조치 제9호　183
김대중 납치사건　178

(ㄴ)

낙천낙선운동　255
남로당　47, 143
남아프리카공화국　296
납세자 정권　280, 308
내각책임제　68, 153
네오 마르크스주의 국가론　303
네오 베버주의 국가론　303
네팔　221
노농연합　86
노동 없는 민주주의　75, 91
노동계급　88, 225
노동계급 형성　75
노사관계개혁위원회　290
노사정위원회　289, 291
녹색당　34, 81, 104
농민조합총연맹　127
눈덩이효과　235
뉴DJ플랜　208
뉴딜연합　80
뉴라이트운동　258

(ㄷ)

다수결의 관문　138, 216
단순다수결제도　80, 137, 165, 202, 216
담합정당　27, 28, 29, 30, 31, 41, 88, 104, 105, 247, 277
대의민주주의　16, 243, 263
대중경제론　161

대중적 반체제정당　59
대중정당　19, 29, 88, 103, 105, 194, 306
대통령　80, 92, 158, 264
대표성의 관문　138, 216
대한국민당　129
대한노동조합총연맹　129
대한노동조합총연합회　127
대한농민조합총연맹　129
대한부인회　129
대한청년단　129
독립사회당　145
독일 사민당　56, 284
독일제국　50, 52, 55, 56, 60
드레스덴(Dresden) 전당대회　59

(ㄹ)

러시아혁명　78

(ㅁ)

맥아더 연합군 사령부(SCAP)　86
면책특권　269
면허정당　50, 65
명사정당　103, 111, 129, 159
미국 예외주의　79
미국 민주당　271
미일 안보조약　87
민자당　208, 209
민족균열　85
민족자주통일중앙협의회　145

민족청년단　129
민주공화당　42, 114, 172, 173, 161, 167, 202
민주국민당　128, 129, 159
민주노동당　74, 91, 92, 93, 94, 95, 144, 252, 254, 268, 271, 278, 291, 292
민주노총　93, 94, 254, 291, 292
민주당　42, 107, 108, 109, 110, 118, 127, 129, 130, 133, 134, 137, 139, 143, 146, 147, 148, 152, 159, 166, 167, 169, 202, 207, 240, 250, 252, 271
민주당 구파동지회　149
민주정의당　50, 57, 65, 66 118, 166, 167, 168, 169, 200, 202, 204, 205
민주통일당　177
민주한국당　65, 117, 199
민주헌법 쟁취 국민운동본부　69
민주혁신당　141
민주화추진협의회　66, 67, 68
민주회복국민회의　182
민중당　120, 144, 169, 170
민중민주주의　305, 319
민청학련사건　179

(ㅂ)

바스크　214
반사회주의법　51, 52, 58, 59

반체제정당　23, 45, 47, 50, 53, 55, 56, 57, 58, 59, 70, 71, 115, 189, 198
발전국가　157, 250
배제적 권위주의　50, 58, 59, 117
배제적 일당제　50
배제적 패권정당제　50
변증법적 지양(Aufhebung)　321
변형주의　207
보나파르티즘　302
볼셰비키당　47
부르주아　116, 225, 241, 242, 306, 308
부마항쟁　241
부탄　221
분점정부　246, 265
불체포특권　269
뷜로우 블록(Bülow Bloc)　62
비례대표제　78, 94, 138, 144, 165, 213, 268
비자유 민주주의　232
빌헬름 시대(1890~1918)　64

(ㅅ)

사당(私黨)　108, 115, 205, 244, 247
사립학교법　258
사유화　283, 284
사사오입개헌　129
40대 기수론　173
사인(私人)통치　245, 264

찾아보기　347

4·19혁명　106, 108, 118, 123, 124, 132, 133, 143, 153, 239, 240
4·13호헌조치　69
4자 게임(four-player game)　238
사회균열　21, 37, 315
스페인 사회노동당(PSOE)　214
사회대중당　141, 142, 145, 154
사회민주당　59, 64
사회민주주의　36, 89, 90
사회혁신당　142
3당합당　120, 205, 206
3선개헌　112, 172, 173
3·15 정·부통령 선거　133
선거법　136, 165, 217, 252, 255
선거전문가 정당　27, 28, 88
선동적 반체제정당　48, 53, 59
선동적 전략　70
소선거구제　137, 165, 202
수동혁명　236
수정주의　59
스웨덴 사민당　284
스태그플레이션　114, 241, 283, 296
스페인　54, 93, 195, 212
승자독식(winner takes all)　138
시민사회　55, 92, 94, 96, 101, 103, 105, 114, 116, 132, 145, 157, 163, 169, 176, 181, 188, 190, 200, 205, 206, 228, 242, 253, 261
시민운동　16, 54, 69, 94

신민당　110, 111, 114, 150, 166, 169, 171, 172, 173, 177, 187
신민주공화당　119, 201, 205
신보수주의　271, 284
신사회운동　16, 32, 88, 101, 254, 285
신식민지 파시즘　302
신자유주의　36, 91, 95, 271
신파　147, 149, 169
신파시스트 정당　34, 104
신페인(Sinn Fein)당　82, 83
신한국당　121, 211
신한당　170
신한민주당　48, 57, 66, 67, 68, 69, 70, 117, 198, 199
실질적 민주주의　96
심의민주주의　275, 286
10.26사태　240

(ㅇ)

아고라　262
아날(Annales)학파　299
아르헨티나　296
아일랜드　79, 82, 83, 84, 95
아일랜드 노동당　81
아일랜드 노동조합회의　82
아일랜드의회당(Irish Parliamentary Party)　83
야당성회복투쟁동지회　187
양당제　165, 172
언산정(言産政) 3각 지배체제　251,

256
엘리트·명사정당　194
역사적 중대 국면　77, 78
열린우리당　251, 257, 258, 259, 271
영국 노동당　42, 284
55년 체제　85
오일쇼크　283
5·16쿠데타　157
온건 다원주의(moderate pluralism) 체계　36
YH사건　189, 241
우파 권위주의　33
우파인민연합(AP)　214
원 포인트 개헌론　65
위성정당　50, 65, 163, 178, 199
위임민주주의　231, 232
유보영역 민주주의　232
유신시대　158, 164, 176
유신체제　114, 157, 191, 241
유신헌법　113, 179, 182
유연화　283, 284
6월항쟁　69, 133, 244, 287
유정회　114
6·29선언　118, 133, 199, 200, 244, 253, 287
6·8부정선거　172
음모적 전략　47, 53
의원내각제　137, 148, 210
이민우 구상　69
2.5정당체계　195

2·12총선　66, 117, 199
이탈리아 공산당　206
이탈리아 기민당　152, 161
이행론적 연구　227
이행이론　228
인도차이나 사태　183
1987년 체제　91, 121
일당체계　49
일본 사회당　86, 206
일본 자민당　151, 152, 161
1.5정당체계　195, 206

(ㅈ)
자유당　107, 108, 109, 110, 127, 129, 130, 131, 133, 134, 135, 137, 139, 144, 146
자유민주당　167
자유민주연합　120, 121, 209, 211, 252
자유선진당　74, 259
자유화　228
자유화된 권위주의　228
재야　65, 66, 70
전국노동조합협의회　127
전시효과　235
절차적 민주주의　96
절차적 반체제정당　48, 53
절차적 전략　70
정당 제도화　24, 25, 26, 41, 73
정당법　164, 172, 217, 252, 255

정당일체감　30
정당체계　16, 18, 20, 21, 23, 26, 32, 33, 34, 50, 73, 76, 103, 194
정당화의 관문　138, 216
정초선거　119, 201, 228
정치개혁시민연합　211
정치균열　315
정치사회　94, 96, 101, 118, 128, 132, 137, 143, 157, 190, 253
정치자금법　172, 252, 255
정치활동정화법　165
제1공화국　106, 109, 123, 140
제1차 세계대전　80, 82
제1차 진산파동　167
제2공화국　42, 108, 109, 110, 124, 135, 136, 138, 144, 153, 154, 155, 166, 169
제2차 세계대전　48, 90
제2차 진산파동　174
제3공화국　110, 111, 158, 159, 162, 164
제3섹터　272
제3의 길　36, 92, 284, 286
제3의 물결　221, 230
제4공화국　113
제4섹터　261, 262, 272, 274
제5공화국　42, 48, 50, 51, 56, 65, 116, 117
제국의회　52, 58
제도적 관문　102, 138

제도혁명당　54
제왕적 대통령　245
제한적 민주주의　228
조용한 혁명　33, 88
좌파 자유지상주의　33
주력운동(instrumental movement)　95, 254, 255
중도민주연합(UCD)　214
중립화조국통일총연맹　146
중선거구제　176, 202
중심부(center)·주변부(periphery) 균열　116
중앙정보부　178, 182, 188
지배정당(predominant party)　83
지배정당체계(predominant party system)　23
지역균열　93, 96, 112, 113, 115, 118, 120, 121, 174, 207, 214, 216, 316
지역등권론　210
지역주의　40, 74, 174, 208, 246, 248
지역할거　120, 211
진보당　131, 132, 140, 141
진보신당　271
진지전　282, 305, 320

(ㅊ)

참여민주주의　16, 54, 101, 263, 272, 273
철과 보리의 연합　58

체제 부정형 반대 162, 163, 183, 188, 189
체제 수용형 반대 162, 163, 177, 184, 185, 187
체제 타협형 반대 162, '163, 180, 183
촛불시위 257, 262
총선시민연대 95, 255, 278
총평(勞動組合總評議會) 87
최대 강령주의 320
최소 강령주의 320
친박연대 270
7·29총선 146, 154

(ㅋ)

카리스마 정당 25
카탈로니아 214
케인즈주의 32, 36, 87, 88, 283, 284
코포라티즘 16, 34, 102, 282

(ㅌ)

탄핵 252, 257
탈그람시주의 285
탈물질주의 32, 88, 254, 284
탈산업주의 34
탈포드주의적 기술자본주의 283
통일국민당 120, 207
통일민주당 69, 118, 119, 199, 200, 201, 207
통일사회당 145

통합민주당 74, 211
통합의 관문 138, 216
투표유동성 30, 33

(ㅍ)

파벌정치 159, 161, 177
파시즘 224
87년체제 244, 249
패권정당 117
페론당 55
평민주의 128
평화민주당 119, 201, 202, 204, 207
평화운동 254
포괄정당 26, 27, 29, 84, 88, 103, 285
포드주의 87, 89, 283
포섭적 권위주의 51, 53, 54, 59, 69, 117
포섭적 패권정당제 50
폴란드 50, 296
프로이센 58
프리덤하우스 221
피안나 포일(Fianna Fáil)당 81, 83, 84
핀 가엘(Fine Gael)당 81, 83

(ㅎ)

하이브리드 정권 231
학생운동 55, 65, 66, 67
학원자율화 65
한국국민당 65, 66, 117, 199, 207,

209
한국독립당　145
한국민주당　128, 129, 159
한국사회당　142, 145
한국전쟁　124, 125, 128, 159
한나라당　74, 249, 252, 259, 270
한일협정　169, 170
합리적 선택이론　229
헌법재판소　136
헌정동지회　139
혁신연맹　145
협의민주주의　210
협의정치　282
호남당　211
호헌동지회　129
환경운동연합　272
휘그(Whig)당　48

| 인명 찾아보기 |

(ㄱ)

가타야마 데쓰(片山 哲) 86
강명세 92
거셴크론(Alexander Gershenkron) 80
고세훈 42
고정훈 142
고흥문 180, 182, 184, 185
곽상훈 149
곽진영 39, 41
군터(Richard Gunther) 38
권순미 39
권영길 291
그람시(Antonio Gramsci) 236, 282, 300, 305
기든스 286
김달호 141, 145
김대중 66, 67, 69, 112, 119, 121, 122, 173, 174, 175, 177, 181, 183, 188, 193, 197, 198, 201, 204, 208, 209, 211, 238, 244, 249, 259, 289, 291
김도연 149
김성수 179
김수진 41, 42
김영삼 66, 67, 69, 93, 115, 119, 120, 121, 162, 173, 174, 178, 179, 180, 181, 183, 185, 186, 188, 193, 197, 198, 201, 204, 205, 208, 211, 244, 249, 254, 290
김용호 42
김원만 186
김의택 180
김재광 187, 189
김종필 119, 120, 121, 193, 197, 201, 205, 209, 211
김홍일 174, 175, 177

(ㄴ)

노무현 250, 251, 252, 256, 259, 261, 264, 289
노태우 119, 120, 133, 193, 197, 201

(ㄷ)

다알더(Hans Daalder) 17, 20
다이아몬드(Larry Diamond) 38, 230, 231
달(Robert Dahl) 46, 53
달톤(Russell Dalton) 30, 33
듀베르제(Maurice Duverger) 16, 19, 22, 23, 24
디 슈바이니츠(Karl De Schweinitz) 80
디아만두로스(Nikiforos Diamandouros) 38
디트리히(Karl Dittrich) 27

(ㄹ)

라팔롬바라(Joseph LaPalombara) 19
레이터(Howard Reiter) 34
로스토우(Rustow) 227
로슨(Kay Lawson) 34
로즈(Richard Rose) 21, 24, 33
로칸(Stein Rokkan) 16, 20, 32, 76, 102, 138, 314
루버트(Gregory M. Luebbert) 155
룩셈부르크(Rosa Luxemburg) 61
뤼쉬마이어(Dietrich Rueschemeyer) 224, 237
리프크네히트(Karl Liebknecht) 61
린쯔(Juan Linz) 49, 50, 154, 227, 230, 233
립셋(Seymour Martin Lipset) 16, 20, 22, 32, 76, 79, 80, 102, 138, 225, 314

(ㅁ)

마이어(Peter Mair) 16, 28, 29, 30, 34, 104
마크스(Gary Marks) 22
마키(Tom Mackie) 24
매기어(Maria Maguire) 33
맨자(Jeff Manza) 37
머켈(Wolfgang Merkel) 231, 232, 239
메인웨어링(Scott Mainwaring) 25, 38, 230
무어(Barrington Moore, Jr.) 224, 242, 299, 307
문익환 205
미헬스(Robert Michels) 15

(ㅂ)

바르톨리니(Stefano Bartolini) 17, 34
바버(Benjamin Barber) 262
바이메(Kalus von Beyme) 17
박기출 141
박순천 169, 170
박영록 189
박정희 110, 112, 114, 115, 157, 158, 161, 166, 171, 173, 174, 182, 189, 191, 238, 240, 241, 287
박찬종 197
발렌수엘라(Jose Samuel Valenzuela) 230
백기완 179
번햄(W.D. Burnham) 79
베를루스코니(Silvio Berlusconi) 207
베버(Max Weber) 301
벤딕스(Reinhard Bendix) 301
브로델(Fernand Braudel) 299
비스마르크(Otto von Bismarck) 58, 59
비젠(Ingrid van Biezen) 42
빌헬름(Wilhelm) 2세 59

(ㅅ)

사르토리(Giovanni Sartori) 16, 21,

22, 23, 34, 37, 46, 50
샤미르(Michael Shamir)　33
샤피로(Ian Shapiro)　231
샷스나이더(E. Schattschneider)　15
서경원　205
서민호　169
서상일　141
손호철　92, 236, 237, 242
쇼스케(Carl S책남)　63
수아레스(Adolfo Suárez)　213, 214
쉐보르스키(Adam Przeworski)　229, 234, 238, 300
슈미터(Philippe Schmitter)　229, 233
스카치폴(Theda Sckocpol)　224
스컬리(Timothy R. Scully)　25, 38
스테판(Alfred Stepan)　227, 230, 238
스톤캐쉬(Jeffrey Stonecash)　37
스티븐스(John Stephens)　224
신도환　186
신익희　129, 130, 131, 179
심지연　41

(ㅇ)

아라토(Andrew Arato)　285
알라비(Hamza Alabi)　304
양일동　175, 177, 183
오돈넬(Guillermo O'Donnell)　228, 229, 230, 231, 238, 275
오스트로골스키(Moisei Ostrogorski)　15

왈러스틴(Immanuel Wallerstein)　299
웨어(Alan Ware)　17, 35
웨이너(Myron Weiner)　19, 23
웹(Paul Webb)　35, 36
유진산　162, 168, 173, 174, 175, 177, 179, 180, 184
유진오　171, 172, 182
윤길중　141, 145
윤보선　149, 166, 168, 170, 171, 172, 179, 182, 183, 188
이기붕　135
이명박　261
이민우　66, 67
이승만　106, 107, 108, 125, 126, 127, 128, 129, 130, 131, 132, 135, 139, 141, 151, 240
이철승　150, 162, 173, 174, 180, 185, 188
이충환　186
이회창　250
임수경　205
임혁백　236, 238, 240
잉글하트(Ronald Inglehart)　33

(ㅈ)

잔다(Kenneth Janda)　18
장건상　145
장덕진　174
장면　130, 143, 149, 179
장준하　179

장훈 41, 42
전두환 65, 66, 69, 117, 119, 201, 240, 287
전진한 142
정운갑 186
정일형 186
정주영 120, 197, 207, 209
정진민 42
정해영 180, 185, 186
조병옥 130, 179
조봉암 131, 132
조윤형 189
지청천 129
진영재 39

(ㅊ)
최장집 74, 91, 94, 132, 190, 207, 236, 239, 242, 297

(ㅋ)
카르보넨(Lauri Karvonen) 21
카츠(Richard Katz) 17, 28, 29, 30, 104
카츠넬슨(Ira Katznelson) 75
커밍스(Bruce Cummings) 299
코헨(Jean Cohen) 285
콜리어(Ruth Berins Collier) 225
쿠늘(Stein Kuhnle) 21
크루웰(Andre Krouwel) 27
키르흐하이머(Otto Kirchheimer) 26, 27, 28, 29, 103
키트쉘트(Herbert Kitschelt) 33, 38, 90

(ㅌ)
톰슨(E. P. Thompson) 75

(ㅍ)
파네비앙코(Angelo Panebianco) 17, 25, 27, 28, 104
페데르센(Mogens Pedersen) 33
펨펠(T. J. Pempel) 24
폴라니(Karl Polanyi) 299
폴슨(Arthur Paulson) 37
프랑코(Francisco Franco) 195, 212

(ㅎ)
한승주 154
함석헌 188
허정 169
헌팅턴(Samuel Huntington) 41, 235
헤더링턴(Marc Hetherington) 37

한국 민주주의와 정당정치

초판 제1쇄 찍은날 : 2008. 12. 25
초판 제2쇄 펴낸날 : 2011. 9. 20

지은이 : 김 수 진
펴낸이 : 김 철 미
펴낸곳 : 백산서당

등록 : 제10-42(1979.12.29)
주소 : 서울 은평구 갈현동 394-27 준빌딩 3층
전화 : 02)2268-0012(代)
팩스 : 02)2268-0048
이메일 : bshj@chol.com

※ 저작권자와의 협의 아래 인지는 생략합니다.
　　　　　　　　　　　　　　　　　값 20,000원

ⓒ 김 수 진

ISBN 978-89-7327-427-7 93340